4000ERLEBEN

MARLIES CZERNY

4000ERLEBEN

Von null auf die höchsten Gipfel der Alpen

Mit einem Vorwort von Gerlinde Kaltenbrunner
und Illustrationen von Andreas Lattner

BERG WELTEN

FSC
www.fsc.org
MIX
Papier | Fördert gute Waldnutzung
FSC® C084698

3. Auflage

Gesetzt aus der Palatino, Quan, Clarendon

Medieninhaber, Verleger und Herausgeber:
Red Bull Media House GmbH
Oberst-Lepperdinger-Straße 11–15
5071 Wals bei Salzburg, Österreich

Satz: MEDIA DESIGN: RIZNER.AT
Lektorat: Maria-Christine Leitgeb
Umschlaggestaltung: b3K design, Andrea Schneider, diceindustries
Fotos: alle Fotos Andreas Lattner, außer: S. 12, 22, 85, 88/89, 101, 106/107, 109 oben, 124, 125 links, 132, 146, 152, 155, 180 oben, 197, 207 oben, 210/211, 216, 243, 244 (Marlies Czerny), S. 17 (Hermann Schiller), S. 30 (privat), S. 60 (Gregor Wegscheider), S. 71 (Gregor Hartl), S. 109 unten, S. 110 (Christian Furger)
Illustrationen: Andreas Lattner
Autorenillustration auf S. 272: Claudia Meitert/carolineseidler.com
Nachsatz: Marmota Maps
Printed by PNB Print in Latvia
ISBN 978-3-7112-0000-6

Inhalt

Vorwort

VON GERLINDE KALTENBRUNNER

Marlies habe ich als eine junge, engagierte und sehr interessierte Journalistin kennengelernt. Es war 2011 in Bühl / Deutschland. Sie hat mich während einer kleinen Wanderung zum Bühler-Stein interviewt. Damals hatte sie erst kurz zuvor mit ein paar Wanderungen ersten »Bergkontakt«. Gleich im Anschluss fuhr sie zu ihrem ersten Hochtouren-Ausbildungskurs ins Stubaital.

Anschließend haben wir in unregelmäßigen Abständen voneinander gelesen oder einander gehört, und 2015 begleitete sie mich zu einem Vortrag in Villach. Wir hatten während der Autofahrt stundenlang Zeit miteinander zu plaudern. Die Fahrt war sehr kurzweilig, weil wir als »Gleichgesinnte« eine Menge an Gesprächsstoff hatten. Hier spürte und erfuhr ich sie als sehr bodenständige, zielstrebige, äußerst liebenswerte und sehr begeisterungsfähige junge Frau.

Immer wieder hörte ich von ihren wundervollen 4000er-Unternehmungen. Wenn Marlies von ihren Erfahrungen berichtete, sah ich das ganz besondere Strahlen in ihren Augen. Ich habe mich immer sehr gefreut und war überzeugt, dass Marlies ihren Weg gehen würde und ihre Berufung gefunden hätte.

2017 sind wir bei der 24-Stunden-Wanderung in Spital/Pyhrn ein Stück des Weges gemeinsam gegangen. Hier berichtete sie mir, dass sie bereits 78 4000er bestiegen hatte und nur noch vier fehlten. »Darüber musst du ein Buch schreiben«, sagte ich spontan. Und es freut mich sehr, dass man dieses Buch nun in Händen halten kann.

Unsere Gemeinsamkeit ist der Respekt, die Begeisterung und die Achtung der Natur und der Berge, und auch auf das zu hören, was das Herz uns sagt; zu hören und dem auch zu folgen: Marlies' Freude am Schreiben mit ihrer innersten Zustimmung, dem Bergsteigen zu verbinden.

Jetzt hat sie alle 82 4000er im Alpenraum bestiegen. Sie erzählt die kleineren und auch großen Abenteuer ihrer Bergtouren, untermalt mit eindrucksvollen Bildern. Das Buch gibt euch tiefe Einblicke und lässt euch die Kraft, Energie und Magie der Alpenwelt erahnen.

Marlies war als Tochter in einem Gastronomiebetrieb viel auf den Beinen. Sie hat erst später – im jungen Erwachsenenalter – mit dem Bergsteigen begonnen. Sie war mutig, ihren Weg Schritt für Schritt in die berufliche Selbstständigkeit zu gehen.

Genau dieser Mut und das Hören auf die innere Stimme beeindruckt und berührt mich sehr. So wie Marlies möchte auch ich euch dazu aufrufen, eurer Berufung zu folgen. Egal, wie alt ihr seid. Es ist nie zu spät.

Möge dieses Buch Inspiration für euch sein, um mit Achtsamkeit, Staunen und Dankbarkeit der Natur, der Welt und den Menschen zu begegnen und euch und eurem eigenen Herzen zu folgen.

Gerlinde Kaltenbrunner

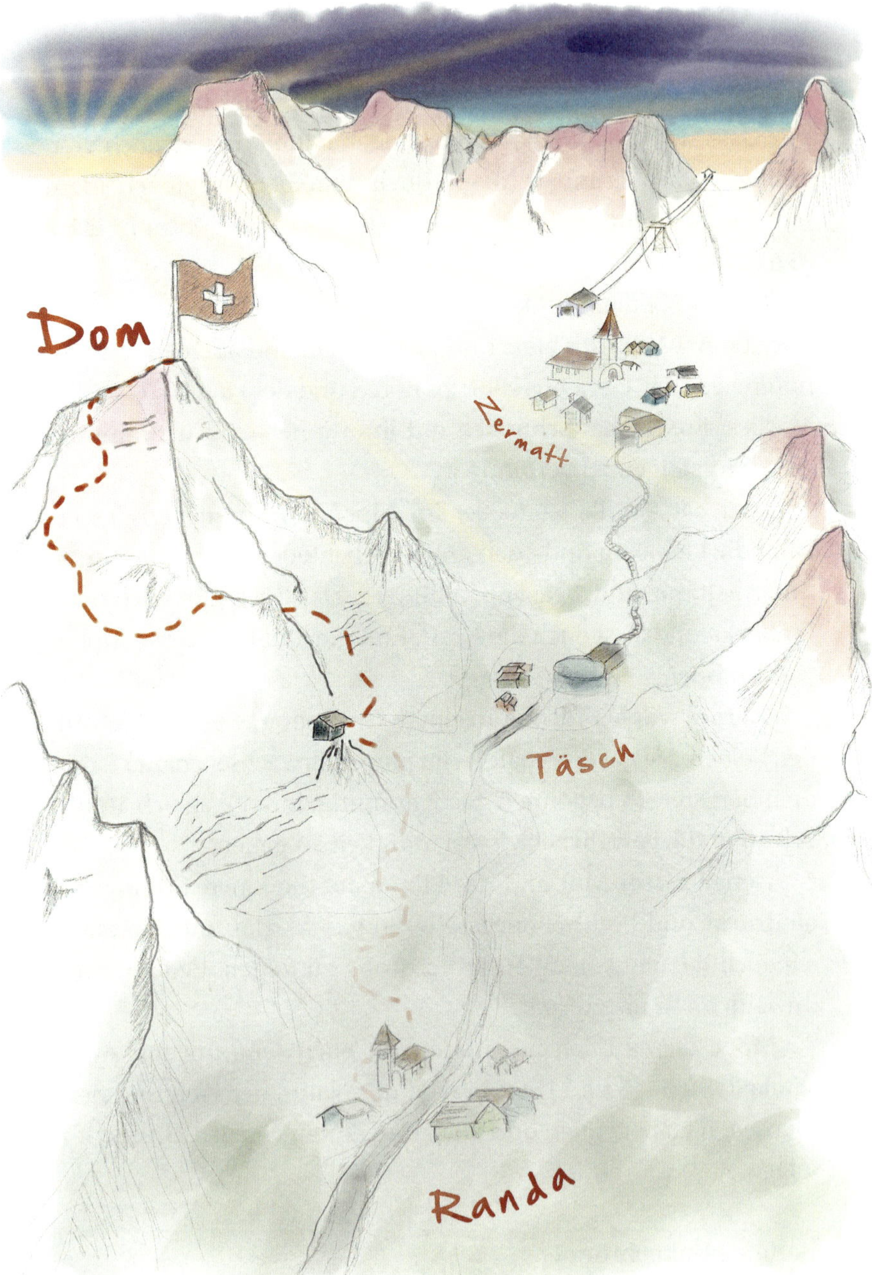
Dom
Zermatt
Täsch
Randa

Der Zauber des Anfangs

DOM, MONT BLANC

Auf diesen Moment bin ich nicht vorbereitet. Es ist ein einziger Schritt, der meine Sicht auf die Welt verändert: ein Schritt aus den Wolken, hinein in die Freiheit. Wie aus heiterem Himmel klettere ich aus dem düsteren Grau, und vor mir erstreckt sich ein unglaubliches Nebelmeer. Wie Inseln ragen die Berggipfel heraus – nur die viertausend Meter hohen. Obergabelhorn und Zinalrothorn, zeigt Hermann, und mein staunender Blick folgt seinem Finger. Der Eisberg, der am Rande dieses Ozeans treibt, heißt Weisshorn. Nur eine Insel muss er mir, dem Greenhorn, nicht benennen. Die erkenne ich schon selbst: das Matterhorn. Hoch umspült von Wolkenwogen, ist es sogar noch eindrucksvoller als auf jedem Bild, das ich bisher vor meinen Augen hatte!

Als wir vor zwei Stunden den Fuß vor die Domhütte gesetzt hatten, war es aussichtslos gewesen, heute irgendetwas anderes außer pechschwarz, trübgrau und schneeweiß zu sehen. Die Nacht und der Nebel krallten sich mit Eiseskälte an den Flanken des 4545 Meter hohen Doms fest. Doch das Licht des neuen

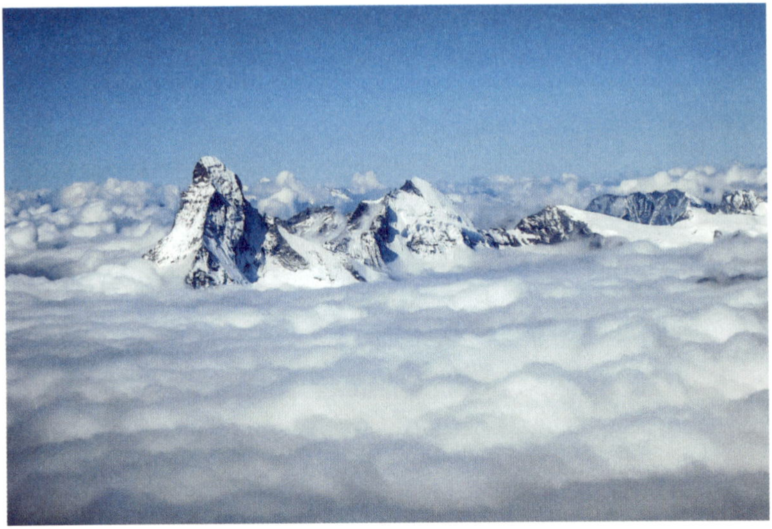

Das Matterhorn und die Dent d'Hérens ragen wie Inseln aus dem Wolkenmeer.

Tages ist wärmer. Ein Sonnenkuss, und die Landschaft erwacht. Erst glühen nur die Bergspitzen orange, bald färbt sich auch das Wolkenmeer unter mir zartrosa. Der Himmel hält sich darüber azurblau zurück. Ich traue meinen Augen nicht und bleibe stehen – wie verzaubert.

So schön ist die WIRKLICHKEIT? Ist das überhaupt wirklich?

Diese Szenerie wirkt fast zu schön, um wahr zu sein, wie aus einem Bilderbuch. Und ich bin nur ein winziges Pünktchen in diesem Gemälde aus Wolken, Licht und imponierenden Formen. Unzählige Male drücke ich auf den Auslöser meiner kleinen, billigen Kamera und versuche, für immer festzuhalten, was so einzigartig ist. Aussichtslos. So schön ist nur die Natur.

Der Kontrast könnte stärker nicht sein: Vorgestern im Büro einer Tageszeitung, kurz vor Redaktionsschluss und Sekunden nach dem Schlusspfiff, haben meine Finger hektisch den Bericht über ein Fußballspiel in die Tastatur geklopft, mein Kopf noch voll mit zu vielen To-Dos. Und jetzt auf dem Weg zu meinem ersten Viertausender scheint meine Zeit für Minuten stillzustehen. Ich fühle mich ungewohnt frei. Eine Minute oder zehn? Ich weiß nicht, wie lange mein Staunen bei diesem Sonnenaufgang dauert, so unglaublich fasziniert mich dieser Moment. Ist es das Magische der Viertausender, das man heraushört, wenn man mit alten Bergsteigern spricht? Das mir bisher aber doch unbegreiflich blieb? Es macht etwas mit mir. All die scheinbar so wichtigen Dinge sind auf einmal weit weg. Sie haben es nicht mit auf den Berg geschafft, sie sind im Tal hängen geblieben. Ja, was ist eigentlich wichtig? Wer das nächste Fußballspiel gewinnt? Welche Schlagzeile dazu knallt? Welchen Sportstar ich mir für mein nächstes Interview angeln kann? Möglicherweise ist es etwas anderes, als ich bisher dachte.

Der Gipfel des Doms liegt noch eintausend Meter über uns, aber es hat sich bereits an dieser Stelle ausgezahlt: 763 Kilometer weit und neun Stunden lang Auto zu fahren, um den Alltag gegen eine neue Ansicht in den Westalpen einzutauschen. Vier Tage bin ich weg von meinem Schreibtisch in der Redaktion einer großen österreichischen Zeitung. Vier Tage, mehr Zeit haben wir nicht. Mit Hermann aus dem Zillertal möchte ich versuchen, einen Viertausender zu besteigen, meinen ersten:

Dom: 4545 Meter

Randa, Mischabelgruppe, Walliser Alpen

Bestiegen über den Normalweg Anfang August 2011 mit Hermann.

Der höchste Berg, der ganz auf Schweizer Boden liegt, und jener mit den meisten Höhenmetern ohne Seilbahnunterstützung.

den Dom, den höchsten Berg, der in seinem ganzen Umfang auf Schweizer Boden steht. Klein anfangen, das wollte ich noch nie. Hermann, der mich von einem gemeinsamen Hochtourenkurs kennt, hat mir zugesichert: Du kannst das. Und ich habe gewusst: Ich will das. Was ich zu diesem Zeitpunkt noch nicht wusste: Diese Reise in die Westalpen im Juli 2011 würde mein Leben verändern.

Als ich an diesem Julitag um zwei Uhr früh meine Augen öffne, weiß ich nicht so recht, wo ich bin und was ich hier mache. Ich erwache in der Domhütte aus meinem Halbschlaf, dicht gedrängt wie Sardinen in einer Büchse, liegen wir nebeneinander – teilweise aufeinander. Es ist drückend heiß im überfüllten Matratzenlager. Die Luft ist stickig, die Atmosphäre unruhig – und an wieder Einschlafen ist gar nicht zu denken. Rundherum wird noch geschnarcht, und dazwischen packen aufgeregte Bergsteiger ihren Rucksack zum fünften Mal neu. Sie rascheln mit Plastiksäcken und klimpern mit Karabinern. Moment! Ich bin ja eine von ihnen! Ich bin mindestens genauso nervös und unvorbereitet. Soll ich die Steigeisen besser oben im Rucksack verstauen oder unten? Brauche ich die dicken Handschuhe gleich beim Weggehen oder erst später? Hinter dem gekippten Fenster fallen dicke Schneeflocken von rechts oben nach links unten. Eine frische Portion Neuschnee erreicht uns in dieser Julinacht.

Zugegeben: Bis vor Kurzem hatte ich mir einen Sommerurlaub ganz anders vorgestellt. Sonne, Strand und Meer – ein All-Inclusive-Urlaub in Ägypten war eine meiner letzten großen Reisen. Ich blicke wieder zum Fenster, sehe ohne Kontaktlinsen nur verschwommen. Freiwillig kann doch kein Mensch auf dieser Welt so früh aufstehen wollen, um sich in stockdunkler Nacht in dichtes Schneegestöber zu stürzen – oder?

Wir schälen uns aus den kratzenden Decken des Massenlagers, um halb drei Uhr früh gibt's Frühstück. Die paar Bissen Brot mit Marmelade schmecken mir nicht besonders. Mitten in der Nacht einen neuen Tag zu beginnen, das fühlt sich nicht so an, als hätte das die Schöpfung für uns Menschen vorgesehen. Früher an den Wochenenden dachte ich um diese Zeit gerade erst ans Heimgehen nach einer berauschten Nacht. Ich verstelle meine innere Uhr und merke, dass ich meinem Körper und meinem Geist vielleicht doch mehr zumuten kann, als ich das in meinem Bürosessel oder auf einem Barhocker vermutet hätte. Wenngleich ich keinen Appetit habe, esse ich das Marmeladenbrot und trinke Tee. Die Energie werde ich für den langen Aufstieg zum Dom brauchen. Was wird mich dort oben erwarten? Wie wird es mir gehen? Wie stark werde ich die dünne Luft spüren? Fragen zu stellen, das liegt mir als Journalistin im Blut, aber diesmal will ich nur mir selbst Antworten geben. Starten wir los!

Ich hauche meinen warmen Atem als grauen Schleier in die kalte Luft. Nur die Schneeflocken tanzen im Schein der Stirnlampe. Zwischen diesen hellen Pünktchen erkenne ich nur schwer den Weg. Hermann geht voraus, alleine wäre ich hier wohl verloren. Dass dieser Sommerausflug ein Sonntagsspaziergang sein würde, davon war ja nie die Rede. Die Anstrengung zu spüren, das finde ich aber nicht schlimm. Auf den ersten hundert Höhenmetern entdecke ich meine Taktik, wie ich der Schwere der Nacht und Nervosität entfliehen kann: Ich finde mein eigenes Tempo und lasse mich und meine Gedanken gehen. Mein Kopf, vorher noch voll mit hundert Dingen aus dem Redaktionsalltag, wird dabei formatiert wie eine Festplatte. Er ist weder im Archiv von Gestern noch bei der Zeitung von Morgen, sondern im Hier und Jetzt. Kein Radio rauscht, kein Fernseher flimmert, kein Smartphone schrillt, kein Stadionsprecher brüllt. Ich bin voll und ganz bei mir. Ich höre nur das Kratzen meiner Steigeisen, das Bröckeln mancher Steine und das Knirschen des Schnees. Über die Felsstufe ins Festijoch bleibt meinen Gedanken gar nichts anderes übrig, als sich auf den nächsten Schritt und Tritt zu konzentrieren. Nur ich selber bin dafür verantwortlich, wohin ich greife, wohin ich steige – ein Stolpern wäre an vielen Stellen nicht nur gefährlich, sondern lebensgefährlich. Ich sehe schon die Schlagzeilen vor mir ... Die Verantwortung, die man im Tal so gerne auf andere abschiebt, bekommt man hier unmittelbar zu spüren. Das ist ein prickelndes, höchst spannendes Gefühl. Meine Achtsamkeit und mein Selbstvertrauen wachsen mit jedem Schritt. Die Zeit verfliegt.

Hermann bleibt plötzlich stehen. Er zeigt auf den Höhenmesser seiner Uhr: 4002 Meter steht hier schwarz auf grün. Mein Herz macht Freudensprünge. Es hüpft erstmals in einer Höhe von viertausend Metern. Der Himmel über dem Wolkenmeer ist mittlerweile strahlend blau, und die Sonne wärmt uns. Heute sitzt mir keine Deadline im Nacken, nur die Natur. Unseren Plan, über den Festigrat auf den Dom zu klettern, müssen wir unter dem Neuschnee begraben. Wir folgen den Spuren im Schnee und schließen bald auf zwei Seilschaften am Normalweg auf. Nun sind wir an der Reihe mit dem Spuren. Ich will mich auch darin versuchen – nur hinterherlaufen, das möchte ich nicht. Jeden mühsamen Schritt, den ich durch den knietiefen Schnee pflüge, habe ich beim nächsten schon wieder vergessen. Es ist ein unerwartetes Gefühl, seine eigenen Spuren zu hinterlassen, ein einzigartiges, zwischen diesen bedrohlichen Gletscherspalten hindurch. Ich fühle mich wie eine kleine Künstlerin, die ihre

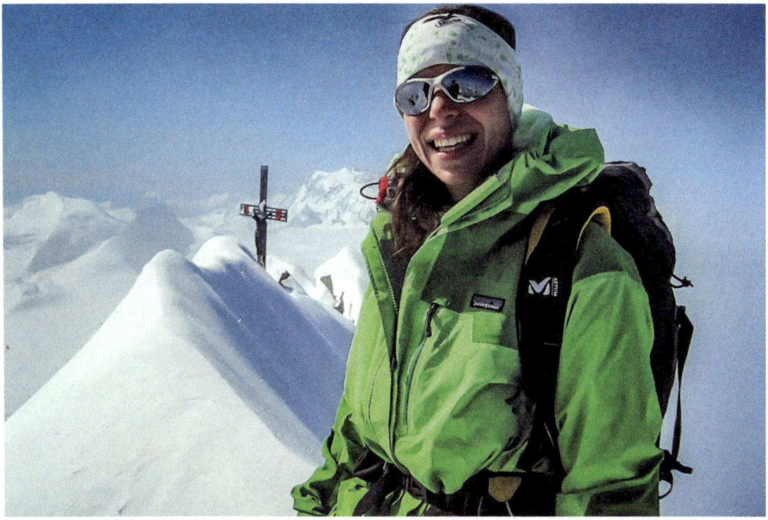

Als Greenhorn 2011 auf dem Gipfel des ersten Viertausenders, des Doms.

Linie in dieses Gemälde zeichnen darf. Und wie eine Schnecke. Die Schnecke lässt lieber Hermann wieder vor, das Vorausgehen wird mir nach wenigen Minuten doch zu anstrengend.

Wir bewegen uns nun schon dreihundert Meter über der Viertausendermarke. Die Wolken liegen uns zu Füßen. Ich Glückskind habe weder Kopfweh noch Bauchweh. Meinen ersten Viertausender hätte ich mir schlimmer vorgestellt. Vor allem, weil meine *Akklimatisation*[1] auf 266 Metern Meereshöhe stattgefunden hat – im Büro in Linz. Gar nicht lehrbuchmäßig. Demnach sollte man sich ab einer Höhe von 2500 Metern langsamer vortasten durch den immer geringer werdenden Sauerstoffpartialdruck in der Luft, um sich besser an die Höhe anzupassen – und nicht

[1] Unter Akklimatisation (oder Akklimatisierung) versteht man die Anpassung des Körpers an sich verändernde Umweltfaktoren wie etwa eine größere Höhe. Erste Anzeichen für eine schlechte Akklimatisierung und leichte Höhenkrankheit sind eine veränderte Atmung, Kopfschmerz, Schlafstörung, vermindertes Harnlassen, Appetitlosigkeit. Im schlimmsten Fall kann man an den Folgen sterben.

höhenkrank zu werden. Aber mein Körper scheint die dünne Luft gut zu vertragen. Eine weitere Stunde stapfen wir im glitzernden Schnee aufwärts, bis es nicht mehr höher geht. Die langsamen letzten Schritte zum Gipfel kann ich genießen. Hier ist nicht viel, es bedeutet mir aber dennoch alles: ein Schneegrat, ein Gipfelkreuz, mein Seilpartner und ein Ausblick über die tiefliegenden Wolken, der mich seit dem Morgen staunen lässt. »Super gemacht!«, gratuliert mir Hermann. Ich bin unendlich dankbar.

Brauche ich mehr zum GLÜCKLICH sein?
Ich glaube nicht.

Ich habe eine neue Welt für mich entdeckt, und sie liegt weit weg von der Welt, die ich bisher kannte. Auf einer Hand voll Dreitausendern der Ostalpen habe ich schon stehen dürfen, aber das hier ist steiler, wilder, weiter und länger als alles, was ich bisher mit meinen Füßen betreten habe. Ich möchte mehr von diesen Augenblicken erleben, weit weg sein vom Alltag. Das sehe ich sonnenklar vor mir, als wir unter dicken Wolken wieder im Parkhaus in der kleinen Schweizer Ortschaft Randa ankommen. Zwei Tage haben wir noch Zeit auf unserem Kurzausflug. Das Wetter verschlechtert sich im Wallis. An einen weiteren Gipfel ist hier nicht zu denken. Aber wir könnten doch … zum Mont Blanc fahren!? Alleine der Gedanke, gleich den höchsten Berg der Alpen zu versuchen, löst ein Kribbeln im Bauch aus und lässt mich erneut vor Freude hüpfen, hochhüpfen! Ich liebe es, nach den Sternen zu greifen!

Wir fahren nach Frankreich. Drei Stunden und 140 Kilometer nach unserer Blitzidee steigen wir in Chamonix aus dem Auto. Für Sightseeing nehmen wir uns keine Zeit, wir haben zeitlich knapp kalkuliert. Wir brauchen noch eine topographische Karte vom Mont-Blanc-Massiv, werden im vierten Geschäft fündig – und schon gondeln wir mit der letzten Aiguille-du-Midi-Bahn des Tages bis auf 3842 Meter. So hoch ist nicht einmal der höchste Berg in Österreich, der Großglockner! Die Fahrt endet auf einer spektakulären Felsnadel. Es sind nur wenige Schritte vom touristischen Rummelplatz in die ernste alpine Außenwelt, ein Stollen führt durch das Gletschereis. Am Ende des Tunnels stecken wir wieder in dichten Wolken, blicken keine zehn Meter weit. So unwirklich und unwirtlich! Mit Mühe und mit Kompass und Karte können wir zur Cosmiqueshütte navigieren. Gut, dass wir das vor drei Wochen in unserem Kurs gelernt haben. Ist das immer so spannend in den Westalpen?

Mont Blanc, 4810 Meter

Chamonix, Frankreich

Überschreitung der »Trois Monts« von der Cosmiqueshütte mit Abstieg über den Normalweg, August 2011.

Der »weiße Berg« ist der höchste Gipfel der Alpen und thront zwischen Frankreich und Italien. Er wurde bereits 1786 als erster Viertausender bestiegen.

Es wird noch verrückter. Fünf Stunden nach dem Abendessen im Refuge des Cosmiques stehen wir diesmal zum Frühstück auf. 00:39 sagt die Uhr. Die frühe Tagwache erwischt auch Langschläfer ohne Widerrede. Dem Mont Blanc ist egal, wie müde oder fit man ist. Seine Gletscher werden in der Mittagshitze ungemütlich und gefährlich: wenn der Schnee aufweicht und man bei jedem Schritt mühsam einsinkt, wenn die dünnen Schneebrücken über dicken Gletscherspalten fragil werden, wenn Steine in Steilflanken zu rumpeln beginnen, wenn Lawinen Fahrt aufnehmen. Alles Gefahren, die man als Nachtschwärmer verringern kann. Außerdem steht uns ein gewaltig langer Marsch bevor. Ich kann mich nicht erinnern, je so weit gegangen zu sein. Wir möchten den Mont Blanc überschreiten, ihn über seine beiden Nebengipfel, den Mont Blanc du Tacul und den Mont Maudit, erreichen. Eine beliebte Tour, die etwas schwieriger als der Normalweg ist. Dort ist Hermann schon einmal unterwegs gewesen. Alleine. Im Gedenken an seinen Papa, der gestorben ist, als Hermann noch ein Bub war, und zwar in einer Lawine in der Hochferner-Nordwand.

Diese Nacht ist bitterkalt. Im Schein der Stirnlampen und mit einem Seil verbunden, stapfen wir los auf den riesigen Schneeflächen. Wir spüren, dass sich vor uns etwas auftürmt. Es ist der Mont Blanc du Tacul mit seiner Flanke, die nicht nur steil, sondern auch heikel ist. Wir steigen über die harten Brocken eines Lawinenkegels, aber die identifiziere ich erst gar nicht als solche. Es ist wohl besser so, dass ich in dieser Dunkelheit nicht alles erkenne – auch nicht, dass wir fast zwei Stunden lang unter haushohen *Séracs*[2] höher treten. Mein Angstpegel wäre sonst in unangenehme Höhen geschnellt. Diese zerbrechlichen Eistürme hängen über uns wie die Klinge einer schlampig gebauten Guillotine. Sie könnten jederzeit herunterkrachen und mit einem Schlag alles mitreißen. Uns lassen sie glücklicherweise verschont. Allmählich erkenne ich die Umrisse des bizarren Mont-Blanc-

---

2 Séracs sind Türme aus Gletschereis, die sich vorwiegend an den Abbruchkanten zu stärkeren Hangneigungen von Gletschern bilden. Sie stellen eine große Gefahr für Bergsteiger dar, weil sie ganz unvermittelt abbrechen und regelrechte Eislawinen auslösen können. Der Name leitet sich vom gleichnamigen französischen Molkenkäse Sérac ab, der auch so gerne bröckelt.

Massivs und den nächsten Aufschwung. Gänsehautgefühl. Es dämmert, dabei frischt der Wind noch eisiger auf. Er bläst die letzte Wärme aus meinen Fingergliedern, als ich den Pickel umklammere für den bevorstehenden Aufstieg am Mont Maudit. Verfluchter Berg heißt sein Name übersetzt – und Fluchen muss ich jetzt auch. Ich lasse meinen Pickel in den Schnee fallen, so eiskalt ist mir. Es kommt mir vor, dass die Nacht kurz vor dem Sonnenaufgang mit aller Kraft zeigen möchte, wer hier noch das Sagen hat. Ich halte diesen Schmerz in meinen Fingern fast nicht mehr aus. Da zückt Hermann zwei kleine Handwärmer aus dem Rucksack. Diese Wärmekissen stecke ich in meine Handschuhe. Ich könnte schreien. Meine Fingerkuppen stechen, kribbeln und brennen. Bis sie wieder warm werden, vergehen höllische Minuten. *Screaming barfies*[3] sagt das anglistische Alpinvolk dazu. Einmal überstanden, sind meine Finger für den restlichen Tag abgehärtet. Weiter geht's.

Die Flanke zum Mont Maudit fordert mich mit ihren 400 Höhenmetern. So steil hätte ich mir das gar nicht vorgestellt! Ich weiß, dass ich nicht ausrutschen darf. Vielleicht hält mich Hermann, der am Seil vorausgeht, vielleicht aber auch nicht. Fallen ist ohnehin keine Option, nur konzentriert zu steigen. Aber das ist gar nicht so einfach. Die Stufen der Vorgänger sind immer eine Spur zu weit weg für meine kurzen Beine, so weit, als müsste ich bei jedem Schritt auf die Höhe von zwei Bierkisten gelangen. Um nicht bei jedem Mal Aufstehen wild herumzurudern mit den Armen, hilft der Pickel, den ich in den Schnee ramme, um meine Balance zu halten. Endlich haben wir diese verfluchte Flanke hinter uns, Hermann sichert mich das letzte Stück ins Flache. »Komm, dreh dich um«, fordert er mich

---

3 to scream (= schreien), to barf (= kotzen).

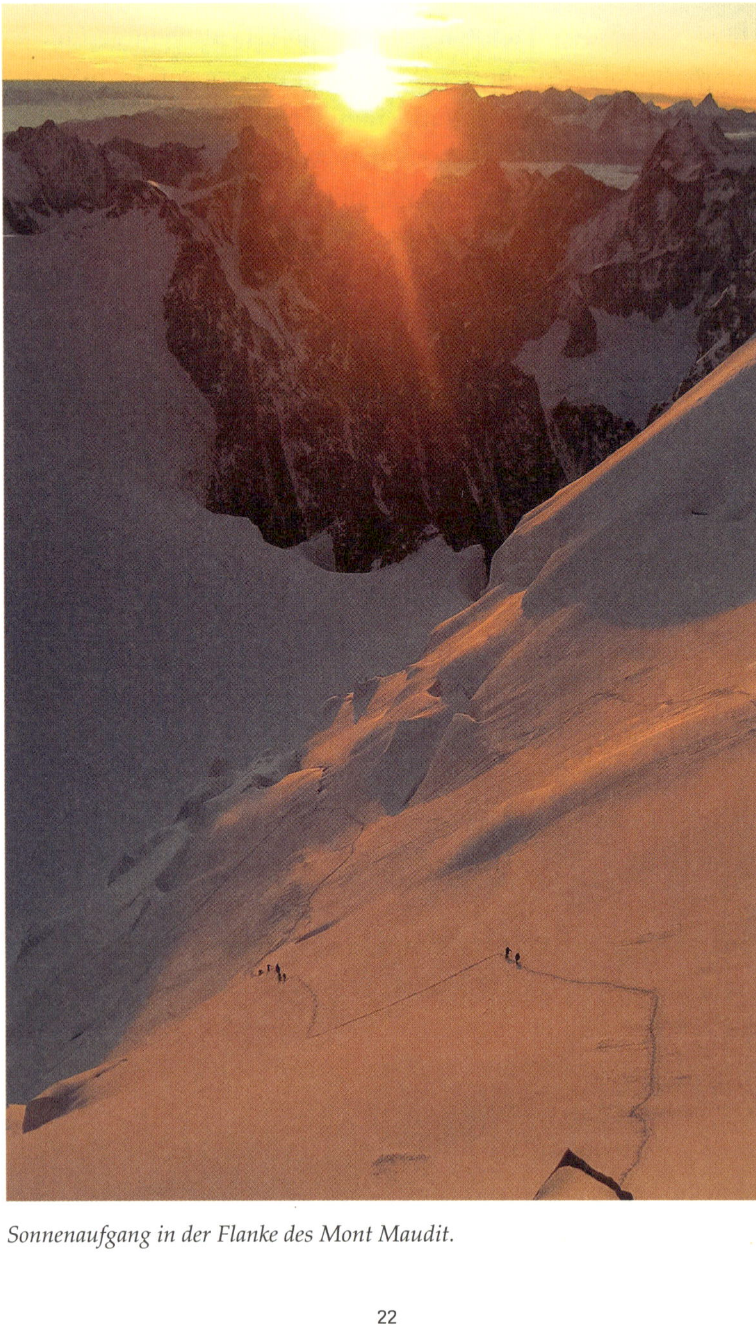

Sonnenaufgang in der Flanke des Mont Maudit.

auf. Ich bin sprachlos. Genau wie am Dom vorgestern kann ich nicht glauben, was ich sehe. Der Hang unter mir leuchtet intensiv orange, die Sonne geht in dieser Sekunde über einem Nebelmeer und hinter unzähligen Felszacken auf. Das ist meine Belohnung. Eine Belohnung, die man sich nicht kaufen kann, sondern nur in vielen kleinen (beziehungsweise für mich großen) Schritten verdienen kann: den Sonnenaufgang auf einem Berg. Mit den ersten Sonnenstrahlen fließt unglaubliche Kraft zurück in meinen Körper. Viel mehr, als mich der Aufstieg zuvor gekostet hat.

Ich STAUNE selbst, wie viel mir dieser AUGENBLICK bedeutet.

Auf dem weiteren Weg zum Mont Blanc fühle ich mich erleichtert. Die Temperatur steigt, die Schwierigkeit nimmt ab. Zäh bleibt es trotzdem. Der Gletscher bis zum höchsten Punkt der Alpen erscheint mir als optische Täuschung. Der weiße Gupf sieht so nahe aus, aber der Weg zieht sich wie ein Strudelteig. Man muss ihn noch zwei Stunden gehen lassen. So hoch oben – der Mont Blanc führt bis auf 4810 Meter – kommt man eben nur noch im Schneckentempo voran. Heute ein Schritt, morgen ein Schritt, denke ich mir, und im Rhythmus dieser Langsamkeit erreichen wir ihn doch, den Gipfel des höchsten Alpenberges. Wir fallen uns freudig in die Arme und setzen uns am kleinen Gipfelplateau auf unsere Rucksäcke. Ein Gipfelkreuz suche ich hier vergeblich. Die findet man auch auf anderen Viertausendern nur vereinzelt, wobei den Italienern meist ohnehin eine Madonnastatue lieber ist. Den Italienern? Ginge es nach ihnen, gehörte der Gipfel des Monte Bianco zur Hälfte auch ihnen –

mais non! Die Franzosen wollen den höchsten Punkt der Alpen nicht teilen. Nur hauchdünne Schleierwölkchen liegen zwischen uns und dem französisch-italienischen Himmelblau. Ich mache ein Gute-Laune-Gesicht und strahle mindestens genauso wie die Sonne. Zu Füßen liegt uns eine atemberaubende Bergkulisse mit eingebetteten Wolkenhaufen. Meine Augen finden den Dom, auf dem wir vor zwei Tagen gestanden sind. Es kommt mir vor, als könnte ich hier von Wien bis Nizza weit sehen – und ich wette, dass es dazwischen keine glücklichere Bergsteigerin gibt als mich. Aber nur solange, bis ich daran denke, wo ich morgen früh sein muss: im Büro.

Fußballspiele werden in der zweiten Halbzeit entschieden, das weiß ich als Sportjournalistin natürlich ganz genau. Bei Bergtouren ist das nicht anders. 2400 Höhenmeter müssen wir absteigen und 870 Kilometer heimfahren. Um 10:30 Uhr habe ich Redaktionssitzung. Was habe ich mir da bloß einfallen lassen?

WIE soll sich das nur AUSGEHEN?

Ich denke in Etappen. Im Abstieg am schmalen Bossesgrat verfliegt die Zeit, so konzentriert, wie ich meine Schritte setzen muss. Wir kommen zu einem Bergsteiger, der auf dem Boden kniet, sich übergeben hat, sein Gesicht ist blau. Ich bin schockiert. Wieso habe ich die Höhe auf Anhieb so gut vertragen und er nicht? Wir bräuchten nicht zu helfen, sagt der Begleiter, der an seiner Seite kniet. Der Hubschrauber sei schon im Anflug. Das Rattern eines Helikopters hören wir an diesem Tag leider noch öfter. Bis zu zwanzigmal kommt die Rettung aus der Luft an unfallreichen Tagen ins Mont-Blanc-Massiv. Nachdenklich meistern wir auch die Schlüsselstelle am Normalweg, das *Grand Couloir*[4]. Das ist nicht schwierig, aber gefährlich. Die Steine schlagen in dieser großen Rinne herunter, wenn es ihnen passt, und nicht, wenn der Weg frei ist. Leider erwischt es hier immer wieder Bergsteiger. Wir lauschen dem Steinschlag, und als es ruhig ist, überqueren wir die Schlucht, so schnell wir nur können. Im Schnitt sterben vierzig Menschen pro Jahr am Mont Blanc. 20 000 versuchen ihn. Wir kommen sicher unten an, für das letzte Teilstück nehmen wir die Zahnradbahn. Selbst wenn mein Erinnerungsvermögen eines Tages Lücken erleiden wird: Diesen Tag werde ich nie vergessen.

Denn zu Ende ist dieser Tag noch lange nicht. Das Gefährlichste unserer Westalpentour steht uns erst bevor: die Heimfahrt. Mir fallen immer wieder die Augen zu. Zum Glück sitze ich in diesen Sekunden auf dem Beifahrersitz. Erst spät nach Mitternacht erreichen wir das Zillertal. Hier bleibe ich noch für ein paar Stunden, in denen ich mich wie ein Luxuskind fühle. Ganz einfache Dinge finde ich plötzlich großartig: Ich genieße eine erste Dusche nach vier Tagen, bekomme ein eigenes Bett, in das ich nicht akrobatisch über eine Leiter klettern muss, und ich kann mich sogar auf eine saubere Toilette setzen.

Frisch kultiviert, fahre ich im Morgengrauen zurück ins Berufsleben. *Just in time!* Der Beachvolleyball-Grand-Slam in Klagenfurt steht bevor, das ist mein Thema, also wieder ab ins Auto. Dieses Kontrastprogramm erschlägt fast meine Sinne. 48 Stunden nach dem eisigen und einsamen Gipfel des Mont Blanc stehe ich auf dem sandigen und überfüllten Center Court in Kärnten. Meine Aufgabe ist es, spannende Themen zu finden und damit

---

[4] Ein Couloir (französisch für Korridor) ist eine von Felsen begrenzte und oft mit Schnee oder Eis gefüllte Rinne an einem Berghang oder in einer Steilwand.

täglich eine Zeitungsseite zu füllen. Ich interviewe die weltbesten Beachvolleyballer. Daneben dröhnt *That's the way* … laut aus den Boxen. *Aha, aha, I like it!*, brüllen die euphorisierten Besucher zurück. Mag ich das auch?, frage ich mich insgeheim. Party rund um mich, Tag und Nacht. In diesen Minuten realisiere ich, dass ich auf den ganz hohen Alpenbergen sehr weit weg bin von dieser Reizüberflutung. Da geht's nicht um die Hunderten Leute und Tausenden Nachrichtenmeldungen, da bin ich ganz bei mir. Zu Christoph, meinem Chef in der Sportredaktion, habe ich einen sehr guten Draht. Als wir über das vergangene Wochenende sprechen, macht er mich darauf aufmerksam: »Du weißt aber schon, dass manche fünf Versuche für den Mont Blanc brauchen?«

Aha, aha. I like it!

»Wer in kaltes Wasser springt,
taucht ein in ein Meer voller Möglichkeiten.«

Finnisches Sprichwort

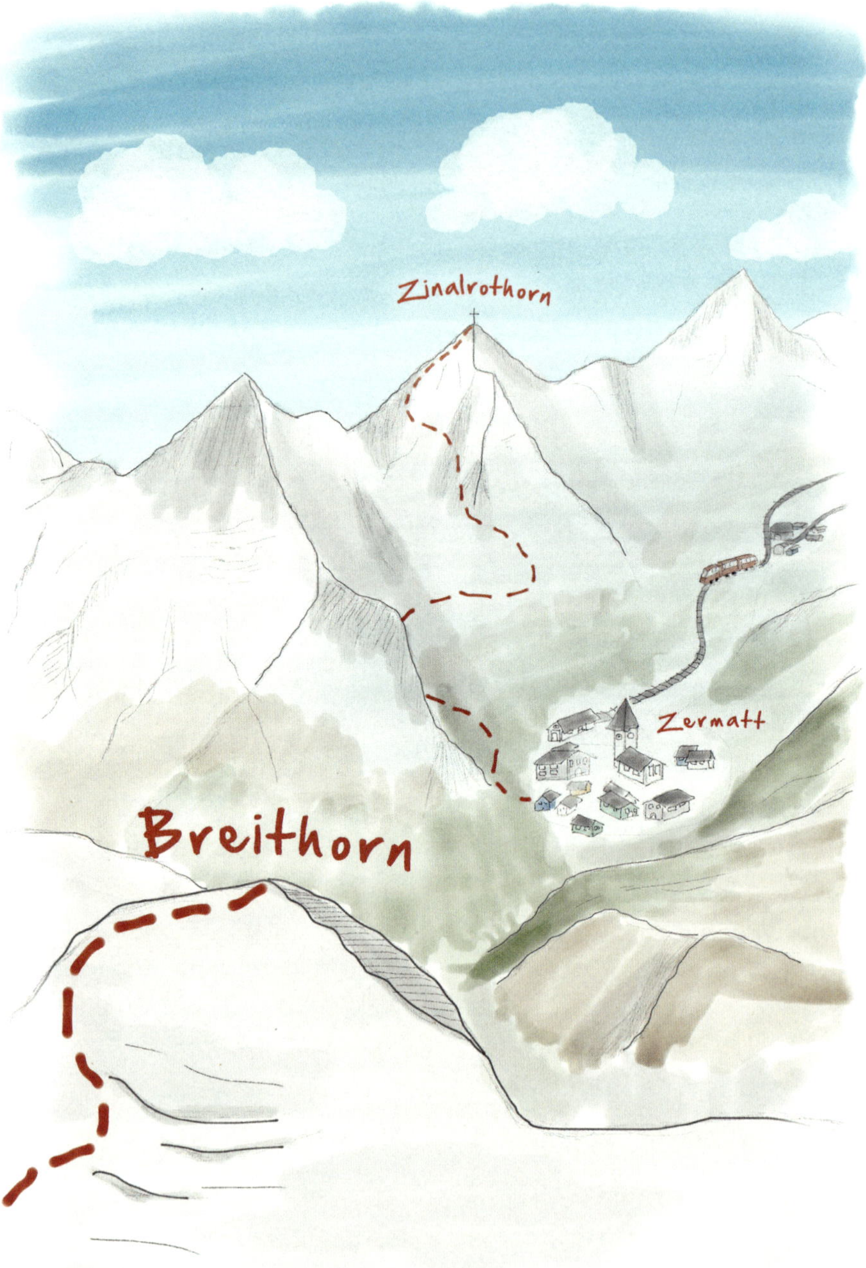
Zinalrothorn
Zermatt
Breithorn

Vom Bierfass in die Bergwelt

ZINALROTHORN, BREITHORN

Erst Unmengen an Überstunden führten mich in die Berge. 21 Jahre lang waren sie für mich nichts, das ich unbedingt erreichen wollte. Geklettert bin ich als Kind höchstens auf Bierfässer und Barhocker. Meine Eltern führten ein Gasthaus in den Voralpen von Oberösterreich, da stand ich jeden Sonntagmittag hinter der Ausschank – und nicht vor einer schönen Aussicht. Als Wirtstochter zapfte ich Bier und servierte Backhendl beim Kirchenwirt in Steinbach an der Steyr. Zeit für Ausflüge war sehr selten vorhanden, einmal im Jahr gab's mit meinen beiden älteren Geschwistern einen Strandurlaub bei der Tante Greti in Caorle. In sportlicher Hinsicht hätte man mich als ballverliebt und nach Fußball verrückt bezeichnen können. Ich habe sehr gerne Fußball gespielt, aber nur hobbymäßig. Ein Vereinssport, bei dem jeden Sonntagmittag ein Match ausgetragen wurde, der passte nicht zusammen mit unserem Gasthaus, das jeden Sonntagmittag bis auf den letzten Platz gefüllt war. Mit meinem Papa war ich zumindest bei jedem wichtigen Fußballspiel unserer Lieblingskicker von Sturm Graz, und wichtig

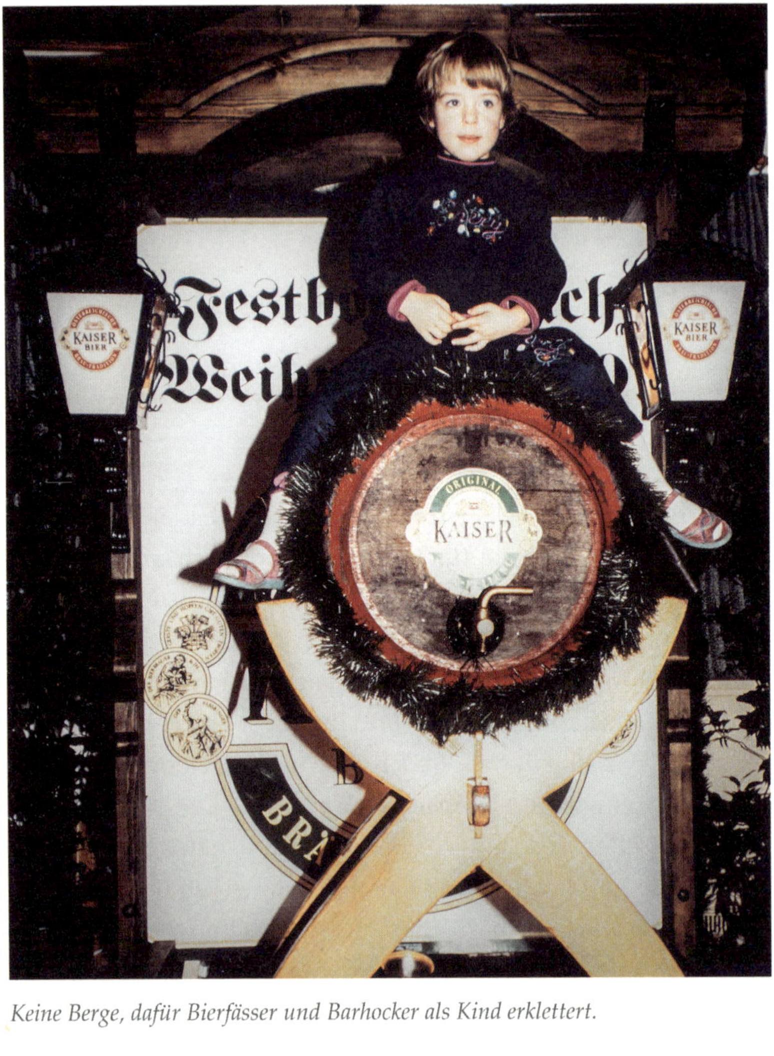

Keine Berge, dafür Bierfässer und Barhocker als Kind erklettert.

war natürlich jedes einzelne Spiel – so viel Zeit musste dann schon sein, trotz voller Gaststube. Im Stadion entwickelte sich auch mein Berufswunsch: Ich wollte Journalistin werden und selber die Berichte über die Spiele verfassen, die ich am Tag nach einem Match immer so wissbegierig in den Zeitungen gelesen habe.

Ab der Pubertät war mir der Fußball zwar nicht mehr ganz so wichtig wie das Fortgehen, am Tag nach meiner Maturareise erfüllte sich jedoch trotzdem mein Berufswunsch bei den *Oberösterreichischen Nachrichten*. Ich war eine von acht unter achtzig Bewerbern und Bewerberinnen, die mit einem Traineeprogramm den Fuß in die Redaktionstüre setzten. Schon bald wechselte ich von der Lokalredaktion ins Sportressort. Im ersten Jahr verdiente ich nur 600 Euro im Monat. Ein Hungerlohn, den ich für meinen Traumjob aber in Kauf genommen habe. Meine Fixkosten und meine Wohnung in Linz waren damit nicht abgedeckt, darum arbeitete ich noch mehr, sechs Tage in der Woche und oft bis in die Nacht hinein. Vielleicht flüchtete ich mich auch in meine neue Arbeit, nachdem meine fünfjährige Beziehung in die Brüche gegangen war. Ich liebte es, Journalistin zu sein. Der Job war mein Leben! Mein Rucksack an Urlaubsstunden wurde dabei immer schwerer. In meinen ersten beiden Berufsjahren hatten sich acht Wochen Urlaub angehäuft, ich durfte ihn mir weder ausbezahlen lassen noch ins nächste Jahr übertragen. Mein Chef forderte mich auf:

»Geh ENDLICH auf Urlaub!«

Ich war ein bisschen verzweifelt. Was sollte ich tun mit der ungewohnt vielen Freizeit? Frei zu nehmen, war ja nie erstrebenswert für mich gewesen – wofür auch? Wieder ein All-Inclusive-Urlaub in Ägypten, ein Kurztrip nach Barcelona oder eine Shopping-Tour ins Outlet-Center? Ich hatte viel Zeit, aber nichts, das mein Leben erfüllte.

Ich weiß bis heute nicht, wie ich im Frühjahr 2008 – ich war damals 21 Jahre alt – auf die für mich absurde Idee kam, einfach wandern zu gehen. Ich schnürte meine Turnschuhe und machte mich auf den Weg zur Grünburger Hütte, sie befand sich im selben Ort wie das Gasthaus meiner Eltern. »Was, wandern gehst du jetzt? Ganz alleine?«, hörte ich von manchem Gegenüber mit hochgezogenen Augenbrauen und runzelnder Stirn. Eine überzeugende Antwort auf das »Warum?« konnte ich (noch) nicht geben. Ich bin einfach gegangen. Die nicht einmal 400 Höhenmeter Aufstieg schienen beim ersten Mal endlos. Bei jeder dritten Serpentine im Wald musste ich stehen bleiben und verschnaufen. Ich hörte die Vögel zwitschern und roch das Unterholz, das unter meinen mittlerweile fast siebzig Kilogramm Körpergewicht knirschte. Im Grunde war es vor allem eines: furchtbar anstrengend. Aber es war wohltuend zugleich. Ich mochte es, die Natur und mich selbst zu spüren. Heute weiß ich: Es war der wichtigste Schritt meines bisherigen Lebens, raus aus der Reizüberflutung hin zu mir selbst.

Nach meiner ersten Wanderung auf die Grünburger Hütte ging es bergauf mit mir – konditionell und mit meiner Stimmungslage. Nun wusste ich etwas mit meinem Urlaub anzufangen. Ich ging ein zweites Mal, ein viertes Mal, ein zehntes Mal … Wieder und immer wieder. Ich fand es mit jedem Mal weniger anstrengend, dafür umso schöner. Ich fühlte mich fitter und lebensfroher – und bald musste ich eine nur noch 65 Kilo schwere Marlies zum Losgehen bewegen.

Nach der Grünburger Hütte ging ich auf den Schoberstein, nach dem Schoberstein auf den Großen Priel, nach dem Großen Priel auf meinen ersten Dreitausender. In der Natur konnte ich all meinen Arbeitsstress ausatmen und frisches Leben einatmen.

Ich ging einfach. Immer öfter, manchmal auch schwierigere Touren. Aus dem Wandern wurde Bergsteigen. Aus Bergsteigen wurde Klettersteiggehen. Aus Klettersteiggehen wurde alpines Klettern, und dazu kamen Hochtouren.

Im Bergsteigen immer besser zu werden, das war nie mein deklariertes Ziel, aber wohl ein unterbewusstes. Es motivierte mich ungemein, einen Fortschritt zu sehen und zu spüren. Ein Schritt ergab den nächsten, er war immer logisch und fiel fast immer leicht.

Trägt nicht jeder diese eine Leidenschaft in sich, bei der so vieles wie von selbst geht? Sei es das Kochen oder Klettern, das Stricken oder Schlagzeugspielen? Das Schwierigste ist wohl, seine große Begeisterung für irgendetwas zu entdecken – und den weiteren Weg und die Veränderung zuzulassen. Ich weiß, dass es gut gemeint war, wenn mir jemand zum Geburtstag wünschte: »Bleib so, wie du bist.« Insgeheim dachte ich mir aber nur: »Nein, bitte nicht, so will ich nicht bleiben!«

DAS LEBEN IST VERÄNDERUNG.

So dauerte es nicht lange, und ich lernte Ski zu fahren – als Kind war ich nur sporadisch snowboarden gewesen, dafür war neben dem Gasthaus einfach nicht genug Zeit. Die Berge wollte ich jetzt aber auch im Winter erleben, und das ging nun einmal am besten mit Tourenskiern. Aller Anfang war schwer, vor allem für meine Tourenpartner. Mein erster Versuch auf dem anfängerfreundlichen Schwarzkogel am Hengstpass dauerte hinunter länger als hinauf, Manfred und ich kamen erst im Finsteren zurück zum Auto. Als er meine ersten Purzelbäume über hinterlistige Waldwurzeln bestaunte, fragte er mich, was los sei mit mir. »Ich hab' doch gesagt, ich kann nicht Ski fahren«, war meine Antwort. Mit weit aufgerissenen Augen erntete ich bloß Verwunderung: »Das sagt doch jeder.« Nun ja, bei mir war es wirklich so. Natürlich wollte ich auch so gut Ski fahren können wie die anderen. Keine zwei Jahre später begann ich eine Skilehrer-Ausbildung, dabei habe ich gleich selbst lehrbuchmäßig rutschen und kanten gelernt, und auch das Pflug- und Parallelfahren. Ein paar Tage Kinderskilehrern auf der Wurzeralm habe ich im Zuge dieser Ausbildung auch mitgemacht.

Ein Punkt wurde mir schon auf meinen allerersten Touren bewusst: Ich wollte auf dem Berg Verantwortung übernehmen. Ich wollte vorausgehen, nicht nur mitlaufen – und ich wollte wissen, was ich da eigentlich tat. Zu allererst absolvierte ich über eine Bergsteigerschule im Zillertal einen Gletscherkurs, das war mir aber noch zu wenig. So meldete ich mich beim Alpenverein für eine Ausbildung an zur staatlich geprüften Instruktorin für Hochtouren. Bei der Aufnahmeprüfung im Stubaital war ich furchtbar nervös. Die für die Ausbildung notwendigen Touren wie zum Beispiel fünf Dreitausender hatte ich gerade erst in der Tasche. Ein befreundeter Bergführer erklärte mir zu Hause noch den Standplatzbau. Im Kleiderschrank meines kleinen Zimmers im Stubaital übte ich mit meinem Seil und Karabinern die Knoten. Meine letzte Interviewpartnerin vor dieser Prüfung meinte aber, ich würde das ganz sicher schaffen: Gerlinde Kaltenbrunner. Ich hatte die Profi-Bergsteigerin im Schwarzwald besucht, ehe sie zu ihrer Expedition zum K2, zu ihrem letzten Achttausender, aufgebrochen war. Von diesem inspirierenden Gespräch fuhr ich direkt weiter zur Aufnahmeprüfung. Es klappte!

Das Interview mit Gerlinde war der Beginn einer Freundschaft – und der Kurs zur Hochtouren-Instruktorin war die Basis für meine künftigen Entscheidungen. Und Entscheidungen muss man auf dem Berg pausenlos treffen – wohin man geht, wohin man steigt, wohin man greift. Da entscheidet man oft ganz unterbewusst, aber meist sind das Entscheidungen fürs eigene Leben. Bei dieser dreiwöchigen Ausbildung mit erstklassigen Bergführern lernte ich nicht nur, wie ich mich selbst oder jemand anderen aus einer Gletscherspalte ziehen konnte, sondern ich lernte auch den Hermann aus dem Zillertal kennen, meinen ersten Viertausender-Partner. Was meine Leidenschaft nämlich erst zu meinem neuen Lebensweg machte, das waren meine neuen Wegbegleiter. Ich war überrascht, wie viele offene, herzliche und lebensfrohe Menschen ich auf den Bergen kennenlernen durfte. Irgendetwas muss dort oben anders sein als im Tal. Am Prielschutzhaus im Toten Gebirge schloss ich so positiv gestimmte Menschen wie Bettina in mein Herz, so unternehmungsfreudige Bergsteiger wie Andi, Susa und Eddi. Da bemerkte ich bald: Mein Freundeskreis und meine Interessen veränderten sich. Ich hatte keine Lust mehr auf Zeltfeste oder Geburtstagsfeiern, das hätte schließlich bedeuten können, einen guten Bergtag zu verlieren, und nichts auf der Welt war mir nun wertvoller als ein Tag in den Bergen mit meinen neu- und liebgewonnenen Freunden.

Nun war auch das »Problem« Freizeit gelöst. Jede freie Minute zog es mich in die Berge. Jeden Freitag – und oft auch an anderen Tagen – wanderte ich nach der Arbeit zum Stammtisch auf das Prielschutzhaus in Hinterstoder. Am nächsten Tag gingen wir meistens Klettern auf der Spitzmauer oder am Großen Priel (das ging erstaunlicherweise auch ohne Schlaf und mit

Kater ganz gut). Am Mittwoch war die Gowilalm bei Windischgarsten dran. Am besten gefielen mir kurze Ausflüge, etwa zum nahen Dachstein oder ins Gesäuse, zum Wilden Kaiser, in die Dolomiten, ins Zillertal oder ins Ötztal. Ich fand an vielen Plätzen Freunde und Kletterpartner, war jeden freien Tag auf Tour. Meine liebste Bergsportdisziplin wurde das Alpinklettern, da lagen meine Ziele in den Ostalpen. Ich liebte es, große Wände zu durchsteigen, die von unten unbezwingbar erschienen, aber doch zu meistern waren: von der Nordwand der Großen Zinne bis zur Südwand vom Dachstein. Nach meinen ersten beiden Viertausendern beschlich mich das sehnsüchtige Gefühl, dass ich in den Westalpen noch weiter weg sein konnte von meinem Alltag, um Spannung in mein normales Leben zu bringen.

Normales Leben? Manche Freunde empfanden das nicht so normal. Vor allem, wenn ich mal wieder drei Wochen am Stück unterwegs war. In meinem Job ging es ebenso bergauf. Ich reiste als Skireporterin einige Winter lang von Weltcup-Ort zu Weltcup-Ort, interviewte Hermann Maier und Marcel Hirscher, Alberto Tomba und Lindsey Vonn. Im Sommer berichtete ich über viele andere Sportarten – von der Beachvolleyball-WM in Rom bis zur Leichtathletik-EM in Barcelona. Mit meinem Kollegen Christoph erfand ich die *Gipfelgespräche*, da holten wir uns die Berge ein Stück in die Arbeit. In dieser Serie führten wir die Interviews mit Sportlern in keinem hektischen Zielstadion, sondern in der Natur und auf den Bergen. Eine im wahrsten Wortsinn viel tiefgründigere und weitblickendere Gesprächsatmosphäre. Auch *Sports Media Austria* schien dies zu gefallen, 2011 zeichnete mich diese Vereinigung als Nachwuchsjournalistin des Jahres aus für ein Gipfelgespräch, das ich mit Weltklasse-Judokämpferin Sabrina Filzmoser auf dem Dachstein geführt hatte.

Ich stellte in meinem Job den Anspruch an mich, jeden Tag eine gute Geschichte abzuliefern, am besten eine exklusive. Vor allem im Winter war ich wochenlang unterwegs, da gab es für mich nichts anderes als die Arbeit. Ich selbst blieb dabei auf der Strecke. Ernährungsberater wären nicht glücklich gewesen mit meiner Lebensweise: eine Leberkäsesemmel hier, ein Energy-Drink da, etwas Schokolade zum Abrunden. Meine Work-Life-Balance kam in Schräglage, das machte mich manchmal unzufrieden. Ich wollte weiterhin einen guten Job abliefern, aber ich wollte auch mehr Zeit für das Bergsteigen haben. Langsam bekam ich ein andersgeartetes Problem mit meiner Freizeit:

**Ich hatte nicht mehr zu VIEL,
sondern zu WENIG.**

Es dauerte zum Glück nicht lange, bis ich wieder aus dem Redaktionsalltag ausbrechen und in die Westalpen fahren konnte. Einen Monat nach der Tour auf den Mont Blanc schrieb ich meine ganz persönlichen Geschichten – in keiner Zeitung, in keinem Blog, sondern nur in meinem Kopf. Das Bergsteigen wurde mein Ausgleich zur Arbeit, da wollte ich partout eines nicht: aus Schritten Sätze machen und aus Gletschern Geschichten. Nicht einmal ein Tourenbuch führte ich, nur meine kleine Kompaktkamera hielt die Momente fest.

Am Prielschutzhaus lerne ich einen ganz netten Typen aus der Gegend kennen, der super Gitarre spielt, noch viel besser klettert und auch so gerne unterwegs ist wie ich. Andi ist sein Name. Bei einem Stammtischtreffen erzählt er mir, dass sein Freund für seine Urlaubswoche abgesprungen ist, und fragt mich, ob ich mit ihm in die Schweiz zum Bergsteigen fahren möchte. Ich bin begeistert von dieser Idee! Wir haben zwar nur fünf Tage Zeit, aber eine Wunschtour nach seinem – und meinem – Geschmack: das Zinalrothorn oberhalb von Zermatt.

Zinalrothorn, 4221 Meter

Zermatt, Weisshorngruppe, Walliser Alpen

Bestiegen im August 2011 mit Andi über den Normalweg (Südostgrat).

Ein formschöner Berg mit einem Felsgipfel ähnlich einer Haifischflosse.

Mich reizen all jene Berge, auf denen sich schon aus dem Tal eine markante und logische Linie abzeichnet – ein formschöner Grat oder eine herausragende Wand, die mehr als nur einen Spaziergang verspricht. Das Zinalrothorn ist so ein reizvoller Zacken und ein eher schwieriger Viertausender im Wallis. Ich traue mich daran, weil ich im Hinterkopf weiß, dass ich mit Andi einen Tourenpartner habe, der bestimmt weiß, was zu tun ist, sollte ich an einer Stelle nicht mehr weiterwissen.

Wir fahren gemeinsam nach Zermatt, steigen zur Rothornhütte auf und starten den Tag wieder mitten in der Nacht. Alles läuft nach Plan, doch vierhundert Meter vor dem Gipfel wissen wir beide nicht mehr weiter. Die Wetterprognose wäre ja nicht so schlecht gewesen, die Realität ist es aber. Wir kauern wie versteinert wenige Meter voneinander entfernt auf dem schmalen Firngrat unter dem Gipfelaufbau. Der Wind weht so stark, dass wir uns weder einen Schritt vor noch zurück trauen. Und habe ich nicht gelernt, dass Graupelschauer kein gutes Zeichen sind? Die Vorboten eines Gewitters? Der Wind pfeffert uns die vereisten Schneekristalle mit vollem Schwung ins Gesicht. Ich halte die Hände zum Schutz über meine Augen. Wir verstehen kaum ein Wort vom jeweils anderen, also brüllen wir: »Gehen wir noch ein paar Meter!?!« Zwei andere Seilschaften haben schon umgedreht. Eine ist noch vor uns: ein Schweizer Bergführer mit seinem Gast. Der wird mit ihm doch nicht freiwillig ins Verderben laufen, ganz sicher nicht! »Gemma weiter!«

Als die heftigeren Böen ruhen, rutsche ich vorsichtig im Reitersitz nach vorne, die Beine baumeln links und rechts in die Tiefe, so, als säße ich auf einem Pferd. Erst als der Grat breiter wird, stehe ich wieder auf und gehe kontrolliert weiter. Kurz

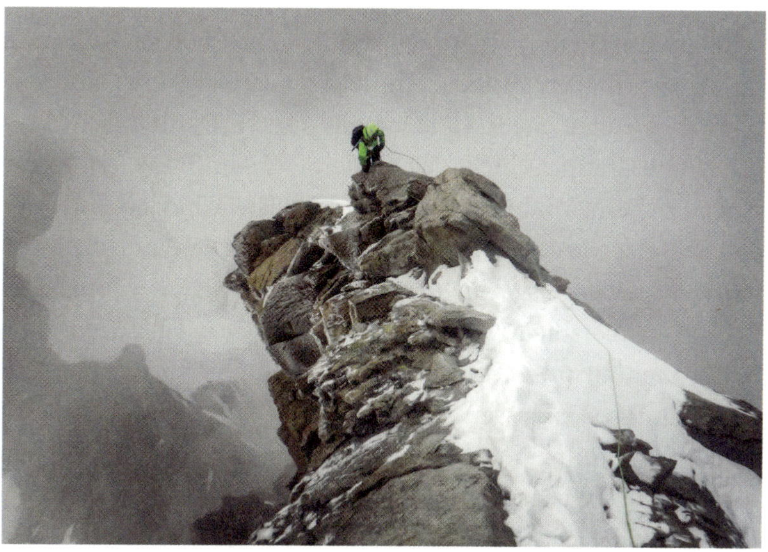

Eine gespenstische Gratkletterei zum Zinalrothorn.

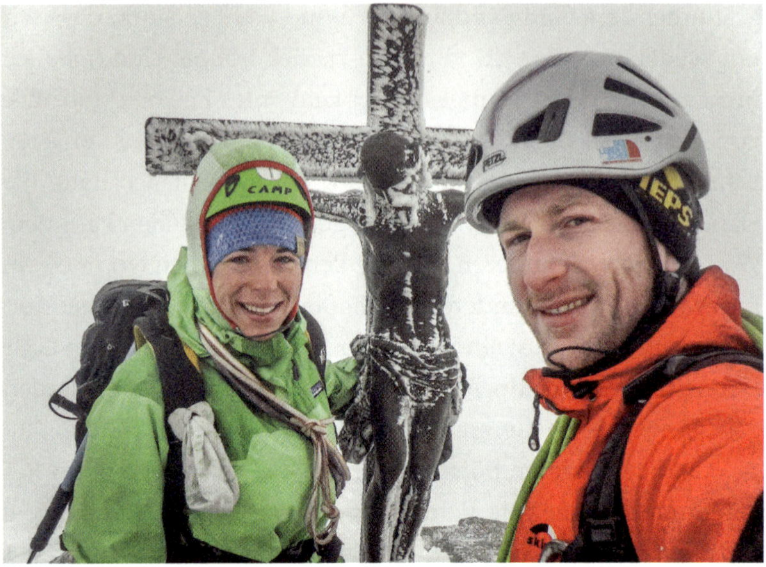

Düstere Wolken, heitere Stimmung: Mit Andi beim Gipfelkreuz.

schimmert mit ein paar Sonnenstrahlen auch wieder Hoffnung durch die dunklen Wolken. Am felsigen Gipfelaufbau sind wir dem Wind nicht mehr so stark ausgesetzt. Dafür macht hier die dünne Graupelschicht das Klettern zur Mutprobe. Wir beginnen zu sichern. Vor allem in der Schlüsselstelle bin ich froh über das Seil, das von oben kommt. Die sogenannte Biner-Platte ist mit einer feinen Eisglasur überzogen, Andi klettert voraus. Die Zacken meiner Steigeisen suchen in kleinsten Felsritzen Halt. Nebel umhüllt uns. Gespenstisch ist es hier. Man könnte sich leicht abschrecken lassen.

Der Bergführer macht noch immer keine Anstalten umzudrehen. Auch wir haben den Spaß und den Glauben an den Gipfel noch nicht gänzlich verloren. Wir klettern um die nächste Ecke – und auf einmal sehen wir das Gipfelkreuz auf 4221 Metern vor uns. Der eiserne Jesus, der drauf angebracht ist, trägt heute einen schneeweißen Bart. Leid tut er mir, wenn ich daran denke, dass er hier lange Nächte durchfriert, von Gott und den Menschen verlassen. Auch wir sind schnell wieder weg.

In meinem Gesicht scheint auch etwas eingefroren zu sein: Das Grinsen geht nicht mehr weg! So groß ist die Freude über unsere erfolgreiche Tour. Wir haben es tatsächlich geschafft! In der Rothornhütte tratschen wir bei einem Kaffee noch mit dem Bergführer über diese schwierigen Verhältnisse. Dann steigen wir ab bis Zermatt.

Wir spazieren durch das berühmteste Bergdorf der Alpen. Wie Dutzende Japaner suche ich immer wieder jene Plätze zwischen den urigen Häusern und modernen Banken (und wie schräg, sogar einen *McDonald's* gibt's hier), von denen aus ich das Matterhorn erblicken kann. Wir checken ein im *Hotel Bahnhof*, da liegt für mich eine Nachricht des Schweizer Bergführers an der Rezeption: seine Telefonnummer und die Bitte, ich möge mich nach unserer nächsten Tour bei ihm melden. Die Verhältnisse würden ihn interessieren, hinterließ er als Notiz – ich habe aber die vage Vermutung, etwas anderes interessiere ihn noch mehr ...

Mit Andi pflege ich ein rein freundschaftliches Verhältnis. Nicht im Ansatz kommt mir der Gedanke, dass ich näheres Interesse an ihm haben könnte – oder er an mir. Das macht unseren Umgang sehr entspannt. Gemütlich wird unser Abendessen: Da uns die Speisen in den Zermatter Lokalen zu teuer sind (wir müssten ungefähr mit dem Doppelten von zu Hause rechnen), kochen wir lieber selbst in der Gemeinschaftsküche unserer Unterkunft. Danach planen wir die »Nachspeise« unseres bisherigen Ausflugs: das Breithorn. Das Breithorn ist über seinen

Normalweg der einfachste aller Viertausender. Aber es gibt auch spannendere Routen: Wir wollen alle fünf Gipfel, die den breiten Rücken des Horns formen und die allesamt als eigenständige Viertausender gezählt werden, überschreiten. Der Bergsport-Weltverband hatte 1994 eine Liste mit 82 offiziellen Viertausendern festgelegt. Wenn wir schon in die Schweiz fahren, dann darf bei der Höhenangabe schon auch ein Vierer voranstehen, haben wir uns gedacht. »Breithorn-Traversierung« sagen die Einheimischen zu unserer Wunsch-Tour, jene auf der Schweizer Seite. Im Süden spricht man ja Italienisch, der Grat bildet die Landesgrenze zu Italien. Ich mag die Vorstellung, zwischen zwei Ländern zu balancieren.

Breithorn, 4164 Meter
Zermatt, Walliser Alpen
Halbe Breithorn-Traversierung mit Andi im August 2011 über die Roccia Nera (4075 m), die Breithorn-Zwillinge (4106 m, 4139 m) und Normalweg auf den Breithorn-Hauptgipfel.
Der einfachste Viertausender, dessen breiter Rücken mit vier weiteren Gipfeln auch entzücken kann.

Autos dürfen in Zermatt keine fahren, dafür aber Seilbahnen, und mit ihnen geht es ohne Anstrengung bis auf 3883 Höhenmeter hinauf. Der nächste Morgen startet also mit einer Erleichterung – auch für unsere Geldtasche: Die Gondel bis zum Kleinmatterhorn kostet uns achtzig Euro pro Nase. Von der Bergstation könnte man in einer guten Stunde auf das Breithorn huschen. »Wer weiß, wie schön ein ursprünglicher Berg sein kann«, lese ich in Richard Goedekes Standardwerk zu den Viertausendern, »dem ist die Besteigung des meistbestiegenen Viertausenders auf dem Normalweg mehr ein masochistisches Unternehmen als ein Vergnügen.« Das übermäßig gut besuchte Breithorn hat aber auch diese andere Seite. Nichts wie hin!

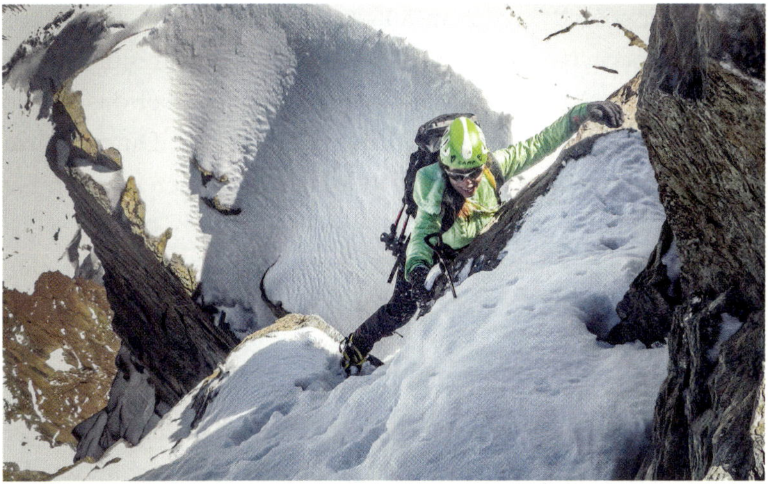

Je tiefer der Blick, umso spannender die Tour.

Die Liftstützen vom Skigebiet beim Kleinmatterhorn lassen wir bald hinter uns. Kurz werde ich an die Arbeit erinnert, weil hier einige alpine Ski-Weltcupfahrer trainieren, die ich persönlich kenne. Ich verwerfe aber meine Idee, ein exklusives Interview ergattern zu wollen. Ich bin zum Bergsteigen hier und habe Urlaub! Meine Gedanken schwenken zum Matterhorn. Die Speicherkarte der Kamera wird überstrapaziert mit Fotos von dieser faszinierenden Berggestalt. So nahe war ich dem berühmtesten Schweizer Fotomodell noch nie! Wir kehren dem »Hore« oder »Horu«, wie es die Walliser bezeichnen, den Rücken. »Hörnli«, wie wir es gerne nennen, sagt hier niemand, das klingt niedlich, und das Matterhorn ist nun alles andere als das. Wir queren auf einer guten Spur den Verragletscher unterhalb der Gipfel, die wir danach überschreiten wollen. Hier könnte man noch lange weitergehen, zu Pollux und Castor, ja sogar zum Liskamm. So viele Viertausender auf so engem Raum! Wir steigen in einer steilen Zick-Zack-Spur zum äußeren Eckpfeiler des Breithorns auf, zur Roccia Nera, zu der die Schweizer »Schwarzfluh« sagen. Hier eröffnet sich uns ein sagenhafter Ausblick über das Monte-Rosa-Massiv bis zu seinem höchsten Punkt, der Dufourspitze. Die Eidgenossen haben für alle Grenzgipfel einen eigenen Namen gefunden – nur für das Monte-Rosa-Massiv nicht. Das ist und bleibt das Monte-Rosa-Massiv und wird nicht etwa zum »rosa Berg«.

Nach kurzem Augenschmaus richten wir den Blick in Richtung Westen. Eine wunderschöne und spannende 2,5 Kilometer lange Linie liegt vor uns, die alles vereint, was unser Bergsteigerherz begehrt. Firngrate und Felswände wechseln immer wieder miteinander ab, teilweise in sehr exponierter Lage. Hier fällt mir auf: Je steiler die Flanken nach links und rechts abbrechen, umso mehr Spannung und Leben spüre ich tief in mir. Ich liebe dieses erleichternde Gefühl, wenn es nach haarscharfen Passagen auch wieder eine Möglichkeit zum Durchschnaufen gibt und ich

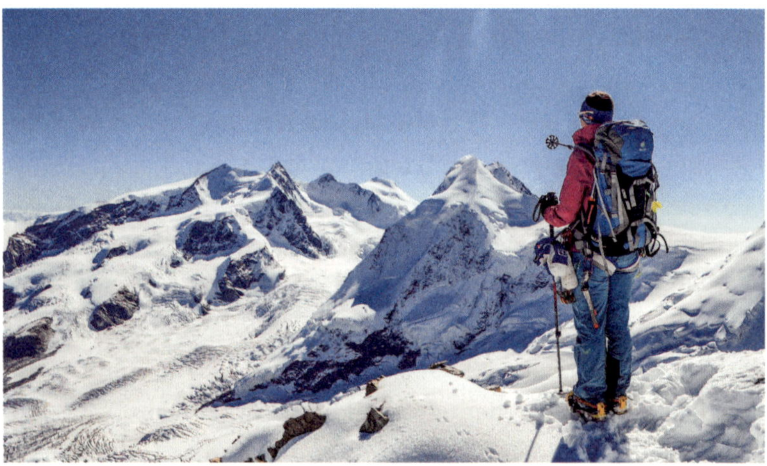

Sehnsuchtsziele, so viele: Das Monte-Rosa-Massiv vor Augen.

rundum blicken und staunen kann über die Gletscherwelt und die herausragenden Hörner. So viele Sehnsuchtsziele!

Wir klettern fröhlich, aber fokussiert vor uns hin, seilen uns einmal ab, dabei baumle ich sogar freihängend in der Luft. Juhuhuiii! Doch plötzlich ist der Spaß vorbei. Wir sehen zum nächsten Felsaufschwung mit einer Schlüsselstelle. Eine kleine Ameisenstraße führt durch diese senkrechten Felsen. Ein wuselnder Haufen. Dort hat sich ein Stau gebildet mit mindestens zwanzig Bergsteigern. So einen Massenauflauf auf einem Berg sehe ich das erste Mal. Ich suche doch genau das Gegenteil – (Bewegungs-)Freiheit.

Wir haben keine Lust darauf, uns in dieser Schlange anzustellen, zu warten, auszukühlen und Zeit zu verlieren. Lieber lassen wir den Mittelgipfel aus. Wir pickeln uns über eine Steilflanke zurück auf den Gletscher und gehen zurück zur Bergstation. Doch da wir schon hier sind (und das Bahnticket auch nicht günstig war), huschen wir noch über den Normalweg auf den Hauptgipfel. Schön, hier unsere fünf Tage ausklingen zu lassen!

Auf dem Heimweg haben wir im Auto lange Zeit für einen Gedankenaustausch. Es sind die einsameren und alpinen Unternehmungen, die uns reizen. Wie kann ich diese finden auf den Modebergen, die so viele Menschen anziehen, manchmal zu viele auf zu kleinem Raum? Was kann ich tun, um weiterhin meine Begeisterung für die Westalpen zu behalten? Ich glaube, eine Lösung zu wissen: Ich muss einfach andere Wege gehen als die meisten anderen. Oder zu anderen Zeiten unterwegs sein.

»Denn nur dem, der den Mut hat, den Weg zu gehen, offenbart sich der Weg.«

Paulo Coelho

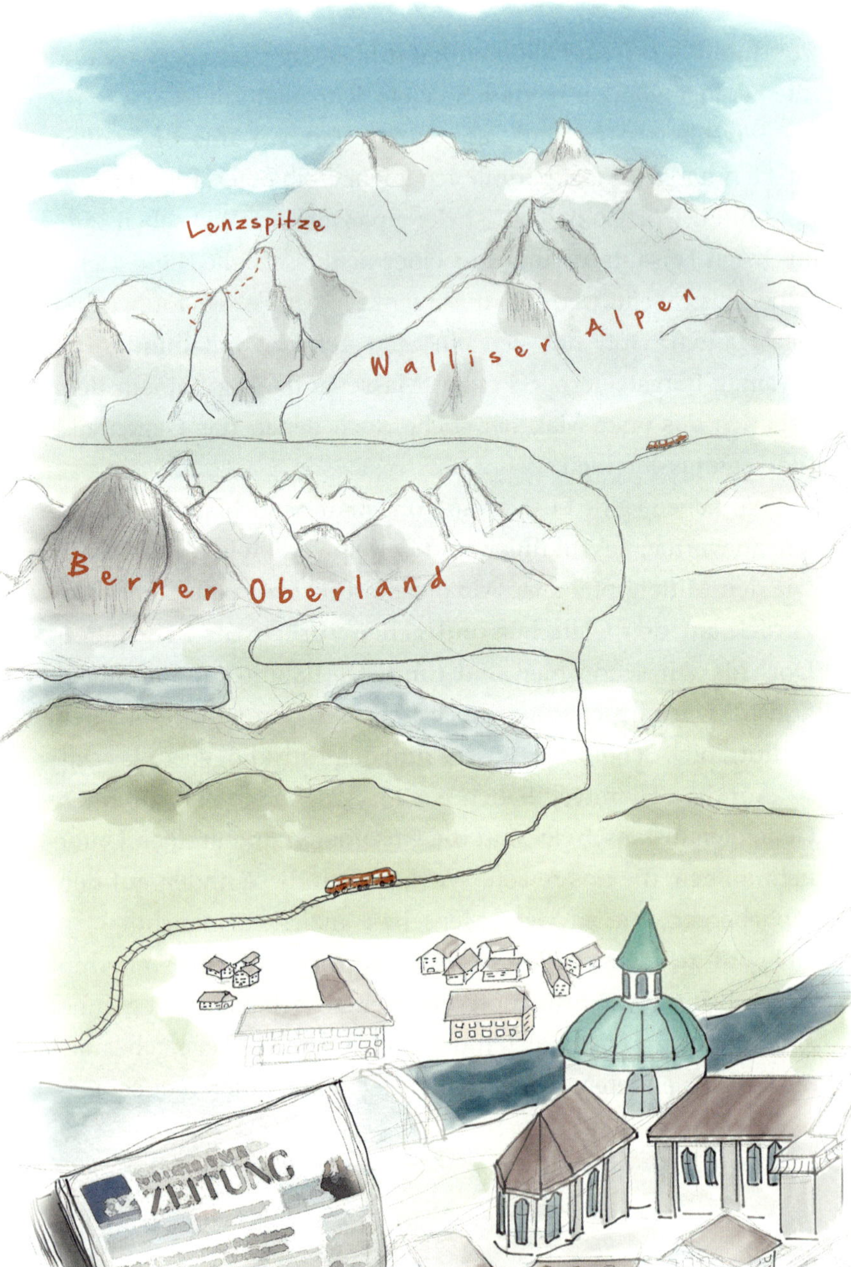
Lenzspitze
Walliser Alpen
Berner Oberland
ZEITUNG

Blind Date in der Nordwand

LENZSPITZE, WEISSMIES

Mit Marc habe ich mich in Saas-Fee verabredet. Wir haben uns vor wenigen Tagen erst kennengelernt – über ein Bergsportportal im Internet. Die Lenzspitze-Nordostwand habe ich ihm vorgeschlagen. Er sagte, das klinge toll! Er nimmt mir auch ein zweites Eisgerät mit, das aufgrund der Steilheit für diese Firntour nötig ist. Ich selbst habe vorerst nur einen gewöhnlichen Pickel, und der ist mittlerweile mehr stumpf als spitz.

Weissmies, 4023 Meter

Saas-Grund, Walliser Alpen

Über den Normalweg mit Nächtigung in der Weissmieshütte, mit Stefan im Juni 2012.

Ein vergletscherter Riese oberhalb des Saaser Tals und vis-à-vis des Nadelgrats.

Die wunderschöne Nordostwand der Lenzspitze geht mir nicht mehr aus dem Kopf, seit ich sie vor wenigen Wochen erstmals vom Weissmies aus gesehen habe. Dort war ich mit Michael unterwegs – oder hat er Stefan geheißen? Ich gestehe: Sein Name fiel mir schon wenige Tage nach der Tour nicht mehr ein. Kennengelernt habe ich ihn auch über dieses Onlineportal, auf dem ich zugegeben sehr oberflächlich unterwegs war. Dort sucht man nicht die Liebe für sein Leben, sondern einen Seilpartner für die nächste Tour. Mit Stefan wird das Weissmies die einzige Tour bleiben, das wird mir klar, als wir uns am Triftgletscher anseilen. Ein flotter Bursche mit großem Selbstbewusstsein ist er zwar, aber Seiltechnik und Orientierung scheinen nicht zu seinen Kernkompetenzen zu zählen. Ich weiß: Wenn ich in eine Gletscherspalte stürze, kann ich mir nur selber helfen. Lernen darf ich dennoch viel von ihm, auch wenn ich das erst später verstehen würde.

Der Ausblick vom Gipfel ist mir damals dieses Risiko wert. Ich sehe zum ersten Mal aus der Ferne in die Mischabelgruppe, die oberhalb vom Schweizer Bergsteigerdorf Saas-Fee liegt – sie thront als zackige Krone über dem Saasertal. Mit etwas Fantasie mag diese Gebirgskette von den Bauernhöfen weit unten wie eine Mistgabel aussehen. Aller Wahrscheinlichkeit nach liegt in dieser Form tatsächlich der Wortursprung ihres Namens begraben, im walserdeutschen Wort für Mistgabel: »Mistgabla« oder »Mischabla«. Die drei Zacken heißen Täschhorn, Dom und Lenzspitze, an sie fädelt sich nördlich noch der Nadelgrat. Am meisten fasziniert mich bei diesem Anblick die 400 Meter hohe Nordostwand der Lenzspitze. Sie ist wie ein weißes Leintuch, straff eingebettet zwischen den Zacken der Lenzspitze und des Nadelhorns. Aber mit wem könnte ich diese erklettern? Mit Stefan (oder war es Michael?) sicher nicht.

Ein Blind Date in einer anspruchsvollen Wand – die Sehnsucht nach einer spannenden Tour war größer als meine Bedenken, mit einem Unbekannten eine Seilschaft zu bilden. Ich wollte unbedingt hinaus. Unbedingt! Am besten jedes freie Wochenende. Heute würde ich nicht mehr mit Fremden eine Tour bestreiten wollen, nur weil ich mir ein bestimmtes Ziel in den Kopf gesetzt habe. Dazu ist mir das Seil ein zu großer Vertrauensbeweis – und die gute Zeit mit Lieblingsmenschen viel wichtiger. Doch damals habe ich für mich keine andere Wahl gesehen, meinen Sturm und Drang zu bändigen, außer im Internet einen Partner zu finden. Denn ich hatte kaum Seilpartner in meiner Nähe.

In meiner Nähe, das hieß im Jahr 2012: in der Schweiz. Es war mir dieses Angebot in den Schoß gefallen: ein Austauschprojekt mit der *Solothurner Zeitung*. Ein halbes Jahr lang schrieb ich für diese Zeitung bei den Eidgenossen. Nicht nur privat, auch beruflich gesehen war das ein Jackpot. Zufall? Für mich ein Zeichen, dass sich im Leben immer neue Türen öffnen, wenn man seinem Weg mit Leidenschaft folgt. Endlich war ich näher an meinen geliebten Westalpen-Bergen. Darüber hinaus eröffnete dieser Job neue Möglichkeiten und zugleich meinen Horizont. In einer Kolumne beschrieb ich mit einem Augenzwinkern die Unterschiede zwischen Österreichern und Schweizern, die mir tagein und tagaus unterkamen. Ein Schreibvergnügen – mit großartigen Leserreaktionen. Auch meine Freizeit war erfüllend. Ich bekam beim Schweizer Alpenclub in Solothurn »Asyl« und fand dort nette Partner für Klettertouren vor meiner Haustüre im Jura. Auch die Telefonnummer des Bergführers vom Zinalrothorn fiel mir zufällig in die Hände – die Verhältnisse vom Breithorn interessierten ihn übrigens nicht mehr ganz so sehr, ich dafür aber offensichtlich umso mehr.

Wenn ich mich in den Zug setzte, war ich eine Stunde später in den Tälern, die sich nach langen Gletschern auf mehr als 4000 Meter zuspitzten. In diesem halben Jahr fuhr ich öfter mit dem Zug als in Österreich mein ganzes bisheriges Leben – die öffentlichen Anbindungen waren perfekt. Lediglich Seilpartner für die großen Touren zu finden, das war nicht einfach, für die Nordostwand der Lenzspitze etwa.

Lenzspitze, 4294 Meter

Saas-Fee, Mischabelgruppe, Walliser Alpen

Über die Nordostwand im Juni 2012 mit Marc und Weiterweg zum Nadelhorn (4327 m).

Die markante Lenzspitze ist der südlichste Zacken des Nadelgrates.

Es ist Anfang Juni. Ich gehe in kurzer Hose, ärmellosem Shirt und schwerem Rucksack zum Bahnhof. Marc kommt aus Zürich angereist, beim Kennenlernen habe ich ein gutes Gefühl und volles Vertrauen – vor allem in mich. Es wird für uns beide eine Herausforderung werden: meine und seine erste Nordwand. Eine Nordwand übt eine besondere Faszination aus – sie hat nicht die Vorzüge einer sonnigen Südseite, meist bleibt es hier düster und wirkt dadurch noch ernster. Darum ist mir völlig bewusst, dass es im Ernstfall an mir liegt, dass ich für das Vorausklettern verantwortlich bin, mich nicht blind auf Marc verlassen kann. Ich packe sein zusätzliches Eisgerät, das er mir leiht, auf meinen Rucksack. Die Verhältnisse sollten sehr gut sein – auf der Mischabelhütte erfahren wir, dass am Tag davor sogar ein Snowboarder durch die Wand abgefahren sei. Auf geht's!

»Geht's bei dir noch?«, rufe ich hinunter.

»Ja, geht noch«, ruft er zurück.

Die Waden brennen, drei Viertel der Wand liegen bereits unter uns. Das Seil trage ich noch im Rucksack. Bei den guten Spuren im steilen Firn (die wieder einmal einen halben Schritt zu weit entfernt sind für mich und meine enormen 159 Zentimeter Körpergröße) ist Sichern ohnehin nicht so einfach möglich und auch gar nicht nötig. Doch nun wird die Firnauflage dünner, und über wenige Meter blitzt blankes Eis hervor. Sollen wir sichern? Es wäre anstrengend, hier das Seil auszupacken. Ich knalle meinen stumpfen Pickel ins harte Eis, er hält bei Weitem nicht so gut wie Marcs scharfes Eisgerät in meiner anderen Hand. Mit einem Fuß steige ich höher und wuchte die Zacken meiner Steigeisen in den Hang. So viel Kraft wäre nicht nötig, aber ich will auf Nummer sicher gehen. Langsam taste ich mich über die eisigen Stellen, bis ich die Füße wieder in den Tritten meiner Vorgänger entspannen kann.

»Das geht gut«, rufe ich hinunter.

Auch Marc hat keine Probleme und klettert sicher durch diese Wand.

Auf dem GIPFEL der Lenzspitze sind wir von der Komfortzone noch WEIT entfernt.

Doch wir haben ein gutes Gefühl, sind der Tour gewachsen. Wir folgen dem noch langen Grat bis zum Nadelhorn. Marc ist müder als ich, ich klettere über die Felsen voraus, wir sind mit dem Seil verbunden. Es ist ein guter Tag, ein langer Tag. Nach dieser Tour verlieren wir uns aber wieder aus den Augen.

Beim Schreiben dieses Buches will ich mit Marc über Facebook Kontakt aufnehmen. Als ich über sein Profil scrolle, stockt mir der Atem. Marc lebt nicht mehr. Botschaften von seinen traurigen Freunden stehen auf der Pinnwand. »Wo au immer du bisch, du bisch und blibsch immer i mim Herz. Alles Liebi zum Geburtstag.« Ein kalter Schauer läuft über meinen Rücken. Das darf doch bitte nicht wahr sein! Ich finde einen Zeitungsbericht. Marc ist ein Jahr nach unserer Tour auf der Jungfrau mit seinem

Seilpartner abgestürzt, seinen 33. Geburtstag hat er nicht mehr erlebt. Tagelang war Marc vermisst worden, bis ein Eisgerät gefunden wurde und einem der beiden zugeordnet werden konnte. Wieder fährt es mir in alle Glieder. Im Nachrichtenverlauf sehe ich, dass ich wenige Monate vor diesem Unglück eine Mitteilung von Marc unbeantwortet gelassen habe. »Eine Nordwand haben wir doch schon gemeistert. Also warum nicht wieder eine?«

Ich wische Tränen von meinen Wangen.

»Am Ende gilt nur, was wir getan und gelebt,
und nicht, was wir ersehnt haben.«

Arthur Schnitzler

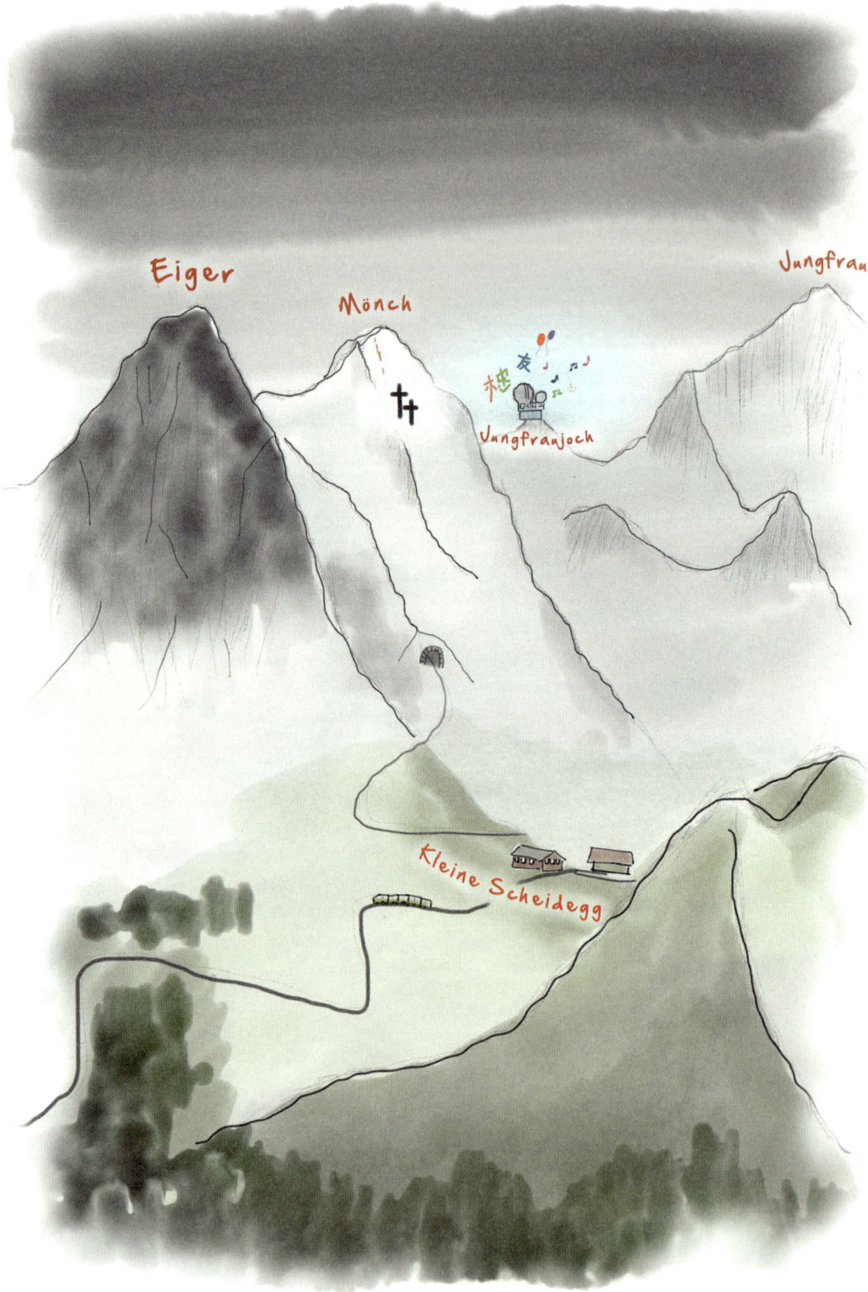
Eiger
Mönch
Jungfrau
Jungfraujoch
Kleine Scheidegg

Was ich nie sehen wollte

MÖNCH, ALPHUBEL

Aus dem Fenster meiner Wohnung im Schweizer Langental bei Solothurn erblicke ich sie an klaren Tagen hervorragend, die berühmten Berge des Berner Oberlands: Eiger, Mönch und Jungfrau. Am Pfingstwochenende will ich mir aus nächster Nähe ansehen, was mir am Horizont schon lange vorschwebt. Einige Leute tragen am Bahnhof eine Badetasche, ich schultere meine Skier. In Interlaken treffe ich mich mit Gregor und Patrick – einem alten Kurskollegen aus Tirol und einer neuen Internetbekanntschaft aus dem Wallis. Die Jungfrau-Bahnen bringen uns in guten zwei Stunden von 568 bis auf 3454 Meter Meereshöhe. Das Jungfraujoch ist unser Ausgangspunkt für diese Skitour Ende Mai. Im Zugabteil drängeln sich mehr Asiaten als Alpinisten. Etwa eine Million Menschen reist pro Jahr auf das »Top of Europe«, als das es Touristiker in die flache Welt verkaufen.

Kitsch und Klischee gibt's inklusive zum Zugpreis, den sich nicht jeder leisten kann (oder will). Mein Tiroler Bergfreund Gregor berappt ohne Halbtax-Abo 99,60 Franken, fast hundert Euro für eine Richtung. Ich zahle mit meiner Vorteilskarte der Schwei-

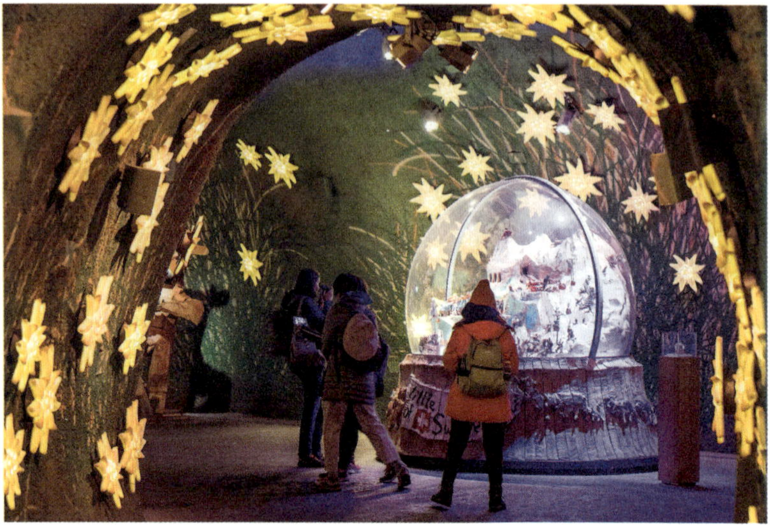

Kitsch auf dem Jungfraujoch auf 3450 Meter über dem Meer.

zer Bahnen, die sich schon nach wenigen Zugfahrten auszahlt, wenigstens nur die Hälfte. An das hohe Preisniveau der Schweiz kann ich mich aber trotzdem nur schwer gewöhnen. Auf dem Jungfraujoch wird uns dafür mehr geboten, als uns lieb ist. Es geht vorbei an Lampen, die in Form eines Edelweißes leuchten, und an Rolex-Uhren in Verkaufsvitrinen. Wir tapsen durch einen spiegelglatten Eispalast und begegnen großen Gruppen, begleitet von Jodel-Musikanten und Reiseführern. Nichts wie raus hier.

Draußen sehen wir weit und atmen schneller in der dünnen Luft. Der Blick folgt dem (noch) zwanzig Kilometer langen Aletschgletscher, dem größten Eisstrom der Alpen, bis er hinter dem Konkordiaplatz verschwindet. Von rechts schaut die Jungfrau auf uns, von links zeigt uns der Mönch die kalte Schulter. Von oben kommt eine Japanerin geflogen. Sie saust, gesichert an einem Stahlseil, über den Gletscher. Unter ihr wird Ski gefahren und auf Reifen gerutscht, die Besucher quietschen und schreien. Viele Touristen landen hier zum ersten Mal in ihrem Leben im Schnee. An einem Kiosk können die von der Höhe Berauschten Sekt schlürfen. Reicht denn nicht einfach diese gewaltige Aussicht aus? Warum braucht es diese Attraktionen? Um das Disneyland der Alpen zu sein? Der Klangteppich des Vergnügungsparks breitet sich über den Aletschgletscher aus, ehe er sich in der Weite verliert. Wer als Bergsteiger gerade dabei ist, über die Absperrungen in die hochalpine Welt zu flüchten, wird vorher um ein gemeinsames Selfie gebeten. Bitte lächeln in die Nikons und Canons. Jetzt aber wirklich:

NICHTS WIE WEG.

Wir kleben die Felle auf unsere Skier. Der Mönch mit seinen 4107 Metern ist unser Ziel für heute, viele andere sind auch dorthin unterwegs. Eine Pistenraupe hat eine breite Spur bis zur Mönchsjochhütte präpariert. Wir folgen ihr, bis wir links abbiegen und unsere Skier direkt beim Einstieg zum Südostgrat des Mönchs deponieren. Spätestens hier verlassen wir die gesicherte Zone. Wir klettern los über Felsen und Firn. Nicht sonderlich schwierig, aber immer zum Aufpassen. Gerade haben wir die Hälfte des Grats hinter uns. Da stockt uns der Atem. Die wunderliche Welt steht plötzlich still. Zwei Menschen stürzen vor unseren Augen in die Tiefe. Über die Südwand in den Tod. Mehr als 300 Meter fallen und purzeln sie, getrennt von ihren Rucksäcken. Ihre letzten

Mönch, 4107 Meter

Grindelwald, Berner Alpen

Mit Skiern (Depot am Einstieg) über den Südostgrat (Normalweg) im Mai 2012 mit Gregor und Patrick.

Bildet im Berner Oberland mit dem Eiger und der Jungfrau das berühmte Dreigestirn oberhalb von Grindelwald.

Spuren ziehen die weiße Flanke hinunter. Blutspuren. Erst am Gletscher bleiben die beiden liegen. Reglos. Leblos? Ein schrecklicher Anblick. Wir rufen sofort die Rega, die Schweizer Flugrettung. Wir fühlen uns hilflos, sind traurig und schockiert, versteinert stehen wir am Grat. Es ist kaum zu fassen. Ist das wirklich geschehen? Sind da zwei Menschen ums Leben gekommen?

Ich habe GESEHEN, was ich NIEMALS sehen wollte.

Ist ihnen vielleicht doch noch irgendwie zu helfen? Bis wir zu ihnen abgestiegen wären, was mehr als eine Stunde dauern würde, sollte die Rettung längst da sein. Die Minuten werden aber zu Stunden. Wir sagen wenig, während wir darauf warten, dass die beiden geborgen werden. In diese schaurige Stille drängt sich immer wieder das Gekreische vom nahen Jungfraujoch. Keine 200 Meter von den Unfallopfern entfernt spazieren Touristen in Halbschuhen zum Mittagessen in die Mönchsjochhütte. Warum hilft denn niemand? Ein beklemmender Kontrast. Endlich hören wir den Hubschrauber heranrattern und beobachten die Rettungsaktion. Mein Kopf ist leer. Meine Augen folgen dem Helikopter, wie er über alle Berge fliegt, bis er nicht mehr zu sehen ist.

Wie von allen guten Geistern verlassen stehen wir noch immer am Grat. Von oben kommen Bergsteiger abgestiegen. Was *sollen* wir tun? Was *wollen* wir tun? Umkehren? Das ist mein erster Impuls. »Oder wollen wir doch weitergehen?«, fragen meine Kollegen. Wir sind hin- und hergerissen. Die Gedankengänge teilen sich – und mir persönlich drängt sich die Frage auf, ob eine Fortsetzung unserer Tour moralisch vertretbar sei. Eine Antwort finde ich nicht auf die Schnelle.

Dass Bergsteigen Risiken birgt, das war mir natürlich immer schon klar. Dennoch war ich noch nie mit der schlimmsten Konsequenz, mit dem Tod am Berg, direkt konfrontiert. Die Worte meiner Seilpartner helfen mir. Ich mache mir bewusst, dass jeder von uns dieses Risiko bereitwillig eingeht. Dass wir im schlimmsten Fall vielleicht nie wieder nach Hause kommen. Im Gegenzug eröffnet dieses Risiko auch große Chancen – Momente zu erleben, die unser Leben erst so richtig lebenswert machen.

Wir gehen weiter. Anfangs habe ich nicht geglaubt, einen weiteren Schritt setzen zu können. Aber ich blende das Erlebte aus und suche den Weg zu positiven Gedanken: Wie großartig ist es, mit jedem Schritt, mit jedem Griff, in jeder Sekunde Entscheidungen für das eigene Leben treffen zu dürfen. Das ist Verantwortung und Freiheit zugleich. Als wir zur Unglücksstelle kommen, bin ich sehr angespannt. Ich halte inne. Ein Pickel ist in der Steilflanke hängen geblieben, darunter ist die Spur des Absturzes sichtbar. Es ist ausgesetzt hier – ich bin achtsam und zugleich traurig.

Es handelte sich um zwei italienische Bergfreunde, 48 und 54 Jahre alt. Sie galten als routiniert, lesen wir am nächsten Tag in einem Online-Bericht. Sie waren auf der Stelle tot gewesen. Das Unglück war im Abstieg passiert, ein Seilschaftsabsturz. Einer hatte den anderen mitgerissen am Seil.

Wir erreichen den Gipfel des Mönchs. Es ist keine Freude, die hier aufkommen will, meine Gefühle sind nicht zuzuordnen. Eine Mischung aus Traum und Albtraum. Was wir aus diesem Unglück für uns mitnehmen, ist die Aufforderung, mit dem Seil in Zukunft noch bewusster umzugehen. Richtig eingesetzt, kann es vor einem Absturz retten, es kann aber auch den Partner mit in die Tiefe reißen. Solange wir uns wohl und sicher fühlen, gehen wir ohne Seil, das spart Zeit und Aufwand. Sobald einer von uns den Hauch einer Unsicherheit spürt, beginnen wir mit der Sicherung, sauber und gewissenhaft an Fixpunkten am Felsen oder im Eis. Ein Seil gibt oft nur trügerische Sicherheit, nur wenn man diese Fixpunkte hat, ist man auch sicher. Kein Schritt ist eine Selbstverständlichkeit in diesem Gelände, auch wenn »Disneyland« ganz nahe ist. All das besprechen wir abends in der Mönchsjochhütte.

Meine Gedanken werden in den nächsten Tagen noch kreisen. Am folgenden Morgen ziehen wir mit unseren Skiern los auf die Jungfrau. Als sich einer meiner Partner seilfrei nicht mehr wohl fühlt, beginnen wir bewusster als sonst mit der Seil-

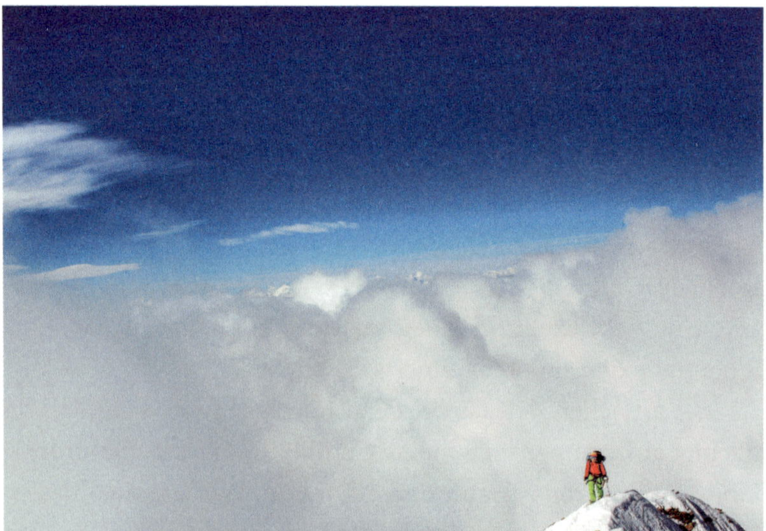

Über den Wolken geht's hinauf zur Jungfrau.

sicherung. Wir erreichen den Gipfel, und als Draufgabe gibt es am dritten Tag den dritten Viertausender, das Gross Grünhorn. Eine wunderbare Tour, gekrönt mit einem schmalen Gipfelgrat. Für die Abfahrt wählen wir nicht die Jungfraubahn, sondern unsere eigenen Skier auf die andere Talseite. Es ist ein nicht enden wollender Gegenanstieg zur Lötschenlücke. In brütender Mittagshitze schleichen wir über den Aletschgletscher. Am Langgletscher mühen wir uns bis zum sumpfigen Ende der letzten Schneezungen. Das letzte Stück bis ins Bergdorf Blatten tragen wir die Skier. Schneeglöckchen sprießen aus der grünen Wiese. Am frühen Nachmittag kommen wir auf der anderen Seite des 824 Quadratkilometer großen Jungfrau-Aletsch-Gebietes an – im Schweizer Kanton Wallis. Mit Bus und Zug fahren wir zwei Stunden retour ins Berner Oberland. Ein emotionales Wochenende geht mit dieser Fahrt zu Ende – mit drei Höhepunkten und dem Tiefpunkt an Traurigkeit.

Jungfrau, 4158 Meter
Grindelwald, Berner Alpen

Mit Skiern über den Rottalsattel (Normalweg) im Mai 2012.

Der Bau der Jungfraubahn gilt als Pionierwerk in der Erschließung der Alpen – und verkürzt den Weg zum Jungfraujoch (3466 m) um ein Vielfaches.

Gross Grünhorn, 4044 Meter
Fiesch, Berner Alpen

Skitouren-Draufgabe nach der Jungfrau im Mai 2012 über den Südwestgrat. Abfahrt über den Langgletscher bis Blatten.

Formschöner Aussichtsgipfel, der mitten aus den Berner Alpen ragt.

Zurück in Oberösterreich wollte ich der Bergrettung beitreten, um vorbereitet zu sein und helfen zu können, wenn wieder etwas passierte. Aber die Bergrettungs-Ortsstelle meines Heimatorts lehnte meine Anfrage ab. Offiziell hieß es, sie würden keine neuen Mitglieder aufnehmen. Von inoffizieller Seite wusste ich, dass weibliche Mitglieder nicht so sehr erwünscht waren. Leider sind Frauen in den Ortsstellen im südlichen Oberösterreich noch immer eine Rarität – dabei kenne ich einige Bergsteigerinnen, die eine große Bereicherung wären für die *Mann*schaften. Ich war sehr enttäuscht, legte das Thema Bergrettung für mich aber beiseite. Dass kurze Zeit nach meiner Absage ein männliches Mitglied neu aufgenommen wurde, brachte mich schließlich nur noch zum Schmunzeln.

Zwei Monate nach dem Unglück am Mönch stecke ich selber in einer haarigen Situation. Am Alphubel geht alles so schnell. Andi ist mit seiner Freundin auf Besuch in der Schweiz. Wir treffen uns aber nicht in Solothurn, sondern gleich in den Bergen. Damit wir möglichst lange etwas von unserem Wiedersehen haben, planen wir eine ausgiebige Überschreitung hoch über Saas-Fee. Das Allalinhorn besteigen wir früh morgens über den hübschen Hohlaubgrat und lachen mittags auf dem Gipfel des nächsten Viertausen-

Alphubel, 4206 Meter

Saas-Fee, Allalingruppe, Walliser Alpen

Von der Britanniahütte über den Hohlaubgrat auf das Allalinhorn (4027 m) und weiter über den Feechopf bis zum Alphubel: Dreier-Seilschaft mit Andi im Juli 2012.

Nach Osten vergletschert, nach Westen felsig – ein Berg mit zwei Gesichtern.

ders, des Alphubels, in unsere Kameras. Wir sind an diesem Tag schon lange auf den Beinen. Über den Nordgrat steigen wir in Richtung Mischabeljochbiwak ab. Andi geht mit seiner Freundin voraus, ich sichere die beiden von oben mit einem Seil. Schnellen Schrittes schließe ich wieder auf, suche mir einen neuen Fixpunkt, um sie von dort weiter nach unten sichern zu können. Als ich das vierte Mal nachkomme, rutsche ich plötzlich aus. Mein Steigeisen findet bei einem weiten Schritt keinen Halt in dem eisigen Schotter. Zuerst rutscht der Fuß weg, dann mein Körper. Ich versuche mich instinktiv mit Händen und Füßen festzukrallen. Ein schwerer Fehler! Das Steigeisen frisst sich in den Felsen, mein Körper hat zu viel Schwung, es katapultiert ihn über die steile Flanke. Ich überschlage mich, lande aber nicht auf meinem Kopf, sondern auf meinem Rucksack – ein Glücksfall. Ich rutsche weiter, bis ich nach zwanzig Metern – oder waren es dreißig? – in diesem brüchigen Steilgelände Halt finde. Zufall? Schicksal? Ich blicke auf meine rechte Hand, in dieser halte ich vier kleine Schlaufen. Das Seil führt zu Andi und zu seiner Freundin. Mein erster Gedanke schockiert mich:

**Verdammt,
fast hätte ich sie MITGERISSEN!**

Ich will gar nicht darüber nachdenken, tue es aber trotzdem – die Bilder vom Mönch sind sofort wieder in meinem Gedächtnis. Nicht weiter auszumalen! »Wir rufen den Hubschrauber«, gibt Andi zu verstehen. Ich rapple mich auf und signalisiere, dass alles okay ist bei mir. Mein Leichtpickel, den ich erst ein paar Monate zuvor auf der Königsspitze in Südtirol gefunden habe, ist somit schon wieder verloren, aber das sind meine geringsten

Sorgen. Körperlich bin ich wohl robust gebaut, ich fühle mich höchstens ein bisschen verspannt. Im Kopf dreht sich das Karussell aber weiter. Wie konnte das passieren? Etwa hundert Höhenmeter fehlen uns noch bis ins Biwak. Wie auf rohen Eiern steige ich dorthin ab, ich misstraue dem Untergrund, auf dem ich mich vorher noch leichtfüßig bewegt habe – womöglich sogar zu leichtfertig.

Im Mischabeljochbiwak verdaue ich meinen Schock. Nach einer Weile besprechen wir unseren Plan, und ja: Wir bleiben dabei. Ich möchte gleich wieder losklettern, vorausgesetzt mein Körper erhebt am nächsten Morgen keinen Einspruch dagegen. Andi und ich wollen früh aufbrechen und das anspruchsvolle Täschhorn versuchen. Schon wenige Schritte nach der blechernen Biwakschachtel beginnt das Klettergelände. Geht doch. Oder auch nicht … Nach einer halben Stunde drehen wir um. Wir haben kein gutes Gefühl heute – und Andis Freundin wollen wir im Biwak nicht länger alleine warten lassen. Wir steigen über den Weingartengletscher wieder hinunter ins Mattertal. Ein gutes Timing: Es ist der 1. August, der Schweizer Bundesfeiertag. Unter einem Feuerwerk stoßen wir am Abend in Zermatt auf die Eidgenossen an – und auf unser eigenes Leben.

»Es geht nicht darum, dem Leben mehr Tage zu geben, sondern den Tagen mehr Leben.«

Cicely Saunders

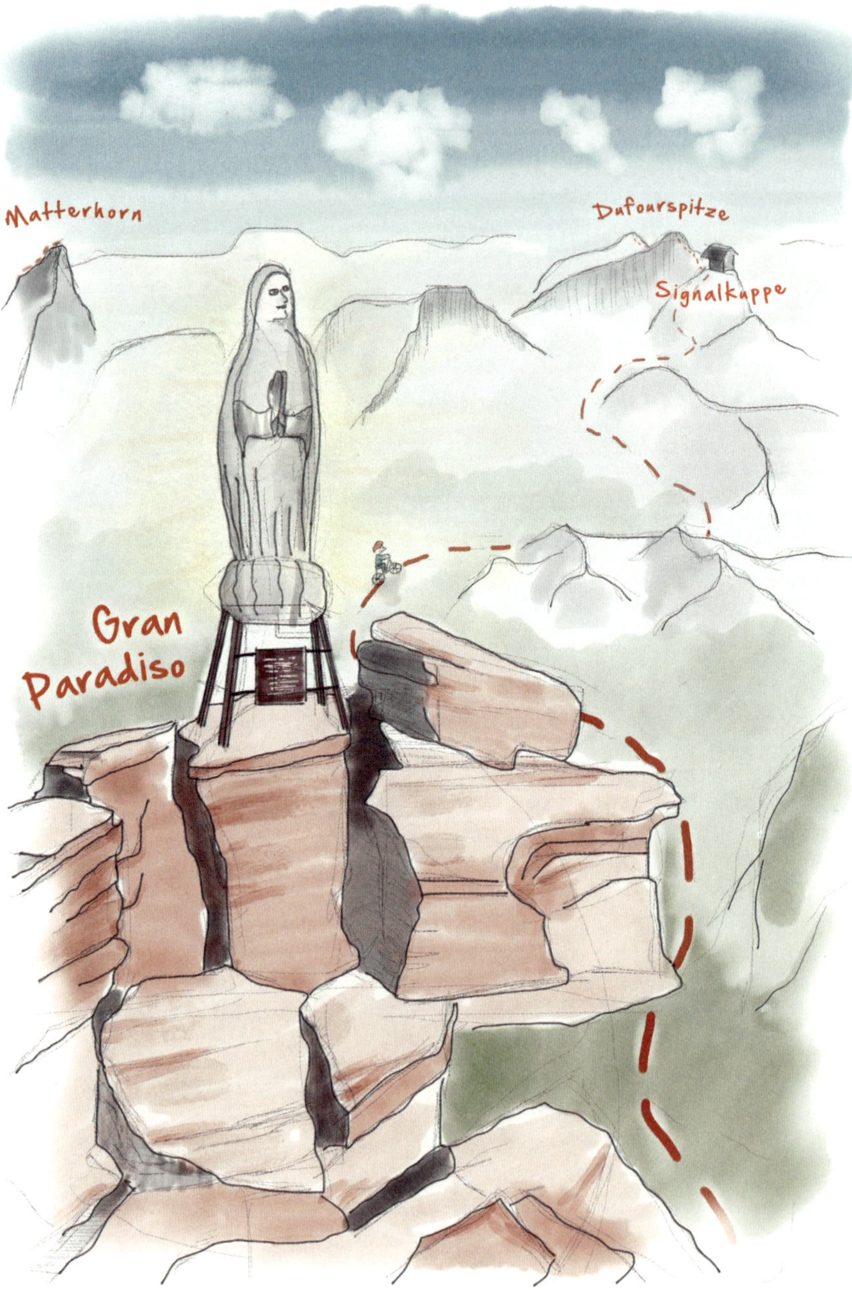
Matterhorn
Dufourspitze
Signalkuppe
Gran Paradiso

Ein Interview auf 4500 Metern

GRAN PARADISO, DUFOURSPITZE, MATTERHORN

Die Berge haben mich und meine Ansichten verändert. Frei zu sein, bedeutet mir nicht mehr, es mir leisten zu können, jeden Tag mit meinen Kollegen mittagessen zu gehen und abends in unserem Stamm-Lokal den Redaktionstag bei einem (oder drei) Drinks nach zu besprechen. Es heißt auch nicht mehr, die Regale in meinem Lieblingsmodegeschäft nach Lust und Laune zu durchwühlen und mir jedes Kleidungsstück kaufen zu können, das mir gefällt, sondern durchzugehen und festzustellen, dass ich nichts finde, was ich für mein Glück brauche. Materielles hat in meinem Leben an Wertigkeit verloren.

Ich möchte keine DINGE mehr sammeln, sondern MOMENTE.

Wie die kleine *Heidi* aus dem berühmten Kinderbuch freue ich mich, wenn ich nach Tagen in der Stadt wieder in die geliebte Bergwelt darf. Zwei Wochen ohne Bergluft kommen mir mittlerweile wie eine Ewigkeit vor. Die Tage zwischen Gletschern und Gipfeln vergehen hingegen wie im Flug. Ein Punkt mehr, weshalb ich den Journalismus künftig mehr mit den Bergen verbinden möchte. Da kommt der Anruf von Extremsportler Wolfgang Fasching wie gerufen: Ob ich ihn bei seinen »Seven Summits der Alpen« begleiten möchte, bei den höchsten Bergen der sieben Alpenländer? Sein Plan: Vom Mont Blanc in Frankreich zum Gran Paradiso in Italien, weiter zur Dufourspitze in der Schweiz und auf die Grauspitze in Liechtenstein, der Zugspitze in Deutschland folgt dann der Großglockner in Österreich, und den Abschluss bildet der Triglav in Slowenien. In seinem Begleitteam möchte er mich mitnehmen – als bergsteigende Reporterin. Weil Wolfgang Extremsportler ist, fährt er die Strecke dazwischen mit dem Rad – und wir fahren mit dem Auto.

Von meiner Redaktion in Solothurn kann ich mich nicht für alle sieben Gipfel freispielen, aber zumindest für zwei (die dann doch vier wurden). Nachdem Wolfgang den Mont Blanc überschritten hat, klinke ich mich in Italien in seine Seilschaft ein. Unser erstes gemeinsames Ziel: der Gran Paradiso. Die Zeit verfliegt schneller als üblich, vielleicht, weil wir uns so viel zu erzählen haben, und es riesigen Spaß macht, gemeinsam unterwegs zu sein. Zustieg, Hütte, Gletscher, Gipfel – ein Fotoshooting bei der schneeweißen Madonnastatue und wieder hinunter ins Tal. Es geht gleich weiter bis ins Monte-Rosa-Massiv, wo wir uns mit einer Pizza für den nächsten Höhepunkt stärken. Wolfgang hat sich zwei verdient – er startet am nächsten

Gran Paradiso, 4061 Meter

Pont, Grajische Alpen

Begleitete als Journalistin Wolfgangs »Seven-Summits«-Tour. Über das Rifugio Emanuele und den Normalweg zum Gipfel im August 2012.

Der höchste Berg, der in seinem vollen Umfang in Italien steht.

Tag wieder auf dem grünen Talboden. Bergführer Matthias und ich nehmen für das erste Teilstück die Gondel. Bei der Gnifettihütte treffen wir uns mit Wolfgang und Gregor, dem Fotografen. Wir steigen die eintausend Höhenmeter gemeinsam bis zur Margheritahütte auf, die auf dem Gipfel der Signalkuppe steht, einer 4553 Meter hohen Schneekuppe im italienischen Aostatal.

Signalkuppe (Punta Gnifetti), 4553 Meter

Alagna, Monte-Rosa-Gruppe, Walliser Alpen

Aufstieg über den Normalweg von Gressoney und Nächtigung in der Margheritahütte.

Der einzige Viertausender-Gipfel, auf dem eine Hütte steht. Die Capanna Margherita ist die höchste Schutzhütte Europas.

Wolfgang habe ich meine extremsten journalistischen Herausforderungen zu verdanken. 2007 begleitete ich ihn beim »Race Across America«, er radelte in weniger als neun Tagen quer durch Amerika, 4897 Kilometer weit. Ich war als junge Journalistin hautnah und fast schlaflos dabei im Begleitfahrzeug. Für mich definierte sich auf dieser Extremtour eines neu: der Begriff unglaublich. Zuvor wäre diese Leistung für mich unvorstellbar gewesen, so lange, bis ich mit eigenen Augen gesehen habe, dass so eine Monstertour tatsächlich machbar ist. Es geht wirklich so viel mehr, als man sich vorstellen kann! Wolfgang und ich verloren uns nicht mehr aus den Augen, und es freute ihn scheinbar auch, dass ich nach dem Rennen quer durch die USA die Berge für mich entdeckt hatte.

Damals in Amerika hätte ich mir nämlich noch nicht ausmalen können, dass ich eines Tages neben Wolfgang auf dem Esszimmerboden einer Hütte wach werden würde, die noch dazu auf dem Gipfel eines Viertausenders steht. Es ist 4:30 Uhr, die Nacht ist kurz und kalt hier auf viereinhalbtausend Metern. Auf dem Rücken der Signalkuppe thront die Capanna Margherita[5] wie ein Vogelnest, aus Holz gebaut und mit Kupfer ummantelt. Es ist das höchstgelegene Gebäude Europas. Hier klopfen meistens keine Menschen an die sperrige Türe, sondern Schneekristalle oder stürmischer Wind. Nur im Sommer kehrt hier kurz Leben ein, da wird die Hütte zwei Monate lang bewirtschaftet, siebzig Bergsteiger finden Unterschlupf. Ich bin heute die Achtzigste.

Unserem kleinen Team bleibt nur Platz zwischen den Tischbeinen. Immer wieder trampeln andere Bergsteiger neben unseren Köpfen vorbei in Richtung Toilette. Schlafen kann auf dieser Höhe kaum jemand. Als Schlummertrunk kann man sich sogar einen Apérol-Spritzer servieren lassen, das steht mit Kreide auf einer Tafel neben dem Ausschank. Das Kopfweh ist aber auch ohne Alkohol bei den meisten Anwesenden vorhanden. Die dünne Luft wird hier für viele Bergsteiger zum Härtetest. Wolfgang schmerzt zudem der Magen, als er sich auf den Holzboden legt, weil kein Bett mehr frei ist. »Eine optimale Ruhephase für solch ein Projekt sieht natürlich anders aus«, sagt er in meinem bisher am höchstgelegenen Ort geführten Interview. »Aber mir macht das Spaß, manchmal muss man eben die Kom-

---

5 Bereits 1893 wurde die Capanna Margherita als Forschungsstation und Bergsteigerunterkunft von Königin Margarethe von Italien eröffnet. Installiert ist hier immer noch ein internationales Zentrum für höhenphysiologische Untersuchungen.

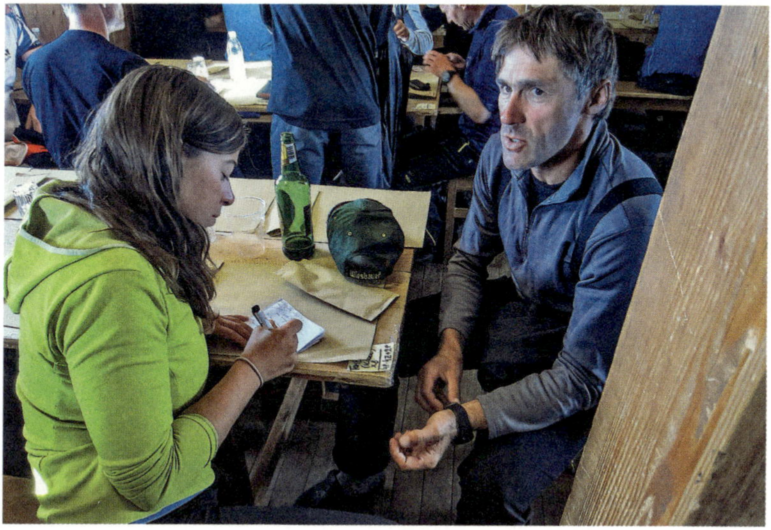

Höchster Arbeitsplatz: Mit Wolfgang Fasching im Interview.

fortzone verlassen.« Wir philosophieren noch Stunden über den Sinn oder Unsinn solcher Projekte. Ich verstehe Wolfgang und andere Menschen sehr gut, die Alternativen suchen zu dem Leben, wie es der Großteil der Gesellschaft führt.

Der Alltag dreht sich wie ein KARUSSELL.

Warum nicht aussteigen zwischendurch? Zur Achterbahn oder Geisterbahn wechseln? Mit dem Riesenrad fahren? Das Leben zu einem Erlebnis machen?

Vom höchsten Punkt der Schweiz, der 4634 Meter hohen Dufourspitze, sind wir einmal Aufstehen und einen schneidigen Grat entfernt. Erst nach fünf Uhr früh lässt es Wolfgangs angegriffener Magen zu, dass wir uns vom Hütten-Plumpsklo entfernen. Eine große Menschentraube ist vor uns unterwegs. Nach der Zumsteinspitze, dem ersten Viertausender auf dieser Überschreitung, gehört uns der Grat, der die Schweiz von Italien trennt, alleine. Ich bilde mit Gregor eine Seilschaft. Also Eilschaft: Wir versuchen, schnell zu sein, um uns gut in Position zu bringen, damit er Wolfgang mit seiner Kamera möglichst gut einfangen kann. Diese Fotopause muss jetzt aber sein: Der Sonnenaufgang über dem Nebelmeer ist sagenhaft schön! Zeit zum Genießen haben wir jedoch kaum, Wolfgang will Tempo machen. Als wir beim Gipfelkreuz auf der Dufourspitze abklatschen, dem dritten der »Seven Summits«, klettert er gleich weiter. Nach kurzer Diskussion beschließen Gregor und ich, das Seil wegzupacken. Wolfgang und seinem flinken Bergführer kommen wir sonst nicht schnell genug hinterher – es soll ja nicht nur Fotos von ihren Hinterteilen geben … Die weiteren Schwierigkeiten trauen wir uns auch seilfrei locker zu.

Dufourspitze, 4634 Meter

Zermatt, Monte-Rosa-Gruppe, Walliser Alpen

Von der Signalkuppe über die Zumsteinspitze (4563 m) zur Dufourspitze, dem nächsten der »Seven Summits«, und weiter zum Nordend (4609 m) mit Wolfgang, Gregor und Matthias.

Der höchste Gipfel der Schweiz, die italienische Staatsgrenze verläuft rund 160 Meter östlich davon.

Genug können wir heute gar nicht kriegen. Der scharfe Firngrat vor uns wirkt mit seiner perfekten Spur zu einladend, als dass wir uns das 4609 Meter hohe Nordend entgehen lassen wollen. Bitte lächeln für das Gipfelfoto Nummer drei heute. Der Abstieg ins Tal ist lange, es geht auf die Schweizer Seite des Monte-Rosa-Massivs nach Zermatt. Aber unsere Beine und das Mundwerk bleiben erstaunlich flott. Am Rotenboden steigen wir in die Bahn, Wolfgang sattelt ein von der Bodencrew zugestelltes Mountainbike. Auf dem Campingplatz in Täsch werden wir von

Wolfgangs Frau Doris und seinem Schwager Jürgen herzlich empfangen. Kurz duschen, Nudeln essen, eine Umarmung – und schon zieht Wolfgang auf seinem Rennrad davon. 238 Kilometer mit 5300 Höhenmetern über einige Pässe liegen vor ihm bis zur Grauspitze in Liechtenstein.

Und ich? Ich bin hin- und hergerissen, ob ich noch weiter mitkommen oder dieses Abenteuer schon hier beenden soll. Nur weil ich selbst ein Ziel habe, das für mich persönlich noch größer ist, verabschiede ich mich von Wolfgang und seinem Team – und bleibe in Zermatt. Gleich treffe ich Christian. Ihn habe ich vor ein paar Wochen über das Internetportal kennengelernt, über das ich schon ein paar andere Seilpartner gefunden habe. Wir sind bergsteigerisch auf einer Wellenlänge, das haben wir beim Schreiben schnell festgestellt. Telefonieren wäre keine so einfache Sache gewesen: Ich hätte Angst gehabt, dass wir einander auf dem falschen Berg treffen würden. Selbst nach vier Monaten in der Schweiz fällt es mir schwer, seinen schwitzerdütschen Dialekt, einen der harten Bündner Sorte, zu verstehen. Und er versteht meinen oberösterreichischen wohl genauso wenig. Wir haben uns also schriftlich eine »kleine« Kennenlerntour ausgemacht: das Matterhorn.

Insgeheim ist es mein Traum gewesen, während meines Journalismus-Aufenthalts in der Schweiz auch die Geschichte vom Matterhorn erzählen zu dürfen: jene von Triumphen und Tragödien, vom Drängeln und Zerren in den Engstellen am Hörnligrat, von Japanern

Matterhorn, 4478 Meter

Zermatt, Walliser Alpen

Im August 2012 über den Zmuttgrat mit Christian erklettert. Abstieg über den Hörnligrat.

Die majestätische Felspyramide und das Wahrzeichen der Schweiz steht zur Hälfte in Italien – dort heißt es Monte Cervino.

in Halbschuhen und von schimpfenden Bergführern. Was wäre die Schweiz ohne sein berühmtestes Fotomodell, was wäre Zermatt ohne seinen Magneten? Ein Salzburg ohne Mozart, ein München ohne Oktoberfest, ein Rom ohne Kolosseum? Der Aufschrei war dementsprechend laut, als 2003 ein Felssturz Teile des Hörnligrates weggerissen hatte. Sogar New-York-Times-Journalisten erkundigten sich in der Hörnlihütte. »Alle wollten eines wissen: Wann bricht das Matterhorn endgültig zusammen?«, erinnert sich Kurt Lauber, 24 Jahre lang Hüttenwart beim beliebten Ausgangspunkt auf der Schweizer Seite. Mehr als tausend Kubikmeter Fels brachen aus, 84 Bergsteiger mussten vom Hörnligrat ausgeflogen werden. In der Berner Tageszeitung *Der Bund* las man: »Das war, als hätte man uns einen Zacken aus unserer Krone genommen. Denn das Matterhorn steht als Inbegriff, als Symbol, für die Schweiz. Es prangt nicht nur in Golddruck auf jeder Toblerone-Packung, es ziert nicht nur ungezählte Schweiz-Souvenirs, es dient nicht nur weltweit als Tourismus-Magnet – es ist der Mythos der Schweiz schlechthin. Es steht für das, was die ach so stolze Schweiz von ihrem ach so öden Umfeld abhebt – für das, was auf festem Grund steht, was aus unverwüstlichem Material besteht, was sich mit seinen 4478 Metern Höhe schroff und majestätisch vom Himmel und vom Rest der Welt abhebt.«

Die Alpen wurden in diesem Hitzesommer stark mitgenommen – Felsstürze gab es auch andernorts, am Eiger oder an der Dent Blanche. Sehr oft kam Eis oder gar Wasser zum Vorschein, das tief im Felsen der Anrisszonen vorhanden war. Der Begriff *Permafrost-Veränderungen*[6] war in fast jeder Zeitung zu lesen. Wie

---

6 Der Frost zerstört mit seiner Sprengkraft das Gestein, und wenn das Eis auftaut, wird es zum Absturz freigegeben. Der Permafrost baut im Gegensatz zu den Gletschern langsamer ab – über Jahrhunderte bis Jahrtausende.

stark oder gar dramatisch sich die Berge dadurch verändern, werden die nächsten Generationen auch am Matterhorn ablesen können, diesem

Symbol für SCHÖNheit und UNERSCHÜTTERLICHkeit.

»Achtung, Steinschlag!«, sollte es auch uns an diesem sonnigen Sonntag in den Ohren liegen. Hochbetrieb am Matterhorn, perfekte Voraussetzungen für meine Geschichte. Abschreckende Erzählungen vom Matterhorn habe ich schon viele gehört. Aber stimmen sie wirklich? Ich will mir selbst ein Bild davon machen – bis ich meine journalistische Ambition überdenke: Will ich das wirklich? Ein Drängeln wie damals am Breithorn – nur noch schlimmer? Nein danke, lieber doch nicht.

Mittags vor der Hörnlihütte entscheiden Christian und ich uns für einen Weg ohne Matratzenlager und ohne einer Massenbewegung an Fixseilen: den nordwestseitigen Zmuttgrat. Hier steigt zwar die Schwierigkeit – aber uns niemand mit Steigeisen auf die Finger. Etwa zwanzig Seilschaften wagen sich pro Jahr an diesen Grat, sagt Kurt Lauber. Lieber als in seiner an diesem Tag überfüllten Hütte schlafen wir alleine und ausgesetzt unter der Nordwand. Wir queren am späten Nachmittag den Matterhorngletscher und suchen uns eine Nische in den steilen Felsen, die zum Zmuttgrat führen. Wir räumen große Felsbrocken auf die Seite, sodass wir halbwegs sitzen können. Unseren Klettergurt lassen wir an den Hüften und sind über unser Seil mit dem Felsen gesichert, um nicht durch eine unachtsame Bewegung abzustürzen. Aufs Klo zu gehen, schiebe ich so lange vor mir her, bis es nicht mehr anders geht. Ein Balanceakt. Ich klettere zurück in meinen Biwaksack und frage Christian, ob er mich für zwei Stunden entschuldigen könne. Er nickt – und grinst, als ich ihm erzähle, was ich vorhabe: Ich muss ja noch die Geschichte über Wolfgang Faschings *Seven Summits* schreiben und meiner Redaktion schicken! Kauernd in der Matterhorn-Nordwand tippe ich auf meinem Handy die Reportage. Meine Notizen und Wolfgangs Interview-Antworten habe ich auf zwei zusammengefalteten Zetteln dabei. Manchmal ist es doch gut, wenn man in den Bergen Internetempfang hat: Ich kann das fertige E-Mail meiner Redaktion schicken. Wo ich diese Geschichte geschrieben habe, habe ich vorerst aber niemandem verraten.

Nach zwei Stunden bin ich gedanklich wieder auf dem Matterhorn. Wir biegen die nächsten Stunden herum, an Schlaf ist kaum zu denken, und über die Kälte reden wir nicht. So lernen wir einander wenigstens besser kennen – eng nebeneinandergeschmiegt, damit es etwas wärmer wird. Es ist auch die einzige Möglichkeit, hier Platz zu finden.

Rund 3000 Menschen im Jahr, erzählt mir der Hüttenwart später, starten von der Schweizer Seite jährlich zum Gipfel des Matterhorns. 98 Prozent wählen den Hörnligrat, an Spitzentagen steuern mehr als hundert Leute diesen Normalweg an, der angesichts seiner Länge und der klettertechnischen Schwierigkeiten im dritten Grad das Wort »normal« nicht verdient. »Verglichen mit dem Mont Blanc oder dem Breithorn sind das wenige Leute«, erklärt Kurt Lauber, »aber für die Engstellen am Matterhorn viele.« Zu viele. Mehr als 500 Menschen ließen hier seit der geschichtsträchtigen Erstbesteigung 1865 ihr Leben.

Dennoch (oder gerade deshalb?) zieht das Matterhorn Alpinisten und Touristen gleichermaßen an. Drei Viertel starten mit einem Bergführer los, das reduziere die Zahl der Unfälle, sagt

Lauber. Wer sich über das *Alpin Center Zermatt* einen Profibegleiter bucht, der muss mit 1150 Euro Bergführerkosten rechnen. Es gibt eine Faustregel auf dem Normalweg: Wenn der Gast nicht in drei Stunden die 750 Höhenmeter zum Solvaybiwak schafft, dreht der Bergführer mit ihm um. Sonst werden die Zeit und das Tageslicht zu knapp. In der Hörnlihütte herrscht eine strenge Hierarchie: Erst dürfen die einheimischen Bergführer starten, dann die auswärtigen Bergführer und später die »Führerlosen«, die Grampini. »Das Matterhorn ist der einzige Viertausender mit solch einer Regel«, weiß Lauber, »aber sie ist dringend nötig. Der Weg ist schwer zu finden, und wer nicht exakt auf der Route bleibt, tritt leicht Steine los und gefährdet die anderen.« Die Hütte werde nachts zwar nicht zugesperrt, wie es immer wieder hieße, »aber die Bergführer blockieren die Tür, dass die Grampini nicht vorbeikommen.« Ein Zelten in diesem Gebiet wird in Schweizer Dimensionen bestraft. Freiheit auf dem Berg sieht anders aus.

Für mich etwa so: Um drei Uhr früh knipsen Christian und ich unterhalb des Zmuttgrats die Stirnlampen an. Einzig ihr Schein leuchtet uns den Weg die finstere Nordflanke hinauf. Wir hören nur unseren Atem und das Kratzen von Pickel und Steigeisen, wie sie auf Felsen, Firn und Eis Halt suchen. Das ist einsam, extrem und eindrucksvoll für mich. Sind wir hier wirklich auf dem Matterhorn? Da und dort entpuppt sich ein guter Griff als loses Gestein, wir sind also richtig. Die ersten 200 Höhenmeter steigen wir im Gleichschritt und kurzem Abstand, mit dem Seil verbunden, die Steilflanke empor, bis wir am Nordwestgrat sogar unsere Steigeisen ausziehen können, was das Klettern für mich wesentlich einfacher macht. Wir bringen die schwierige Passage über die Zmuttzähne gut hinter uns, abwechselnd klettern wir voraus und kommen damit flott voran. Nur westseitig wird das Matterhorn wieder seinem schlechten Ruf, was die Felsqualität angeht, gerecht. Habe ich je so eine spannende Tour unternommen? Ich klettere zu Christian über eine abschüssige Platte, bröseliger Schotter darauf macht es nicht angenehmer; ich weiß, dass ich jetzt nicht ausrutschen darf, was im fünften Grad mit den schweren Bergschuhen zu einer Herausforderung wird. »Hast du einen guten Standplatz?«, rufe ich zu Christian. »An zwei Klemmkeilen«, kommt es zurück. Zwei kleine Aluminiumteile, in Felsritzen geklemmt, sind also unser einziger Ankerpunkt bei der schwierigsten Stelle am Zmuttgrat. Nicht weiter nachdenken, Christian hat das sicher solide gebastelt. Zumindest psychisch sichert mich das ab. Durchatmen, ansteigen – meine Schuhsohlen- und Fingerspitzen halten! Bald erreichen wir einfacheres und kombiniertes Gelände. Nach sieben Stunden steht das Kreuz auf der italienischen Seite des Monte Cervinos vor uns. Ich bin sprachlos. Als kleines Pünktchen stehe ich hier auf dem Gipfel des Matterhorns. Wahrscheinlich richten in Zermatt die vielen Japaner ihr Teleobjektiv auf uns, und Tausende Bergsteiger starren von den umliegenden Gipfeln herüber – so wie ich früher immer hinübergeschaut habe. Auf jedem Gipfel suchte ich das Matterhorn als Orientierungspunkt. Die Beobachterperspektive hat immerhin einen haushohen Vorteil: Aus der Ferne erkennt man das Profil des berühmtesten Schweizer Berges besser. Ich sehe nur Steine, Schutt und Eis unter mir. Trotzdem kann ich's kaum fassen: Ich stehe auf dem Matterhorn.

Das ist die ERFÜLLUNG eines Traums.

Wahrscheinlich bin ich mit diesem Traum nicht alleine. So fokussiert wie die Japaner in Zermatt mit ihren Fotokameras sind auch wir gleich wieder. Dreieinhalb Stunden nehmen wir bergab jeden Schritt in unseren Fokus. Wir empfinden den Hörnligrat aber nicht als so extrem brüchig, wie immer wieder in einschlägigen Berichten zu lesen ist. Wer konzentriert den Weg sucht und exakt auf der Route bleibt, klettert über solide Felsen, und das macht Spaß. Erst bei Irrwegen wird das Matterhorn zum steinschlägigen Erlebnis. Die Hütte lassen wir beim Hinuntergehen wieder links liegen und laufen schnurstracks ins Tal – morgen ruft die Arbeit lauter als der Berg.

Vor der Zugfahrt zurück nach Solothurn legen wir in Täsch einen Zwischenstopp ein: Wir treffen Freunde aus Oberösterreich auf dem Campingplatz. Vroni kocht einen Kaiserschmarrn für uns, Chris spielt auf der Ziehharmonika, sogar ein kühles Kaltgetränk zaubern sie hervor. Das Angebot, am nächsten Tag mit meinen Freunden auf das Weisshorn zu klettern, lehne ich ab, obwohl die Verlockung groß ist. Jedes Körperteil an mir schreit nach Schlaf. Und die nötigen Rasttage lassen sich bestens mit den anstehenden Bürotagen verbinden.

Erst ein Jahr später traue ich mich, Christoph, der inzwischen vielmehr ein Freund und Mentor als ein Chef ist, zu erzählen, wo und wie damals die Geschichte über Wolfgang Faschings Seven-Summits-Tour entstanden ist. Er lächelt bloß: »Das ist ja die eigentliche Geschichte!« Mittlerweile wundert ihn aber gar nichts mehr. Denn da war noch diese Sache mit dem Bergmarathon rund um den Traunsee.

Lieber als in Ergebnislisten trage ich mich in Gipfelbücher ein – ich will ja nicht *gegen* jemanden bergsteigen oder Skitouren machen, sondern *mit* jemandem. Bergsport ist für mich kein Wettkampf, sondern ein Genussmittel. Hin und wieder bringt es mich zum schmunzeln, wenn jemand einen Gipfel erreicht, und der erste Blick fällt nicht auf die gewaltig schöne Landschaft, sondern auf die Stoppuhr. Vielleicht trage ich ja deshalb keinen Zeit-, Herzfrequenz-, Kalorienverbrauch- und Sonst-Was-Messer an meinem Handgelenk, um mich vom getakteten Alltag zu lösen.

Irgendwann wollte ich aber doch wissen, wo meine Grenze lag. Nun, wie konnte man das besser herausfinden als bei einem Bergmarathon? Ich war zwar weder die 42,195 Kilometer bei einem normalen Straßen-Marathon je gelaufen, noch hatte ich Trailrunning zu meinen liebsten Bergsportdisziplinen gezählt, doch der Traunsee-Bergmarathon in Oberösterreich faszinierte mich. Er führte über alle Gipfel rund um den Traunsee im Salzkammergut, rund 75 Kilometer und 4500 Höhenmeter galt es zu überwinden. Mein Ziel: das Ziel zu erreichen. Dass ich über eine außerordentliche Grundkondition verfügte, hatte ich auf langen Hochtouren mitbekommen. Da würde dieser Marathon genau das Richtige sein, um mich ans Limit zu bringen!

Am Vorabend lieh ich mir noch eine Laufhose von der Mutter einer Freundin aus. Ich wäre sonst in irgendwelchen flatternden Shorts unterwegs gewesen – aber damit würde ich mir »einen Wolf laufen«, also wundgescheuerte Oberschenkel riskieren, kam der weise Ratschlag. Der Start war vor dem Morgengrauen, doch überraschenderweise graute mir vor gar nichts. Unterwegs wurde ich von einer Handvoll Freunden begleitet. Vielleicht hatten sie ja den Mann mit dem Hammer abgeschreckt, sie bewahrten mich jedenfalls erfolgreich vor dem Absturz in ein Motivationsloch. Chefkollege Christoph war während der gesamten zweiten Hälfte vom Feuerkogel bis nach Gmunden mit von der Partie. Als ich nach gut zwölf Stunden lachend über die Ziellinie am Rathausplatz lief, schüttelte er etwas ungläubig seinen Kopf: »Von deiner Grenze bist du noch weit entfernt.«

»Geh nicht immer auf dem vorgezeichneten Weg,
der nur dahin führt, wo andere bereits gegangen sind.«

Alexander Graham Bell

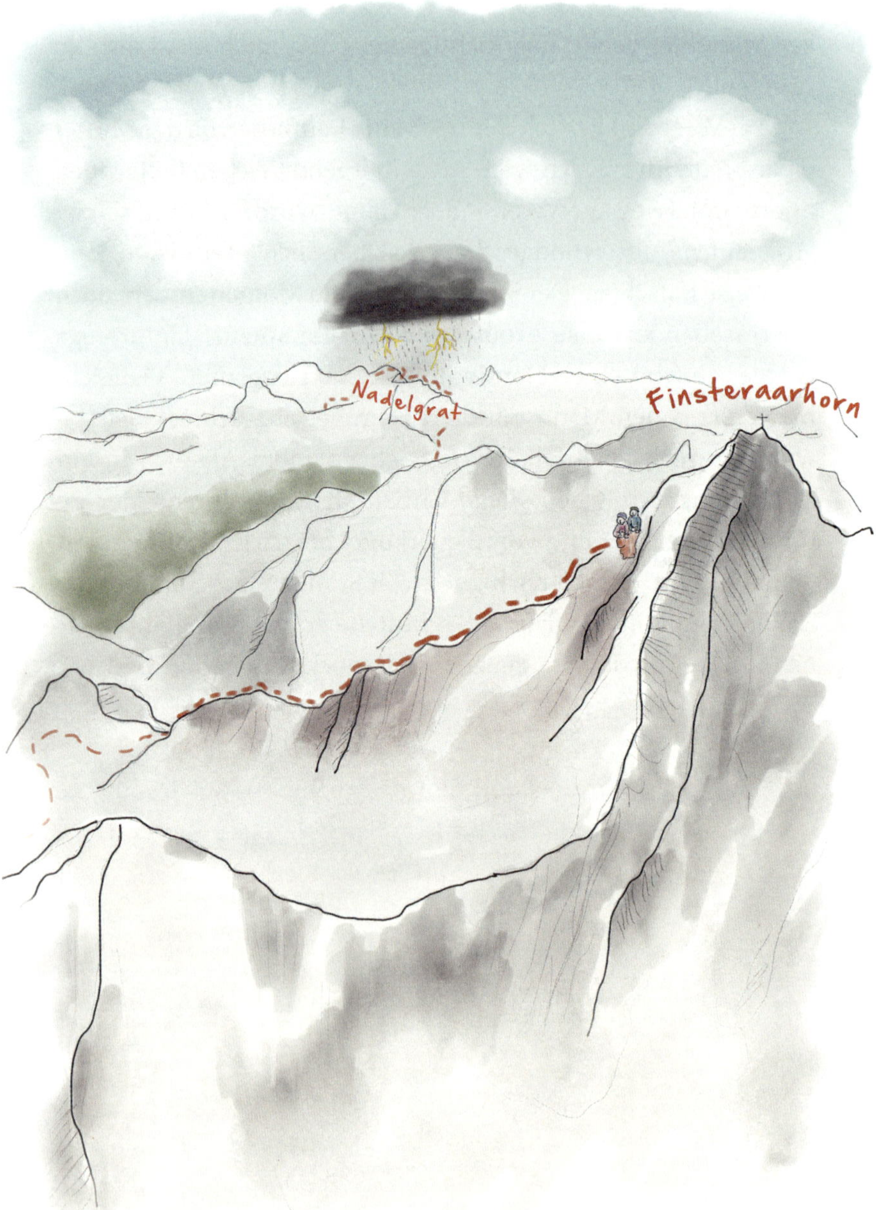
Nadelgrat
Finsteraarhorn

Das Gewitter und das Notbiwak

FINSTERAARHORN, NADELGRAT

Zu einem Viertausender baue ich eine Beziehung auf wie ein junges Mädchen zu seinem Schwarm: Das Finsteraarhorn finde ich unerhört attraktiv und ästhetisch, an Eleganz kaum zu überbieten. Jeder Grat, der zu seinem Gipfel führt, ist wohlgeformt. Kein einziger Grashalm kitzelt seinen Fuß, einzig Gletscherströme umfließen es.

Finsteraarhorn, 4273 Meter

Grimselpass, Berner Alpen

Geklettert über den Südostgrat von der Oberaarjochhütte im August 2012 mit Patrick, ungeplantes Biwak inklusive.

Der höchste Gipfel der Berner Alpen ist an Eleganz kaum zu überbieten.

Jeder Weg zum höchsten Punkt des Berner Oberlands dauert Tage. Lange ließ der Schönling keinen ernsthaften Annäherungsversuch zu: Das eine Mal war in der Finsteraarhornhütte kein Platz mehr für uns frei, das andere Mal war uns im Vorhinein schon die Lawinengefahr zu groß. Den Gipfel meiner Begierde hatte ich auf dem Gross Grünhorn erreicht, auf das wir stiegen, als uns das Finsteraarhorn wegen Überfüllung seiner Hütte abermals abblitzen hatte lassen. Damals lernte ich eine andere Seite vom Finsteraarhorn kennen, eine noch schönere: den Südostgrat. Diese lange, gezackte Linie ging mir nicht und nicht mehr aus dem Kopf.

Zu Hause begann ich nachzuforschen. Wie hieß diese Ideallinie, wie schwer war sie zu klettern? Im Internet fand ich kaum brauchbare Informationen, in Standardwerken war die Route nicht einmal vermerkt. Ich kaufte mir einen Gebietsführer, in dem so ziemlich jede bisher gekletterte Variante beschrieben war. Was ich über den Südostgrat las, das machte mir klar: Hui, da hatte ich mir aber eine unnahbare Route in den Kopf gesetzt! 14–15 Stunden, einige Stellen IV, *S* wie schwierig stand da. Eine Tour im vierten Schwierigkeitsgrad ist in jedem Klettergarten eine einfache Übung, aber auf einer hochalpinen Tour ist das viel schwieriger: Man hat die schweren Bergschuhe und meistens Steigeisen an den Beinen, Stellen können vereist oder brüchig sein, man findet nur selten bis gar nie Bohrhaken, und alleine die Orientierung ist eine Herausforderung für sich. Die Infos, die ich in dem Büchlein fand, waren mir noch zu wenig, um mich an diese Tour heranzuwagen. Es stand der Name des Wintererstbegehers dieser Tour dabei – ein E-Mail später traf sich Raphael tatsächlich mit mir in Bern auf einen Kaffee. »Den ersten Turm umgehst du besser hier, den nächsten dort – mal bleibst du direkt am Grat, mal besser nicht.« Ich lauschte, notierte – und schnell wusste ich, weshalb dieser Grat so selten geklettert wird. Jetzt wollte ich erst recht! Nur die wichtigste Frage blieb noch offen: Mit wem konnte ich diese Tour angehen?

Da gab es Patrick aus Visp. Mit ihm konnte ich sogar Oberösterreichisch sprechen. Er hatte Wurzeln in meiner Heimat, lebte im Wallis, war motiviert und trainiert – kein einziges Gramm Fett fand sich zu viel an seinem Körper (im Gegensatz zu meinem, der durchaus noch Reserven trug). Zuletzt waren wir mit

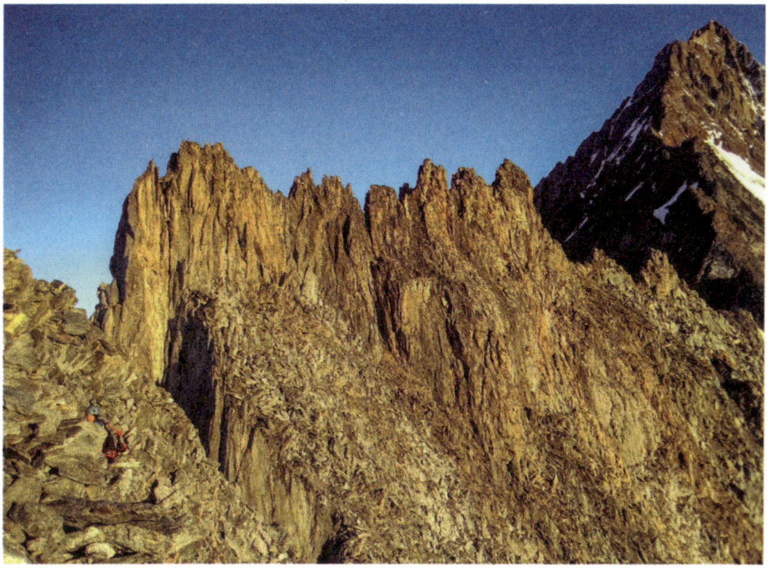

Brüchig und endlos erscheint uns der Südostgrat des Finsteraarhorns.

Skiern auf dem Strahlhorn und Rimpfischhorn gewesen, sogar Sportklettern waren wir gegangen. Wir verstanden uns gut. Sehr gut! War da etwa mehr als die gemeinsame Liebe zu den Bergen? Ich erzählte ihm von meinem Traum vom Finsteraarhorn – und er träumte mit.

Einmal hatten wir die Rucksäcke schon gepackt, aber dann erschien uns doch das Wetter zu unsicher. Drei stabile Tage wollten wir einplanen, um einen Zeitpolster zu haben und ja keine böse Überraschung zu erleben. Endlich kam unser Tag – und die böse Überraschung …

Nach 16 Stunden Klettern sind wir vom Gipfel des Finsteraarhorns noch immer so weit entfernt, wie es Weihnachten von Ostern ist. Wir verlieren zu viel Zeit in den brüchigen und abschüssigen Flanken und finden keine ideale Linie über die vielen

Zacken und Türme. So unübersichtlich ist es hier! Es fährt mir in alle Glieder, als ich einen Satz höre, den man von seinem Seilpartner in so einem Moment nur ungern hören möchte:

»Du, Marlies, ich KANN NICHT mehr.«

Wir sind knapp unter der Viertausendergrenze – eine Möglichkeit, hier abzubrechen, haben wir nicht. Zu steil ist das Gelände rund um uns. Es gibt auch kein Zurück mehr, der einzige Weiterweg ist der Grat in Richtung Gipfel. Die Schlüsselstelle liegt auch erst vor uns: ein Couloir, das der Nachmittagssonne ausgeliefert ist und aus dem pausenlos Steine rumpeln. Ich sehe nur eine Möglichkeit: »Gut, dann suchen wir uns gleich einen Biwakplatz.« Wir klettern noch wenige Meter auf dem Grat, bis wir einen halbwegs flachen Meter finden. Hier können wir zumindest nebeneinanderkauern, unsere Füße baumeln aber in den Abgrund. Der Rucksack mutiert zur Sitzunterlage – gut für den Hintern. Schlecht für den Rücken. Der wird von spitzen Steinen malträtiert. An den Hüften bleibt der Klettergurt verschlossen, wir hängen uns sicherheitshalber zum Grat, damit wir in der Nacht nicht irgendwann selbst zum Wurfgeschoß werden. Wir ziehen uns alle Kleiderschichten an, die wir in unserem Rucksack finden können – das sind leider nicht viele. Wir haben weder Schlafsack noch Isomatte dabei. »Light and fast« war unsere Devise gewesen. Wir wollten gewichtsoptimiert schneller vorankommen und heute bereits auf einer wohligen Matratze der Finsteraarhornhütte entspannen. Um Himmels Willen, da haben wir uns aber überschätzt! Oder die Tour unterschätzt. Wir schätzen zumindest, dass jeder von uns eine Alurettungsdecke aus dem Erste-Hilfe-Paket zaubern kann und ich einen Biwaksack, also einen Ein-Mann-Biwaksack … In die Aludecken wickeln wir unsere Oberkörper und schlüpfen zu zweit in die hauchdünne Biwakhaut. Es bleibt kein Zentimeter Platz zwischen uns.

Ich zittere die ganze Nacht. Für wenige Minuten fallen mir die Augen zu. Mit jeder kleinen Bewegung rutschen wir in Richtung Abgrund. Dann werde ich wach, rutsche mit dem Hintern zurück auf den Grat. Diese Bewegungen müssen wir immer möglichst synchron ausführen, damit die dünnen Materialien nicht noch mehr zerfetzt werden. Kurz einnicken, wieder hochrutschen. Einnicken, wieder hochrutschen. Der Ablauf wiederholt sich. Von der Silberfolie sind irgendwann nur noch Fetzen übrig. Meine Muskulatur ist verspannt. Ich bezweifle, dass sich Patrick in dieser Lage erholen kann. Wir blicken jeweils in müde Augenpaare mit tiefen Ringen darunter. Sehnsüchtig erwarten wir die Morgendämmerung und den neuen Tag. Das Gefühl ist unbeschreiblich. Endlich lässt sich die Sonne hinter dem Aletschhorn blicken. Die Strahlen fallen uns ins Gesicht, die übriggebliebenen Silber- und Goldfetzen der Rettungsdecke glitzern verheißungsvoll. Wärme fließt in unsere kalten Glieder. Ich fühle das neue Leben und sehe auch in Patricks Augen neue Motivation aufblitzen.

»Das nächste Mal rufe ich einen Hubschrauber«, sagt er. Diese Aussage wühlt mich auf. Über die Lippen bekomme ich bloß, dass ich wieder biwakieren würde. Natürlich war es die bisher unangenehmste Nacht meines Lebens, aber ich bin froh um die Erfahrung. Jetzt weiß ich, was ich imstande bin, auszuhalten und gut wegzustecken. Wir sind gesund, haben zwei Müsliriegel und einen Schönwettertag übrig – und wir haben uns durch unsere eigene Fehlplanung selbst in diese Situation gebracht. Warum sollen das jetzt andere ausbaden, wenn es für uns nie gefährlich war?

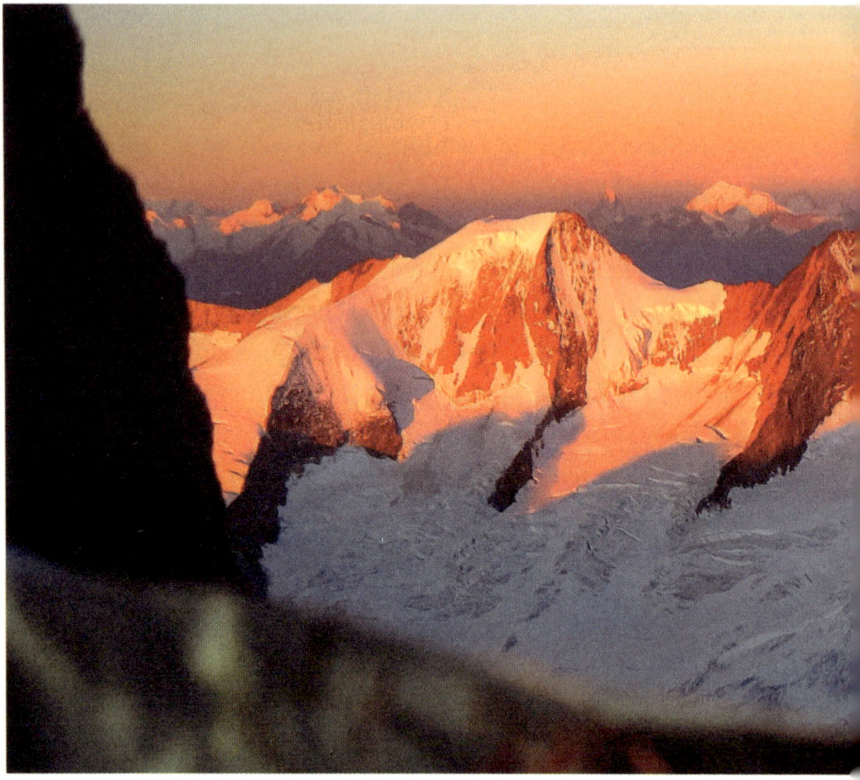

Ein Blick über die Rettungsdecke aus unserem ungeplanten Biwak: Endlich erwacht der neue T

Mit der Kraft des neuen Tages klettern wir weiter. Die Schlüsselstelle fordert uns noch einmal alles ab. Als wir endlich das Gipfelkreuz erreichen, fühle ich mich anders, als ich mich hier fühlen sollte. Ich bin nicht glücklich, sondern enttäuscht. Wir haben es nicht so geschafft, wie wir es uns vorgenommen haben, und dieses Gefühl überwiegt die Tatsache, dass wir endlich angekommen sind. Ich lasse den Blick über die Alpen schweifen und das Einzige, was mir in den Sinn kommt, ist der Spruch:

»HOCHMUT kommt vor dem FALL.«

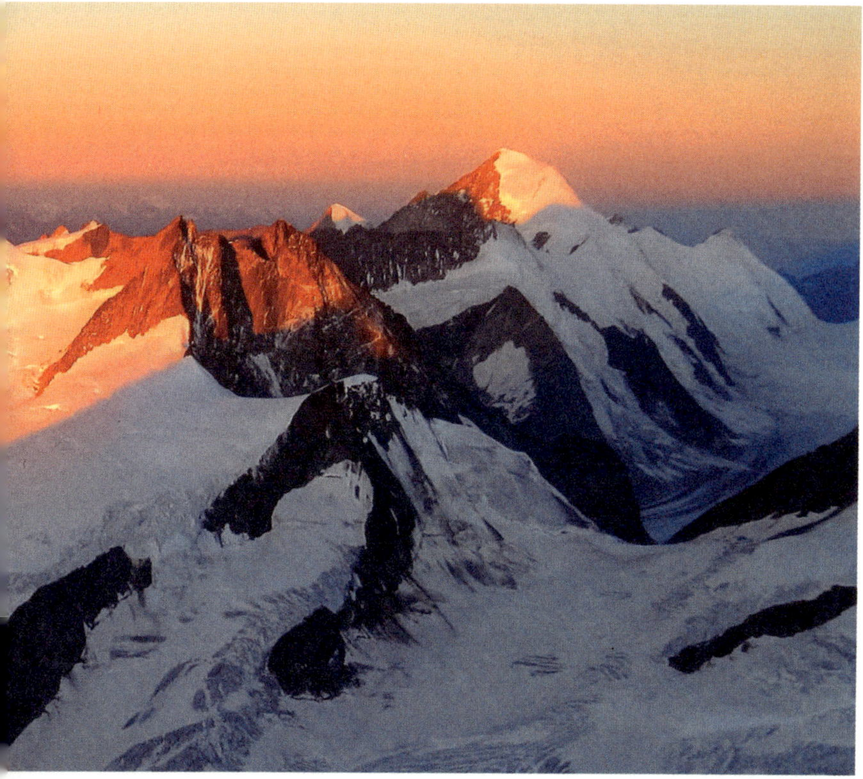

Ich hatte zwar nicht das Gefühl, die Demut vor den Bergen verloren zu haben, ich habe jedoch erkannt, wie schmal der Grat zwischen Mut und Übermut ist.

Über den Normalweg gelangen wir nun einen Tag später als geplant zur Hütte. Leider haben wir vergessen, dort Bescheid zu geben, dass wir uns verspäten würden. Die Wirtsleute haben sich Sorgen gemacht. Noch ein Punkt, der mir unangenehm ist. Patrick verliere ich nach dieser Tour wieder aus den Augen. Spätestens in Extremsituationen am Berg zeigt sich, ob man füreinander bestimmt ist – oder eben nicht.

Unerwartetes muss man auf den Viertausendern fast schon erwarten. Auf die folgende Überraschung hätte ich aber auch gerne verzichtet. Mit Werner aus Oberösterreich breche ich zu meiner neuen Wunschtour auf, zum Nadelgrat in der Mischabelgruppe. Nach neun Stunden im Auto und vier Stunden auf den Beinen checken wir bei der Bordierhütte ein. Wir sind nicht die Einzigen, die von der Hütte am Fuße des Nadelgrats früh am Morgen aufbrechen. An das nächtliche Frühstücken habe ich mich mittlerweile gewöhnt. Trotzdem liegt mir etwas im Magen. Über das bevorstehende Dürrenjoch, über das wir auf den Nadelgrat gelangen wollen, habe ich schon Schlimmes gelesen. In der Tat ist es kein Vergnügen, in diese ausgeaperte Scharte zu klettern. Früher lag hier auch im Sommer durchgehend Schnee, da kamen Bergsteiger schneller und sicherer voran – aber nach langen Hitzeperioden bleibt hier nur brüchiger Fels übrig.

Nadelgrat

St. Niklaus, Mischabelgruppe, Walliser Alpen

Über das Dürrenhorn (4035 m), Hohberghorn (4219 m) und Stecknadelhorn (4241 m) – wegen Gewitters Rückzug kurz unter dem Gipfel des Nadelhorns, Juli 2014 mit Werner.

Eine grandiose Grattour, bei der sich die Gipfel über der Viertausender-Grenze aneinanderreihen.

Vorsichtig tasten wir uns über dieses abschüssige Gelände. Die Spuren des Klimawandels sind auf vielen Routen zu sehen, hier werden sie besonders augenscheinlich.

Die ZEIT für die Alpen TICKT.

Viele Eisflächen, über die wir jetzt noch gehen, werden auch für uns bald nicht mehr existieren. »Bis zum Ende von diesem Jahrhundert wird es nicht mehr viel Eis geben in den Alpen«, erzählt mir Gletscherforscher Martin Funk bei einem Interview. Er ist Bergführer und leitet die Abteilung für Glaziologie an der ETH Zürich. »Da werden nur noch die ganz hohen Gletscher und Berge mit etwas Eis bedeckt sein.« Aufhalten könne man das Abschmelzen der Eisflächen nicht mehr – selbst wenn man den kompletten CO_2-Ausstoß wie einen Lichtschalter einfach abschalten könnte, sagt er. »Keine Chance. Dazu ist es bereits viel zu warm.«

Die Gletscher sind das Fieberthermometer dieser Erde, und diese Erde ist krank. Die Szenarien sind unbegreiflich und werden längst nicht nur den Berg und seine Besteiger betreffen. Die Auswirkungen wird man auch im Tal zu spüren bekommen. »Vor allem die Schnelligkeit der Veränderung wird mancherorts zu Überraschungen führen«, warnt der Glaziologe. Gewisse Touren, wie wir sie heute noch unternehmen, werden künftig gar nicht mehr möglich sein. Und viele sind heute schon heikler als noch vor zehn oder zwanzig Jahren. Nicht nur wegen des Abschmelzens der Gletscher, sondern auch wegen der Veränderung im Permafrost. Und anstatt auf die Schönheit der Eisriesen werden wir eines (viel zu frühen) Tages nur noch auf eine Wüste aus Gestein und Geröll blicken. Es tut mir weh, wenn ich die Gletscher unter meinen Füßen schmelzen sehe. Der Klimawandel verändert die Landschaft radikal, und dass manche vor dieser Tatsache noch immer die Augen verschließen und nichts unternehmen, ist mir unbegreiflich. Gleichzeitig ist es ebenso paradox, dass auch ich sehr oft mit dem Auto oder Campingbus Hunderte Kilometer durch die Alpen tingle, womit ich für die globale Erwärmung mehr als mitverantwortlich bin. Diese Freiheit und Flexibilität will ich mir andererseits auch nicht nehmen lassen. Aber ich versuche zu Hause, meinen, wenn auch nur kleinen Teil zurückzugeben: so gut es geht auf Plastik zu verzichten, mein Auto lieber früher als später zu verkaufen (was ich 2019 schließlich übers Herz brachte), Einkäufe und Alltagsdinge mit dem Fahrrad zu erledigen – und Müll generell gering zu halten.

Wir fragen uns, wie der Einstieg zum Nadelgrat für die nächste Generation aussehen wird. Wird das überhaupt noch gangbar sein? Nach heiklen Metern erreichen wir heil das Dürrenjoch, machen einen Abstecher auf das Dürrenhorn und klettern weiter zum Hohberghorn und zum Stecknadelhorn. Sie zählen allesamt als eigenständige Viertausender, wie Perlen von einer Nadel aufgefädelt, bilden sie diese Gebirgskette. Hier oben im kompakten Felsen ist es wieder wunderbar zu klettern. Aber das Wolkenspiel rundum uns gefällt uns nicht. Mittlerweile ist der Himmel dunkelgrau bis violett, er wirkt bedrohlich. Dass weitere Seilschaften unterwegs sind, beruhigt uns etwas. Aber wieso eigentlich?

MITGEHANGEN, MITGEFANGEN!

Mittlerweile stecken wir selbst in den Wolken, es fängt zu graupeln an. Spannung liegt in der Luft. Kurz unterhalb des Gipfels vom Nadelhorn mache ich Tempo: Nichts wie hinunter! Den Gipfel lassen wir aus! Auch wenn ihn Werner gerne noch miteingefädelt hätte, treffe ich diese Entscheidung. Ich quere zum Normalabstieg, den ich von der Lenzspitze-Nordostwand bereits kenne, beeile mich, so gut es geht, sichere Werner mit dem Seil zu mir. Sssssssss ... »Hörst du das auch? Was ist das für ein Geräusch?« Plötzlich sind wir mittendrin im Gewitter. Wir machen die letzten Schritte auf dem Felsgrat, als die metallischen Gegenstände an unserem Körper zu surren beginnen. Wir eilen tiefer, das Zischen wird lauter, als es in einem Umspannwerk ist. SSSSSSSSSS ... Wir spüren die elektrische Spannung mittlerweile, fühlen uns aufgeladen, es kribbelt, Hunderttausende Volt liegen in der Luft. Nur keine Zeit verlieren! »Was sollen wir tun?«, fragt mich Werner. Wir reißen uns blitzschnell alle metallischen Gegenstände vom Leib, deponieren unsere Ausrüstung weiter oben auf dem exponierten Firngrat. Ich nehme noch mein Erste-Hilfe-Paket aus dem Rucksack – wer weiß, was passiert! Leider so ungeschickt, dass es über die Flanke hinunterstürzt, auf Nimmerwiedersehen.

Tiefer in der Flanke kauern wir uns wenige Meter voneinander entfernt in den Schnee. Wir machen uns klein, schließen die Beine und damit Spannungsbrücken. War's das mit uns? Wir hören einen lauten Kracher, ganz in der Nähe schlägt ein Blitz ein. Oh nein! Da waren vorhin sogar noch Bergsteiger in der Nordostwand der Lenzspitze und eine Handvoll Menschen auf dem Nadelgrat hinter uns! Wir haben Angst – um uns und um all die anderen. Diese lokale Gewitterzelle war nicht prognostiziert worden, sie ist ganz plötzlich da gewesen.

Wir lassen das Gewitter über uns ergehen und beten, dass uns kein Blitz trifft. Sehen wir richtig? Auf einmal tauchen drei Gestalten im Grau des Gewitters auf. Ein Schweizer Bergführer spaziert mit zwei Gästen seelenruhig an uns vorbei. »Ah, isch ja glich vorbi«, sagt er mit so gelassener Stimme, als hätte er eine ganze Packung Beruhigungsmittel genommen. Wir blicken uns ungläubig an. Wir warten noch eine Weile, und als das Gewitter langsam abzieht, flüchten wir ebenfalls über das Windjoch auf den Gletscher. Wir setzen uns auf den Hintern, und ab geht's! Bei diesem Rutschkommando reißt meine Hose auf. Ein langer Riss, genau über meinen Allerwertesten. Wie peinlich! Ich binde mir die Jacke um, damit Werner nichts mitbekommt. Viel wichtiger ist aber, dass wir endlich in Sicherheit sind. Bei den Mischabelhütten kehren wir kurz ein und steigen noch hinunter bis ins Tal. Per Autostopp gelangen wir zurück zum Ausgangspunkt und fahren zurück nach Österreich. Ganz so viel Spannung hätte nicht einmal ich gebraucht.

Die Berge haben mich verändert – solch abgelegene Touren vielleicht noch ein Stück mehr. Nach einigen Jahren als Sportredakteurin war es mir nicht mehr wichtig, wie der Sieger eines Skirennens oder Fußballspiels heißt. Ich fand es immer belangloser, den *Helden dieses Landes*[7] dabei zuzusehen, wie sie zwischen zwei Toren möglichst schnell eine Skipiste hinunterrasen, und sie danach neben anderen Kollegen im Zielraum zu interviewen. Immer dieselben Fragen. Immer die gleichen Antworten. Alles wiederholte sich, alle Jahre Hahnenkamm-Rennen in Kitzbühel, alle Jahre Beachvolleyball-Grand-Slam in Klagenfurt. Die Wiederholung war anfangs von Vorteil für meine Routine und mein Netzwerk, aber mit den Jahren vermisste ich die Abwechslung. Zwei Jahre lang war ich nach der Schweiz-Zeit zurück in meiner österreichischen Redaktion, da sehnte ich mich nach Verände-

[7] Alpine Rennskifahrer haben einen enorm hohen medialen Stellenwert in der (selbsternannten) Skination Nummer eins. Da wird von Boulevardblättern eine gebrochene Skischuhschnalle schnell zur nationalen Katastrophe hochstilisiert.

rung. Gewohnt habe ich zuletzt nicht mehr in meiner dreißig Quadratmeter kleinen Linzer Garçonnière. Ich wollte weg aus der Stadt, es zog mich in die geliebten Pyhrn-Priel-Berge. Ich fand eine Wohnung in Spital am Pyhrn. Von dort konnte ich an manchen Tagen sogar von der Haustüre mit meinen Skiern auf den Großen Pyhrgas gehen. Wenngleich ich nun hundert Kilometer weit zum Pendeln hatte – für eine Strecke. Die öffentlichen Anbindungen waren mit meinen Spätdiensten leider nicht kompatibel. Es war mir immer mehr leid um die Zeit, die auf der Strecke blieb, und den Sprit, den ich in die Umwelt verpuffte.

Die Alpine Ski-WM 2013 in Schladming sollte meine letzte sein als Sportjournalistin. 2014 nahm ich mir für ein knappes Jahr eine berufliche Auszeit und ging in Bildungskarenz. Ich absolvierte eine Ausbildung zur Fitness- und Mentaltrainerin und in dieser Zeit auch die beiden ersten Teile der Skilehrerausbildung. Als mich Wolfgang Fasching fragte, ob ich ihn im August einen Monat lang bei seinem nächsten Extremprojekt begleiten wollte, erbat ich mir Bedenkzeit. Ich im besten Monat für Hochtouren stillsitzend in einem Begleitfahrzeug, und das über viele, viele Tage? Hielt ich das aus? Er, wild strampelnd 10 000 Kilometer quer durch Russland. Hielt er das aus? Wolfgang wollte Russland und damit den Kontinent Asien mit seinem Rad durchqueren. Was für ein Projekt! Letztendlich begeisterte mich die Dimension dieses Vorhabens – es war ein Weltrekordversuch. Wie cool, dass ich hier dabei sein könnte! Ich kehrte den Bergen den Rücken und schaltete meinen Bewegungsdrang von Viertausend auf Null. Ich begleitete Wolfgang auf dem Weg von Wladiwostok nach St. Petersburg – und konnte bei diesem Rennen mehr als eine journalistische Begleiterin sein, ich war eine mentale Stütze. Meine positive Einstellung auf dem Weg ins

Guinness-Buch der Rekorde dürfte ihm aus manchem Tief geholfen haben. Zum Beispiel, als er sein Rennrad von einer Sekunde auf die andere in den Graben schleuderte und partout nicht mehr aufsteigen wollte.

Auch wenn ich mich nach diesem bewegungslosen Monat mehr wie ein Elefant als eine Gämse fühlte, ging sich Ende August mit Christian noch ein Spontantrip auf die Aiguille Verte im Mont-Blanc-Massiv aus. Dann kehrte ich nach meiner Auszeit zurück in den Redaktionsalltag. Ich wollte allerdings nicht mehr vierzig Stunden (und meistens mehr) in Linz arbeiten, darum reduzierte ich auf Teilzeit. Der Chefredakteur hatte zudem anderes mit mir vor: Künftig sollte ich nicht mehr für das Sportressort schreiben, sondern für die Chronik, um dorthin frischen Wind zu bringen. Dort standen abgestürzte Bergsteiger, Schicksalsschläge und Autounfälle allerdings viel öfter in den Schlagzeilen als positive Geschichten. Eine Frage stellte sich mir bereits nach meinen ersten Arbeitswochen im neuen Ressort: Wollte ich mich wirklich so intensiv mit den negativen Seiten des Lebens beschäftigen?

»Zwischen Hochmut und Demut steht ein drittes, dem das Leben gehört, und das ist der Mut.«

Theodor Fontane

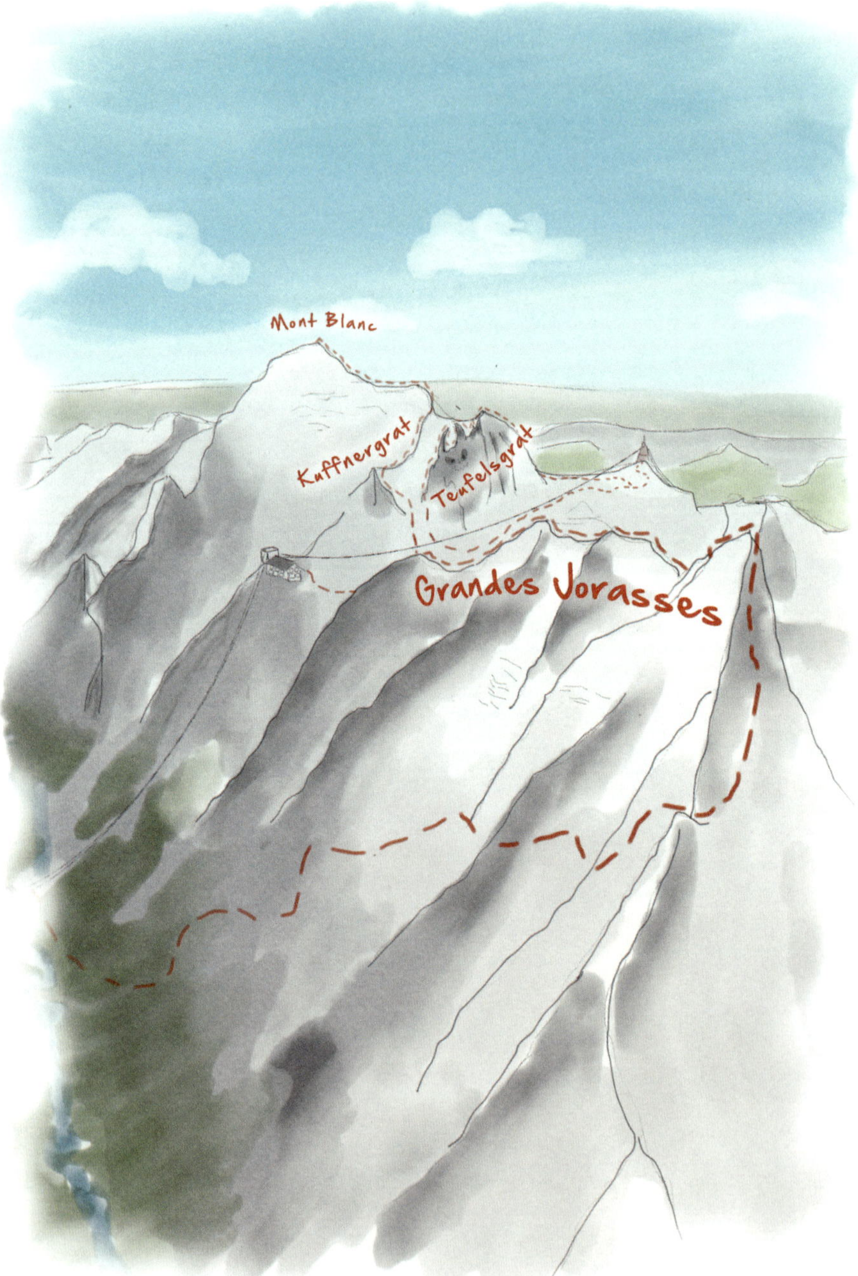
Mont Blanc
Kuffnergrat
Teufelsgrat
Grandes Jorasses

Die teuflischsten Grate

TEUFELSGRAT, KUFFNERGRAT, ROCHEFORTGRAT, AIGUILLE DE BIONNASSAY, GRANDES JORASSES

Mit Christian verstand ich mich sehr gut, auch nach dem Matterhorn noch. Nach einer beeindruckenden Klettertour auf die Granitnadel des Salbitschijen in der Schweiz machten wir uns aus, unseren Sommerurlaub im Jahr 2013 gemeinsam zu verbringen, und zwar in Chamonix, in der Bergsteiger-Hauptstadt Europas. Der französische Ort am Fuße des Mont Blancs versprach große Alpinabenteuer. 28 der 82 Viertausender stehen im Mont-Blanc-Massiv, 17 Gletscher liegen dazwischen, unzählige Granitnadeln und Zacken stechen zum Himmel, dazwischen fallen steile Rinnen und Couloirs in die Tiefe. Sich hier zu orientieren, ist schwierig. In elf Tagen wollten wir das Gebiet besser kennenlernen und da schwebten ganz große Namen in unseren Köpfen: Kuffnergrat, Teufelsgrat, Rochefortgrat, Grandes Jorasses. Alleine beim Gedanken daran wurde ich nervös!

Der erste Weg führt uns ins Office Haute Montagne, ins Bergführerbüro im Ortskern von Chamonix. Wir schmökern in dicken

Führern, notieren und kopieren uns die wichtigsten Infos und planen den Auftakt: Hinauf mit der Seilbahn zur Aiguille du Midi und zu Fuß über das Vallée Blanche bis zur Torinohütte nach Italien. Alles ist noch gigantischer, als ich es mir erträumt hätte. Eine Arena aus Wänden – hoch, niedrig, glatt, zerrissen, gezackt, getürmt, gespitzt; ein Labyrinth aus Gletscher und Spalten – weit, eng, groß, klein, zerklüftet, versteckt, überbrückt. Dazwischen Spuren, von Menschenbeinen getreten, die sich zielstrebig einen Weg durch diese wilde Landschaft bahnen. Ehrfürchtig und tief beeindruckt blicke ich immer wieder auf unser erstes Ziel: den Dent du Géant. Der *Zahn des Riesen* bildet den westlichen Eckpfeiler des Grandes-Jorasses-Massivs. Wie ist es der Natur gelungen, so einen steilen Zahn zu formen? Ich blicke fasziniert rund um mich, das ist für mich das allerbeste Fernsehprogramm. Apropos Fernsehen: Ein TV-Gerät habe ich zuletzt erst gar nicht in meine neue Wohnung mitübersiedelt. Ich kenne jede Simpsons-Folge und habe Sitcoms geliebt, heute kann ich nichts mehr anfangen mit der Berieselung aus dem eckigen Kasten. Lieber als mit Reality-Shows verbringe ich meine Freizeit in der realen Natur.

Dent du Géant, 4013 Meter

Entrèves, Mont-Blanc-Gruppe

Vom Rifugio Torino über die Südwestwand (Normalweg) geklettert, August 2013 mit Christian.

Der Zahn des Riesen sticht als Eckpfeiler aus dem Grandes-Jorasses-Massiv.

Den Dent du Géant dürfen wir am nächsten Tag doch nicht von ganz oben sehen. Als wir nach zweieinhalb Stunden zum felsigen Einstieg gelangen, warten bereits viele Bergsteiger, dass sie endlich losklettern können. Anstatt sich wie an der Supermarktkasse anzustellen, setzen wir die Tour über den Rochefortgrat fort. Wir sind tief beeindruckt, als es über eine riesengroße

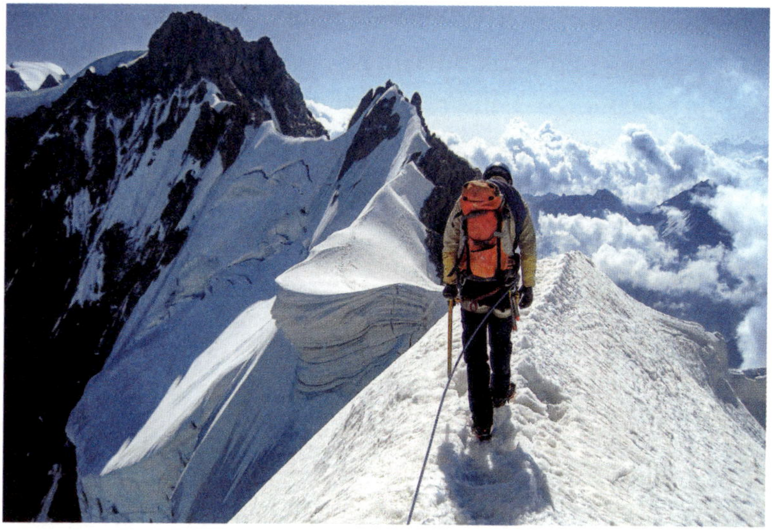

Darf's eine Schaumrolle sein? Mit Christian am Rochefortgrat.

Wechte geht, die wie eine Schaumrolle über den Abgrund hängt, und weiter über den Grat bis zur Aiguille de Rochefort. Mit nur einem Meter kratzt dieser Gipfel über die Viertausendermarke. Am Rückweg blicken wir den Dent du Géant sehnsüchtig an. Der Einstieg wäre frei für uns, aber die türmenden Wolken am Himmel halten uns erneut davon ab. Wir steigen wieder ab zur Torinohütte. Beim Warten auf das Abendessen hecken wir den nächsten Plan aus.

Neuer Tag, neuer Versuch: Dieser Zacken begeistert uns sehr, also nehmen wir den Zustieg über das Zahnfleisch des Dent du Géants erneut in Kauf. Heute sind wir die Ersten. Vor uns recken sich steile Granitplatten fast senkrecht bis zum Himmel. Eine Serie von dicken Fixseilen hängt herab, daran könnte ich mich höher hanteln. Mit meinen kleinen Händen und den dicken Handschuhen fällt es mir schwer, das klobige Tau zu umgreifen.

Über weite Strecken ist es ohnehin schöner und reizvoller, sich an den Rissen und Strukturen im Fels festzuhalten, höher zu steigen und richtig zu klettern. So haben wir uns das vorgestellt! Fast, denn vormittags ist es hier im Schatten eisigkalt. Am Gipfel stehen wir bei der Madonnastatue im Sonnenschein und sind aufgewärmt. Wir blicken hinüber zum Kuffnergrat, dem nächsten Klassiker, dem wir uns heute noch annähern wollen.

Wir sind im PARADIES gelandet!

Uns abseilend und zwischendurch frei baumelnd, geht's über die Südwand zurück zum Einstieg und wieder hinunter auf den Gletscher. Als wir gestern die Tour anhand der Karte geplant haben, hat unsere Euphorie für den Dent du Géant diese Distanz nicht ganz so weit aussehen lassen. Zwei Stunden trotten wir in der Mittagshitze über den Glacier du Géant in Richtung Kuffnergrat. Eine kleine Eiswand trennt uns dort von der Biwakschachtel am Col de la Fourche, die im Sommer 2022 durch die Permafrost-Veränderungen abstürzen sollte. Noch einmal wird es steil und anspruchsvoll, an Eisschrauben, Schlingen und Klemmkeilen sichern wir uns und klettern die Flanke hinauf. In dem kleinen Unterschlupf starten wir hungrig unseren Gaskocher und bereiten Nudeln zu. Zum Hauptgang bekommen wir morgen eine Traumtour serviert: Der Kuffnergrat auf den Mont Maudit gilt als Tanz auf Messers Schneide!

Kuffnergrat

Chamonix, Mont-Blanc-Gruppe

Vom Biwak im Col de la Fourche über die Pointe de l'Androsace (4107 m) auf den Mont Maudit (4465 m) und weiter bis auf den Mont Blanc, August 2013 mit Christian.

Der markante Felsturm Pointe de l'Androsace schenkt dem Kuffnergrat einen Viertausender.

Noch mit unseren Stirnlampen machen wir uns frühmorgens auf den Weg. Zeit zum Entspannen gibt es auf dieser steilen Tanzfläche nie. Besonders begeistern uns die Schritte über die fotogenste Stelle am Kuffnergrat, die »demi-lune«, den Halbmond. Wie eine zu Schnee erstarrte Welle wirkt diese steile Wechte. Halt geben nur die Frontalzacken unserer Steigeisen und ein Eisgerät. Im Hintergrund malt die Natur die komplette Farbpalette an den Horizont. Als Christian nachkommt, lässt die Sonne den Halbmond rot aufleuchten, das dunstige Aostatal liegt uns zu Füßen. Eine magische Stimmung. Wie Leuchttürme ragen nun vor uns Felstürme aus dem Meer aus Eis. Allen voran die Pointe de l'Androsace. Wir klettern auf diesen Koloss aus Granit, den man auch einfach umgehen könnte. Er zählt als untergeordneter Viertausender, und wir haben noch Lust und Laune auf diesen kleinen Abstecher. Weiter geht's abwechselnd im Fels und im Firn, bis wir auf die Schulter des Mont Maudit gelangen. Hier könnten wir den Gipfel links liegen lassen und absteigen, noch aber ist Kraft übrig. Christian leistet die Spurarbeit, und ich stapfe in den tiefen Abdrücken hinterher bis zum Gipfel des »verfluchten Berges«. Bei meinem ersten Besuch auf dem Mont Blanc bin ich wenige Meter an diesem Höhepunkt vorbeigegangen. Heute lassen wir ihn uns nicht entgehen!

Das weiße Haupt des Mont Blanc ist in Sicht. Weil Christian noch nie auf dem ranghöchsten Monarchen gewesen ist, wollen wir seinen Traum erfüllen. Wir hängen die 350 zähen Höhenmeter noch an. Das Wetter bleibt strahlend schön, und ich freue mich, dass auch er auf dem höchsten aller Alpengipfel stehen darf.

Nach einer Pause steigen wir zur Goûterhütte ab, die erst wenige Monate zuvor umgebaut und neu eröffnet worden ist. Wie ein überdimensioniertes Ei aus Holz und umhüllt von Stahl klebt sie an der Hangkante. In den Solaranlagen der Hütte spiegeln sich Gletscher und Sonne. Ins Deutsche übersetzt heißt Goûterhütte »Brotzeithütte« –, das klingt allerdings fast zu gemütlich, denn mit Jausenpause und Hüttenromantik hat der beliebteste Ausgangspunkt für die Mont-Blanc-Besteigung wenig zu tun. Zweisamkeit gibt es keine, und Frühstück dann, wenn sich Pärchen im Normalfall gerne noch einmal im Bett wälzen würden. Die Goûterhütte ist so gut wie immer ausgebucht – dann hat man am besten ganz kurzfristig wieder Chance auf ein Plätzchen. So wie wir heute.

Nach unserer langen Tour über den Kuffnergrat kommen wir müde an. Unsere Motivation ist aber noch immer größer, als es die tiefen Augenringe sind – und wir sind ja nicht zum Kuscheln hier. Beim Abendessen schmieden wir den Plan für den nächsten Tag: Lass uns doch noch die Aiguille de Bionnassay besuchen!

Den wunderschönen weißen Pinselstrich in der Landschaft betreten wir am nächsten Morgen mit Respekt. Der Firngrat wird zwischendurch so schmal, dass darauf kaum beide Beine nebeneinander Platz haben. Ein Balanceakt auf den zwölf Zacken der Steigeisen. Links geht es Hunderte Meter weit hinunter in ein Gletscherlabyrinth, rechts noch ein Stück tiefer in eine eisige Nordwand. Wer schwindelfrei ist, ist hier klar im Vorteil.

Aiguille de Bionnassay, 4052 Meter

Chamonix, Mont-Blanc-Gruppe

Von der Gouterhütte über den Dôme du Gouter (4304 m) auf die Aiguille de Bionnassay, mit Christian im August 2013.

Ein schneidiger und malerischer Firngipfel westlich des Mont Blanc.

Am Gipfel atmen wir durch – und staunen. Tausende Meter tiefer leuchtet sattes Wiesengrün. Ein eindrücklicher Kontrast.

Für uns ist es nach einer Woche in der dünnen Luft an der Zeit, wieder dort hinunter zurückzukehren. Zeit für einen Rasttag war ja nie gewesen – das Wetter war immer viel zu schön!

Doch erst besuchen wir am Rückweg den höchsten Punkt des Dôme du Goûter. Wobei der höchste Punkt gar nicht einfach auszumachen ist, so flach wie dieser Hügel ist. Kein Viertausender-Gipfel bietet einen besseren Jausenplatz – *Dôme du Goûter* ist hier also wirklich passend. Es könnte einem weder das Brot noch die Wurst (oder wahlweise ein veganer Müsliriegel) in den Abgrund fallen, weil es einfach keinen Abgrund gibt. Wäre ja auch zu schade (vor allem um die Wurst).

Die Goûterhütte lassen wir diesmal links liegen und steigen über den Normalweg ab bis zur Station Nid d'Aigle. Die hundert Jahre alte *Tramway du Mont Blanc* bringt uns zurück nach Chamonix. Dort lassen wir es uns gut gehen. Ich schlüpfe zur Abwechslung in einen Sommerrock, und wir schlendern durch den Ort. Auf einem Liegestuhl vor dem Tourismusbüro bleiben wir besonders lange liegen – in der einen Hand ein Eis und in der anderen Hand die Bergbücher.

Das WETTER hält – unsere STIMMUNG auch.

Wir sind fröhlich, dass die Touren so gut geklappt haben, und kramen nach der Karte. Eine große Tour könnte sich noch ausgehen in diesem Traumurlaub. Was wollen wir wagen? Die Grandes-Jorasses-Überschreitung? Oder den Teufelsgrat? Wir studieren die Fotos, die wir auf den letzten Touren gemacht haben, gleichen Ideen mit dem Wetterbericht ab. Wir werden fast nervös, als wir dieses Ziel aussprechen: Auf zum Teufelsgrat!

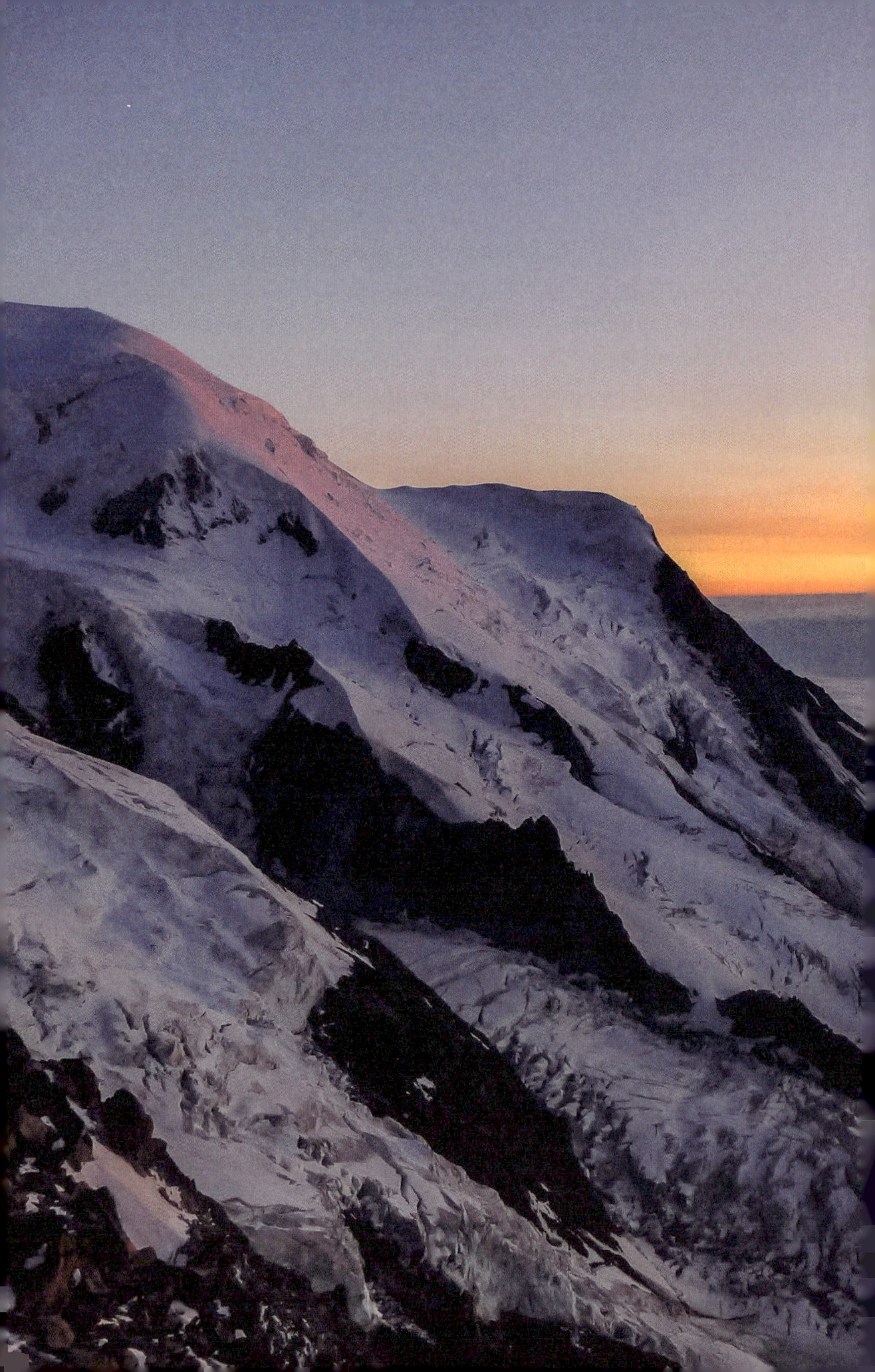

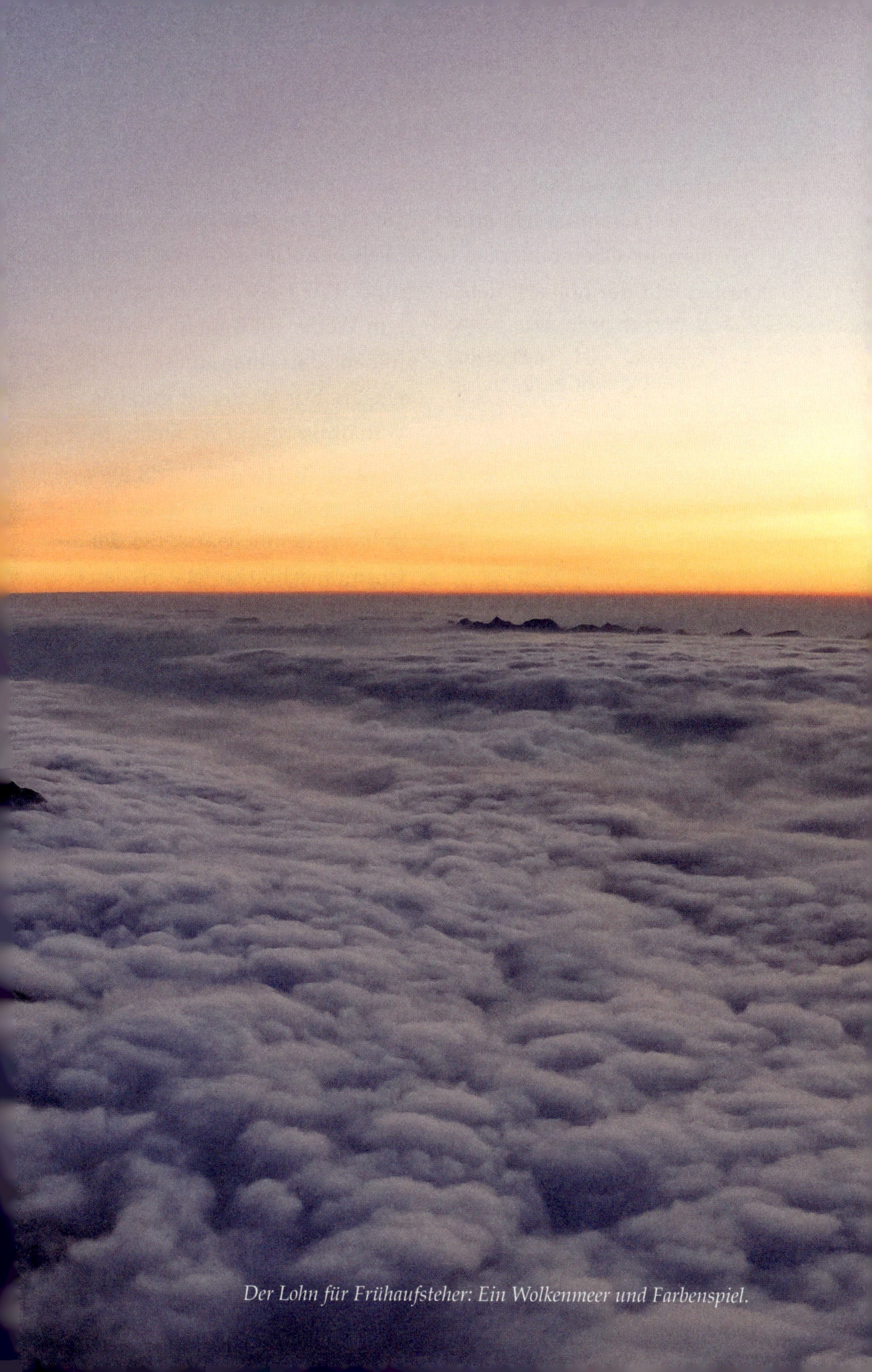

Der Lohn für Frühaufsteher: Ein Wolkenmeer und Farbenspiel.

Der Arête du Diable soll – wie der Name sagt – ein Teufelsritt sein. Fünf Granitnadeln erheben sich dicht nebeneinander zum Firmament. Oben bildet ein fester Fels den Kletterhimmel, nach unten fällt der höllisch tiefe Abgrund. Wir wissen: Nur bei bestem Wetter und guten Verhältnissen darf man diese Tour wagen. Das Wetter ist gut. Die Verhältnisse sind es vielleicht ja auch. Am nächsten Tag gönnen wir uns wieder eine Gondelfahrt himmelwärts. Bei der Cosmiqueshütte erlebe ich den wohl sagenhaftesten Sonnenuntergang meines bisherigen Lebens. Über Italien liegt ein Wolkenmeer, das wie rosa Zuckerwatte aussieht. In unserem Rücken bettet sich der Mont Blanc du Tacul im Abendrot.

Teufelsgrat

Chamonix, Mont-Blanc-Gruppe

Über die Zacken Corne du Diable (4064 m), Pointe Chaubert (4074 m), Pointe Médiane (4097 m), Pointe Carmen (4109 m) und Isolée (4114 m) sowie den Mont Blanc du Tacul (4248 m) ging es im August 2013.

Eine spektakuläre Grattour über fünf Granittürme, die allesamt als Viertausender zählen.

Die Nacht ist kurz. Den Klettergurt schnallen wir uns um ein Uhr früh um die Hüften. Alleine der Zustieg ist eine Tour für sich: Im Col du Diable haben wir bereits einen langen Marsch über das Vallée Blanche und einen 500 Meter langen und steilen Aufstieg im Firn und wüsten Schotter hinter uns – alles bei Dunkelheit. In der Scharte angekommen, ziehe ich mir die fünfte Kleiderschicht an. Auf mehr als 4000 Höhenmeter zu klettern, ist nicht nur beeindruckend, sondern auch beängstigend kalt. Als wir uns am ersten Turm zum Abseilen fertig machen, kommt die Sonne über dem dichten Nebelmeer und den Zacken endlich zum Vorschein. Neue Hoffnung für die eiskalten Finger! Die Türme, die vor uns liegen und stehen, sind ein Mikado aus Granit. Der Fels leuchtet orange. Wir sind am Teufelsgrat! Manchmal sind die Granitnadeln so spitz, dass wir nicht einmal beide

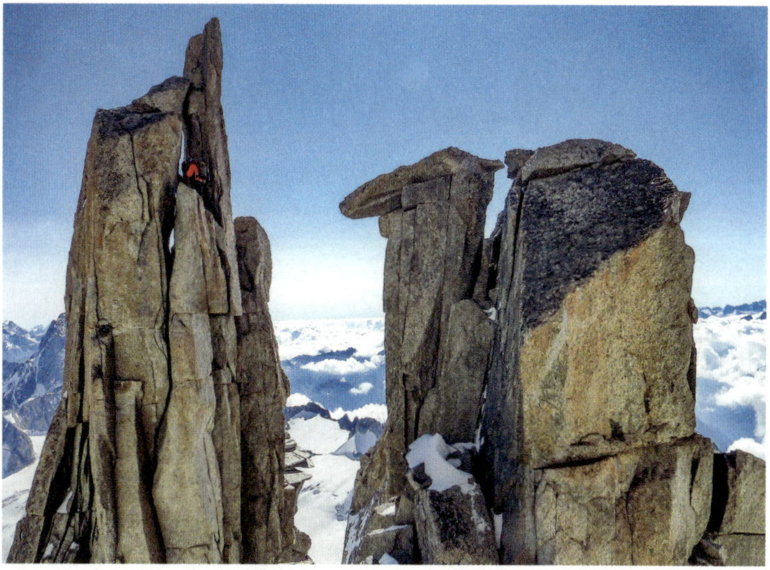

Ein Wunder der Natur: die Zacken des Teufelsgrats.

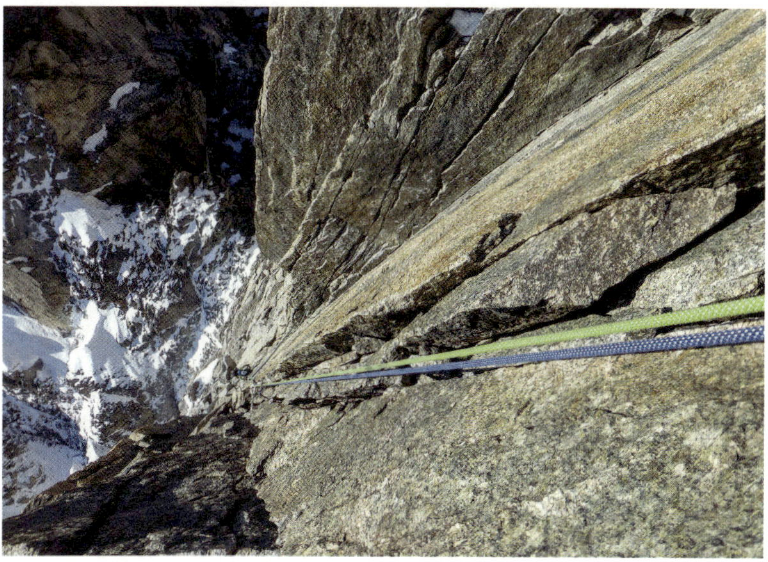

Oben der Kletterhimmel, unten der höllisch tiefe Abgrund.

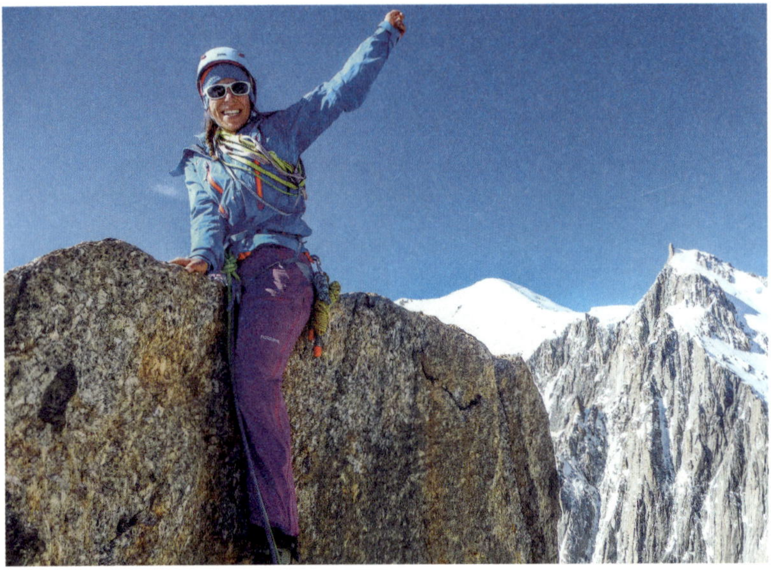

Ein Viertausender-Gipfel, schmaler als ein Pferderücken.

gleichzeitig draufstehen könnten. Mit den schweren Bergschuhen fällt das Klettern nicht ganz so leicht – aber die Strukturen geben viel Vertrauen. Dicker Schuh im großen Riss: Das hält bombenfest. Auf der Pointe Médiane zwängen wir uns durch ein kleines Felsenfenster, erst den Rucksack, dann uns selbst. Höllisch aufpassen müssen wir immer wieder. Da wird's so steil, dass der Blick Hunderte Meter tiefer auf die wild zerrissenen Gletscher fällt. Hier darf man sich keinen Fehler erlauben. Wir müssen sorgfältig klettern, selber Sicherungen anbringen und uns immer wieder abseilen. Wenn uns beim Abziehen ein Seil hängen bleibt, haben wir ein großes Problem. Was prompt passiert. Einmal verklemmt sich einer unserer Halbseilstränge so stark, dass wir zurückklettern müssen, um ihn zu lösen. Schnell ist eine halbe Stunde verflogen. Aber wir sind gut unterwegs, und es ist noch genug Zeit übrig, auch für den letzten Turm, die Pointe Isolée. Christian steigt diese Länge mit seinen Bergschuhen vor – und ich kann beim Sichern nur staunen. Er erwischt eine Variante, die den fünften Schwierigkeitsgrad locker übersteigt. Ich habe die Kletterschuhe im Rucksack, nun ist der Zeitpunkt gekommen, sie auch anzuziehen. Damit habe ich mehr Gefühl als in den festen Bergschuhen, ich halte besser auf Reibung und kleinen Leisten. Als uns das Seil nur noch wenige Zentimeter voneinander trennt, sitzen wir beide oben auf der Nadel wie Reiter auf ihrem Pferd. Meine Augen funkeln wie die Gletscher weit unter uns.

Teufelsgrat – bis auf den LETZTEN Zacken!

Zu Ende ist unsere Tour noch lange nicht. Wir seilen uns ab, das Gelände wird einfacher, und schon bald lassen wir den Teufelsgrat auf dem Mont Blanc du Tacul enden. Vor dem Abstieg habe ich noch Respekt wegen der gefährlichen Séracs. Schnellen Schrittes (so schnell sie nach diesem Tag noch sein können) erledigen wir den Abstieg und den fiesen Gegenanstieg zur Bergstation der Aiguille de Midi. Wir wollen die letzte Gondel erwischen. Als uns beim Hinunterfahren ein Bergführer fragt, welche Tour wir heute unternommen hätten, sagen wir ihm: »Arête du Diable. From Refuge des Cosmiques.« Er mustert uns und schüttelt ungläubig den Kopf. Das sei doch unmöglich, dass wir jetzt schon retour seien! Die Fotos auf unserer Kamera überzeugen ihn dann doch.

Hundemüde, aber fröhlich kommen wir in Chamonix an. Heute ist Bergführerfest – perfekt, um unseren Urlaub ausklingen zu lassen. Am nächsten Morgen fahren wir in die Heimat –

gemeinsam noch bis Zürich, wo ich mein Auto geparkt habe. Ein zufriedenes, aber leicht melancholisches Gefühl begleitet mich auf dem Heimweg nach Oberösterreich. Was für eine wunderbare Zeit gemeinsam mit meinem sympathischen und starken Tourenpartner! Leider ist sie vorbei. Es geht uns wohl beiden so, denn wir machen uns aus, dass wir kein Jahr mehr vergehen lassen wollen bis zu unserer nächsten gemeinsamen Tour.

Die Grandes-Jorasses-Überschreitung versuchen wir im darauffolgenden Jahr. Es ist mittlerweile fast schon Routine: das Ticket lösen für die Aiguille-du-Midi-Bahn, der Gang zur Cosmiqueshütte. Christian und ich haben uns nach der langen Zeit viel zu erzählen: von seiner Ambition, die Bergführerausbildung zu versuchen, von meiner Teilzeit-Arbeit, und davon, dass ich in meinem Angestellten-Job immer unzufriedener werde – und deshalb nebenberuflich erste Storys für Bergmagazine schreibe. Doch das neue Kapitel unserer Tourengeschichte fällt kurz aus: Als wir in der Nacht durch das Fenster der Cosmiqueshütte blicken, ist uns klar, dass wir bei diesem Neuschnee keine Chance haben. Außer zweihundert Euro Spesen und tausend Kilometern Anreise nichts gewesen …

Grandes-Jorasses-Überschreitung
Planpincieux, Mont-Blanc-Gruppe

Über den Rochefortgrat mit der Aiguille de Rochefort (4001) und dem Dôme de Rochefort (4015 m) ins Canziobiwak und über die Gipfel der Grandes Jorasses: Pointe Walker (4208 m), Pointe Whymper (4184 m), Pointe Croz (4110 m), Pointe Hélène (4045 m), Pointe Marguérite (4066 m). August 2016 mit Christian.

Ein majestätischer und wilder Gratkamm östlich des Mont Blanc.

Diese Tour lässt uns jedoch keine Ruhe. 2016 warten wir bessere Verhältnisse ab. Ich fahre mit dem Zug in die Schweiz und mit Christian gemeinsam weiter ins Aostatal. Auf der italienischen Seite des Mont-Blanc-Massivs bringt uns die Seilbahn direkt zum Rifugio Torino. Wir akklimatisieren uns bei einer kleinen feinen Grattour auf die Aiguille d'Entrèves. Am nächsten Tag starten wir mit einer uns bekannten Tour: über den Rochefortgrat bis ins Bivacco Canzio. Wir können uns glücklich schätzen, früh dran zu sein, denn die Blechbüchse füllt sich mit weiteren Aspiranten, und zwar so lange, bis niemand mehr Platz hat und im Freien Biwaks geschaufelt werden müssen. Zwischendurch zweifeln wir, ob wir angesichts so vieler Seilschaften bei unserem Plan bleiben wollen. Ein erstes Team verabschiedet sich bereits am nächsten Morgen und seilt sich ab. Wir brechen möglichst früh auf, um nicht lange am Einstieg verharren zu müssen.

Es wird eine Überschreitung mit unzähligen HÖHEN und TIEFEN, auch mentalen.

Die Pointe Marguérite, die Pointe Hélène, die Pointe Croz, die Pointe Whymper und die Pointe Walker säumen als eigenständige Viertausender diesen gigantischen Grat. Der Pointe Young fehlen nur vier Meter zum Viertausender, aber bereits an ihr müssen wir über uns hinauswachsen. Eine Seilschaft ist vor uns, unter ihnen ein Bergführer, der den Weg bestens kennt. Wir folgen ihnen, so verlieren wir in der Finsternis keine Zeit mit der Orientierung. Auf Klettertouren helfen weder ein Navigationssystem noch ein GPS, sondern nur der eigene Spürsinn. Obwohl der Grat an sich schmal ist, bäumt sich gleich zu Beginn eine steile Wand zur Pointe Young vor uns auf. Manche Stellen fallen mir zu schwer, als dass ich sie mit Handschuhen klettern könnte. Mit bloßen Fingern habe ich mehr Gefühl, zumindest so lange, bis ich es aufgrund der Kälte verliere. Ich könnte wieder schreien. Hier gibt es kein Warmlaufen, hier wird man von Beginn an kalt erwischt mit schwierigen Kletterzügen. Es ist ein Klettern ohne Ende, wir haben uns einem kilometerlangen Grat ausgesetzt, auf dem wir uns nun Meter für Meter vorwärts arbeiten. Wir suchen mit den Steigeisen wahlweise am Felsen oder im Firn Halt, das Eisgerät gräbt sich in eine kleine Felsritze. Bohrhaken gibt es kaum, wir sichern an den Punkten, die das Gelände hergibt, mit Ausrüstungsgegenständen, die an unserem Klettergurt baumeln. Wenn auf alpinen Routen kaum Haken stecken, dann zieht man besser mit mobilen Sicherungsgeräten (den sogenannten *Friends* oder *Camalots*), klemmenden Keilen und Schlingen los. Damit kann man alpine Kletterrouten absichern an Rissen oder Felsköpfen und muss sich weniger fürchten.

Mit den Temperaturen steigt auch die Kletterfreude. Wir klettern hinauf und klettern hinunter. Ich brauche an manchen Stellen viel Mut, um weite Züge zu meistern. Manchmal habe ich das Gefühl, dass meine Füße einfach zu kurz geraten sind für Passagen, an denen ich hinunterklettern soll. Vom guten Griff, an dem sich meine Hände halten, kann ich mit den Beinen oft nur um wenige Zentimeter keinen Tritt erreichen. Es sind immer wieder spannende Momente, bis ich eine andere Lösung gefunden habe, und beispielsweise an kleineren Strukturen im Fels abklettere, worauf nur meine Fingerspitzen Halt finden. Die Stunden verfliegen, aber wir kommen immer mehr in den Rhythmus. Eine Verschnaufpause gönnen wir uns nicht. Kurz mal trinken, einen Müsliriegel in die Hosentasche schieben – gegessen wird er dann, wenn ein wenig Zeit bleibt. Die Freude ist riesig, als wir anstatt Felsen endlich Firn unter den Füßen haben. Der höchste Punkt der Grandes Jorasses, die Pointe Walker, ist ein Rücken aus Schnee und Eis. Hier können wir durchatmen und abschalten – kurz zumindest. Denn auch der Abstieg ist kein Geschenk, das man sich nur abholen braucht. Vom Grat sahen wir im Augenwinkel zwei Seilschaften, die über den Normalweg vom Rifugio Boccalatte aufgestiegen sind – ein Glück, denn jetzt wissen wir genau, wie der komplexe Abstieg über schwach ausgeprägte Felsrücken, Firnflanken und Gletscherbrüche verläuft. Zeit verlieren wir also besser nicht lange auf dem Gipfel. In der frühen Nachmittagssonne werden die steilen Flanken sehr weich und heikel. Entweder wir versinken im Schnee, finden zu wenig Halt oder gelangen mit den Steigeisen auf Felsplatten und rutschen ab – ein kratzendes Geräusch, bis sich die Zacken doch noch an kleinsten Strukturen festkrallen.

2600 Höhenmeter später atmen wir auf einer bunten Blumenwiese im Val Ferret durch. Wir sind müde, aber glücklich, wieder einen großen Alpen-Klassiker gemeinsam gemeistert zu haben. Zwei Tage hätten wir noch zur Verfügung, aber das Wetter verschlechtert sich. Christian fährt nach Hause und wird in der Schreinerei arbeiten. Er lässt mich in Courmayeur aussteigen. Ich bleibe hier und warte auf Andi. Mit ihm möchte ich die nächsten beiden Wochen verbringen und den großartigen Peutereygrat am Mont Blanc versuchen. Als Andi kommt, springe ich ihm verliebt in die Arme. Wir küssen einander.

»Die schönsten Momente sind jene, in denen das Herz nicht aus Gewohnheit schlägt, sondern aus purer Freude.«

Anonymer Verfasser

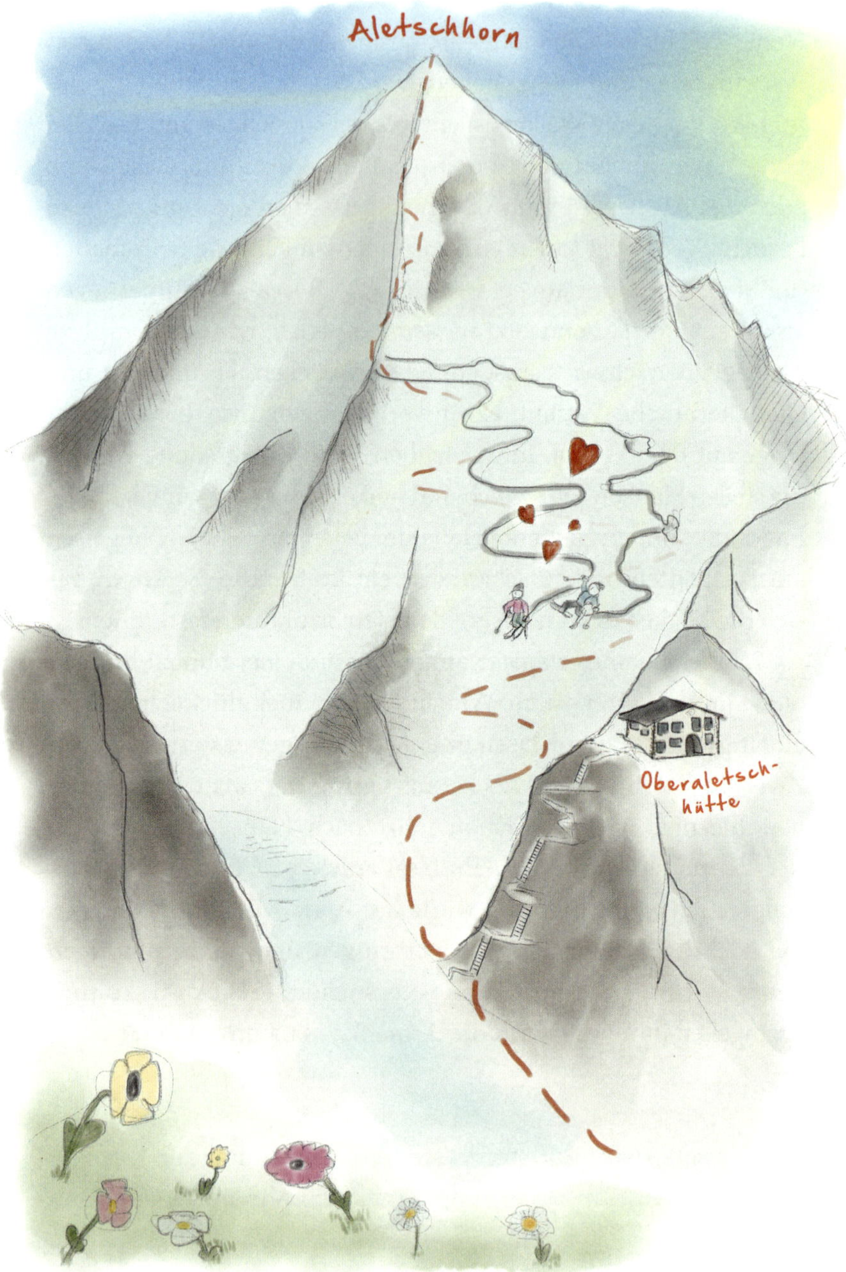
Aletschhorn
Oberaletsch-
hütte

Wenn der Seilpartner zum Lebenspartner wird

ALETSCHHORN, MATTERHORN

Tausendmal berührt, 999 Mal ist nichts passiert … Doch ein Kuss im Jahr 2014 veränderte vieles. Auf dem Prielschutzhaus bei Hinterstoder hatte ich Andi bei meinen ersten Schritten ins Gebirge kennengelernt. Immer wieder waren wir auf Touren, bald auch zum Klettern. Er ist ein starker und angenehmer Seilpartner, den ich als potenziellen Lebenspartner aber übersehen hätte. Auch bei unserem ersten Westalpen-Ausflug zum Zinalrothorn und Breithorn haben wir uns gut verstanden – aber dass wir uns auch eines Tages im Tal so gut verstehen würden? Nie hätte ich mir vorstellen können, dass Andi und ich auch im Leben in dieselbe Richtung blicken könnten. Sein Lebensstil hatte zu ruhig und geregelt auf mich gewirkt, zu langweilig. Ich wollte doch Pferde stehlen, Bäume ausreißen und all die verpassten Kletterjahre im Schnelldurchlauf nachholen! Außerdem hatte er lange Zeit eine Freundin gehabt und war damit ohnehin tabu für mich gewesen – bis zu jenem Tag im Jahr 2014. Andi küsste mich wie aus heiterem Himmel. So, als hätte er damit einen Lichtschalter umgelegt, sah ich ihn auf einmal in einem anderen Licht. Was ich sah, überraschte mich. Und es gefiel mir gut!

Andis gelassene und geerdete Art habe ich lieben gelernt – und er offenbar mein Temperament. Plötzlich ließ auch er sich zu Schritten hinreißen, die ich ihm nicht zugetraut hätte. Bevor ich ihn in mein Herz geschlossen hatte, war ich rastlos gewesen, eine Getriebene (auch wenn ich mir das erst rückblickend so eingestehen kann). Immer auf der Suche nach der Gunst der Stunde, nach einem möglichst großen Sonnenfenster im Alpenraum. Ich studierte am Montag das erste Mal den Wetterbericht, um Pläne zu schmieden und Partner zu finden, nur um zwei Tage später alles wieder umzukrempeln und eine andere Tour zu planen. Die Freizeit neben meinem doch sehr stressigen Journalistenleben war mir sehr kostbar, ich wollte sie mit maximalen Erleb-

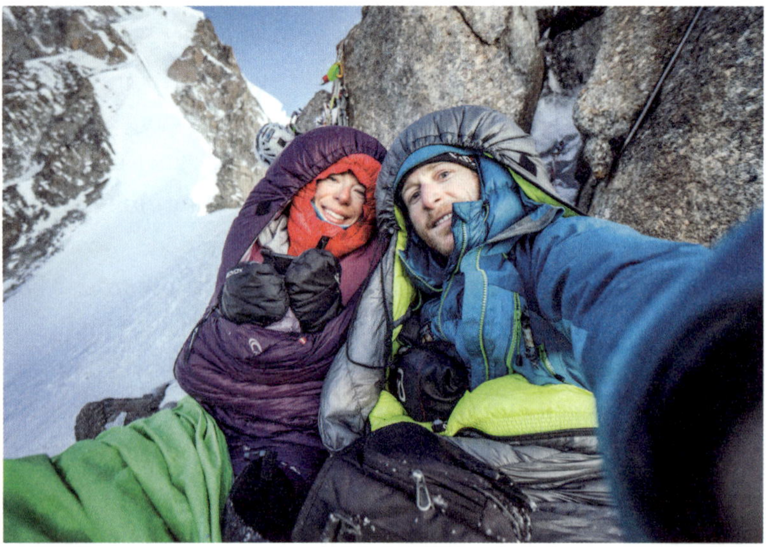

Mit Andi teile ich am liebsten meine Biwaks.

nissen füllen und keine Zehntelsekunde mit Nichtstun verlieren. Ich konnte Gipfel an Gipfel an Gipfel reihen, eine Wunschtour hier, eine Traumtour dort. Herunterkommen? Das wollte ich nicht. Am anstrengendsten war für mich die Zeit, die ich nicht in den Bergen sein durfte – denn immer wusste ich:

Da geht noch MEHR!

Mit Andi ist ein Ruhepol in mein Leben gekommen – und zugleich auch ein Verstärker. Zu zweit fühlt sich alles halb so schlimm an – ein Rast- und Arbeitstag zum Beispiel. Aber auch doppelt so schön. Gemeinsam werden die Sonnenaufgänge wunderbarer, die Zustiege kürzer, das Rucksackgewicht leichter. Mit dem eigenen Partner zu klettern, das macht das Erlebnis für mich nicht nur intensiver, sondern auch einfacher. Eine Bergtour findet nicht nur am Berg statt. Auch die Planung braucht viel Zeit – und das Wiederankommen im Alltag. Wir dürfen uns gemeinsam auf etwas freuen – und nehmen die Erinnerungen und Emotionen gemeinsam mit nach Hause, das schweißt zusammen und konserviert jede Tour ohne Ablaufdatum. Und noch besser: Bald werden wir von Freunden auf die Idee gebracht, gewisse Erlebnisse auch für andere Menschen festzuhalten – in Vorträgen und in Bildgeschichten: Wir starten unsere eigene Homepage www.hochzwei.media.

Ein großer Pluspunkt einer vertrauten Seilschaft ist auch dieser: Wir kennen unsere Stärken und Schwächen, müssen einander nichts vorspielen oder besonders »cool« sein. Wenn ich mich in einem potenziellen Absturzgelände nicht mehr wohl fühle, kann ich sagen: »Hey, das taugt mir jetzt nicht mehr!« Und genauso ist das umgekehrt. Ich kann mich auch voll aufs Klettern und Wegsuchen konzentrieren, weil ich weiß, dass mich Andi gut sichert.

Es hat viel mit Vertrauen zu tun, dass man als Seilschaft gut und schnell vorankommt – viele Touren werden dadurch auch erst möglich. Mit Internetbekanntschaften wie früher? Das ist heute unvorstellbar für mich. Es hat eine ganz besondere Kraft, mit dem wichtigsten und liebsten Menschen in seinem Leben durch ein Seil verbunden zu sein. Manchmal kann auch Angst auftauchen, die ich bislang so nicht gekannt habe. Die Angst, durch einen Fehltritt oder einfach nur durch Pech nicht nur einen Menschen zu verlieren, sondern zugleich den wichtigsten Menschen in meinem Leben. Einen Gedanken, den ich immer abrupt stoppe. Aber nicht nur eine Bergtour, auch eine Beziehung kommt manchmal zu Schlüsselstellen. Metaphern zum Berg sind wohl die beste Paartherapie. Ich weiß, dass hin und wieder dunkle Wolken aufziehen, der Fels brüchig ist, manche Passagen schwieriger fallen als andere, aber auch, dass ich mit Andi bewusst diese Route gewählt habe und es sich lohnt dranzubleiben. Denn irgendwann erreichen wir die Höhen, die unser zweisames Leben so einzigartig machen für uns. Was sind dagegen schon kurze Momente, in denen nicht alles so rund läuft.

Die Hälfte aller Viertausender-Besteigungen habe ich mit Andi unternommen. Das Aletschhorn war eine der Ersten, die wir als Paar bewältigten. Das mächtige Aletschhorn ist ein Berg, der zum Skibergsteigen wie gemacht ist. Es liegt abgelegen in der Gletscherwelt zwischen dem Wallis und dem Berner Oberland, schön und ruhig, und zugänglich nur über weite Strecken und Flanken. Im Sommer hätte ich es schon gerne einmal versucht, da war ich aber nicht einmal bis zum Einstieg der Haslerrippe gekommen, einer steileren kombinierten Firntour auf der Nordseite des Aletschhorns. Eine unangenehme Geschichte. Mit Roland, einem Bergsteigerkollegen aus Oberösterreich, kletterte ich auf dem Weg zur Konkordiahütte über die Fiescherhörner. An sich eine empfehlenswerte Tour über das Hintere und Vordere Fiescherhorn. Ich genoss sie – bis hierher: als ich auf meinen Fuß blickte und sah, dass ein Steigeisen in die Tiefe baumelte. Es war nur noch an einem Riemen um mein Sprunggelenk befestigt. Mein Herz raste. Ein tragendes Element meines Aluminiumsteigeisens war gebrochen! Bange Sekunden. Wie sollte ich bloß zurück auf den Grat kommen? Mit nur einem statt zwei Beinen? Ich schlug meine Eisgeräte so tief ins Eis, wie ich nur konnte, und hüpfte mit dem anderen Bein mit dem Steigeisen dran höher. Zurück bei Roland atmete ich durch. Mit Reepschnüren konnte ich mein kaputtes Steigeisen für den weiteren Weg zusammenbinden. Die Tour auf das Aletschhorn mussten wir uns aber abschminken. Ehe wir mit der Jungfraubahn zurück ins Tal fuhren, blickten wir hoch zur Konkordiahütte. Vielleicht hatte ja jemand ein Reserveeisen dabei …

Gross Fiescherhorn, 4049 Meter

Grindelwald, Berner Alpen

Ski-Überschreitung vom Gross Fiescherhorn zum Hinter Fiescherhorn (4025 m) mit Roland Anfang Juni 2014.

Von Gletschern umflossen liegen die Fiescherhörner aussichtsreich im Berner Oberland.

1877 wurde die Konkordiahütte auf einem Felsen fünfzig Meter über der mächtigen Gletscherfläche des Konkordiaplatzes erbaut. Heute sind es rund 150 Meter über senkrechte Felsen bis zur Hütte. Aufgrund des Abschmelzens des Gletschers wurden die Leitern, die zu ihr führen, über die Jahre mehrfach verlegt und verlängert. Am Konkordiaplatz treffen sich drei mächtige

Eisströme aus unterschiedlichen Richtungen. Hier entspringt der Aletschgletscher, mit zwanzig Kilometern der längste Eisstrom in den Alpen, aber auch er wird immer kürzer. Nicht auszumalen, wie es hier eines Tages aussehen wird, wenn er völlig aus der Landschaft verschwunden ist. Fast 500 Treppenstufen mussten wir bis zur Konkordiahütte steigen, um einzusehen, dass die Chance auf Reserve-Steigeisen wirklich gering gewesen ist. Mit einem sorgenvollen Blick auf diese Szenerie stiegen wir am nächsten Tag die Stahltreppe wieder herunter, latschten mit einem langen Gesicht über den Jungfraufirn zur Jungfraubahn und fuhren nach Hause.

Zwei Jahre später im Frühling bringe ich das Aletschhorn wieder zur Sprache. Diesmal möchte ich es auf seiner Südseite versuchen – sie eignet sich sehr gut für eine lange Skiabfahrt. Andi, eigentlich seit mehr als zwanzig Jahren überzeugter Snowboarder, will dieses Mal den Tourenskiern eine Chance geben. Ich kann ihn nur darin bestärken, weil auch ich meinen Umstieg vom Snowboard auf Skier nie bereut habe, eröffnen sie im Winter doch einen viel größeren Aktionsradius. Wir überlegen, mit dem Zug anzureisen – doch finden keine Verbindung, die für unser kleines Zeitfenster und die geplante Route passend wäre.

Aletschhorn, 4195 Meter

Blatten bei Naters, Berner Alpen

Als Skitour über den Südostgrat mit Andi im April 2016.

Diese gewaltige Pyramide ragt zwischen dem Wallis und Berner Oberland aus dem Aletschgletscher.

Vor der Abreise in die Schweiz prüfen wir die neuen Skier von Andi – oh nein: Bei der Bindung ist ein Teil gebrochen! So sollten wir besser keinen Berg in Angriff nehmen und schon gar keinen Viertausender. Wir legen einen Umweg nach Liezen ein und lassen die Bindung im Bergsportgeschäft unseres Vertrauens reparieren. Erst spät nach Mitternacht kommen wir in Kandersteg an, wo wir vor der Autoverladestation übernachten. Uns bleiben nur zwei Stunden Schlaf, damit wir mit dem ersten Zug durch den Lötschbergtunnel fahren können und die einzige Gondel von Blatten auf die Belalp erreichen. Die Punktlandung gelingt!

Das hübsche Bergdorf Belalp liegt im Dornröschenschlaf. Die Skisaison ist vorbei, die Chalets stehen leer. Ein paar freundliche Bauarbeiter lassen zu, dass wir uns den ersten flachen Kilometer in ihr Pistenfahrzeug quetschen – der Aufstieg zur Oberaletschhütte wird noch lange genug.

Das Aletschhorn gilt aufgrund seiner nördlichen und isolierten Lage in der Gletscherwelt des Aletschs als einer der kältesten Viertausender der Alpen. Frieren müssen wir heute aber nicht. Spätestens auf den letzten Metern zur Hütte wird uns richtig heiß. Sie liegt 2640 Meter über dem Meer, aber auch 200 Meter über dem Gletscher. Den Aufstieg erarbeiten wir uns über Leitern und Stahlseile, die eine Hilfe über die vom Gletscher geschliffenen Platten darstellen. Ein neu angelegter Panoramaweg führt sogar ohne Gletscherberührung zur Hütte.

Wer vor dem KLIMAWANDEL noch immer die Augen verschließt, sollte hierherkommen.

Auf den Zustiegen zu den Hütten, die sich in steter Veränderung befinden, hätte er lange Zeit, um darüber nachzudenken.

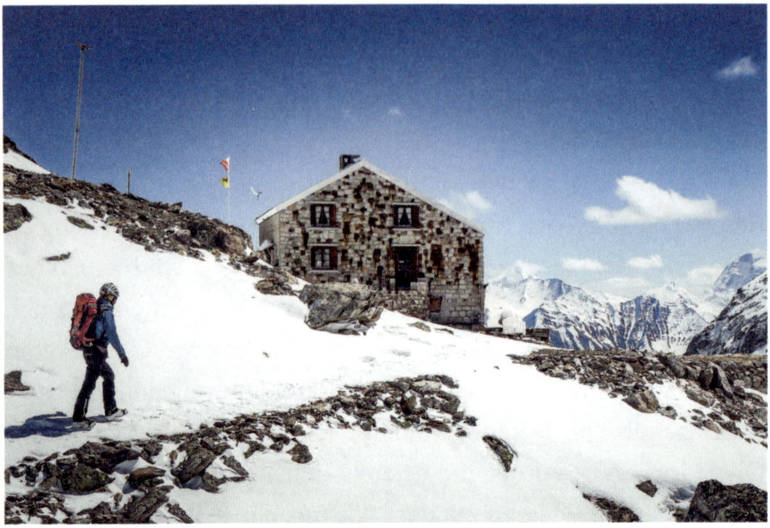

Klassisch und herzlich: die Oberaletschhütte.

Hüttenwirt Richard tischt uns in einer eisernen Gusspfanne ein »Röschti« auf (»Bestell übrigens niemals Rösti in der Schweiz, sondern lass das *R* auf deiner Zunge rollen und das *Sch* zischen, wenn du dich nicht als Tourist outen willst«, haben mir Freunde aus der Schweiz beigebracht). Von dem klassischen Kartoffelgericht essen an unserem Tisch alle gemeinsam: eine Schweizer Bergführerin mit ihrem Gast, drei Belgier, Andi und ich. Dazu gesellt sich auch der Wirt. Die Kalorien der hauptsächlich aus Kartoffeln und Käse bestehenden Hüttenkost werden wir am nächsten Tag auf der 1700 Höhenmeter langen Gipfeletappe bestimmt verbrennen.

Nach dem Frühstück bahnen wir uns einen Weg durch die klirrende Kälte der Nacht und kommen der formschönen Pyramide langsam näher. Wir erkennen die Umrisse eines Dreiecks, die sich vom dunkelblauen Nachthimmel abzeichnen. Mein Tuch ziehe ich weit über den Mund und die Nase, nur die Augen sind noch der Eiseskälte ausgesetzt. Im Takt stechen meine Skistöcke in den gefrorenen Schnee. Mit jedem Schritt komme ich dem rosa Himmel und Sonnenaufgang näher. Eigentlich wollten wir das Aletschhorn überschreiten und vom Dreieckhorn abfahren, aber diesen Plan verwerfen wir, weil uns die Lawinenlage zu unsicher erscheint. Am Einstieg zum Südwestgrat wechseln wir auf Steigeisen und lassen die Skier zurück. Wir klettern langsam höher, konzentrieren uns darauf, wohin unsere Füße steigen und unsere Hände greifen und verschmelzen förmlich mit dem Berg. Ein Gefühl, als wären wir eins mit der Natur. Mittlerweile ist dieser Aufstieg die hellste Freude. Das Seil darf heute im Rucksack bleiben.

Nach sieben Stunden klatsche ich beim Gipfelkreuz ab. Schnell waren wir nicht, das Aletschhorn raubt uns den Atem – mit seiner Höhe und seiner Weite. Hier stehe ich auf einem der schönsten und abgelegensten Flecken der Alpen. Vom Gipfel sehe ich keine Stadt, kein Dorf, nicht einmal ein einziges Haus. Außer gleißend weißen Bergriesen nur ein tiefdunkles einge-

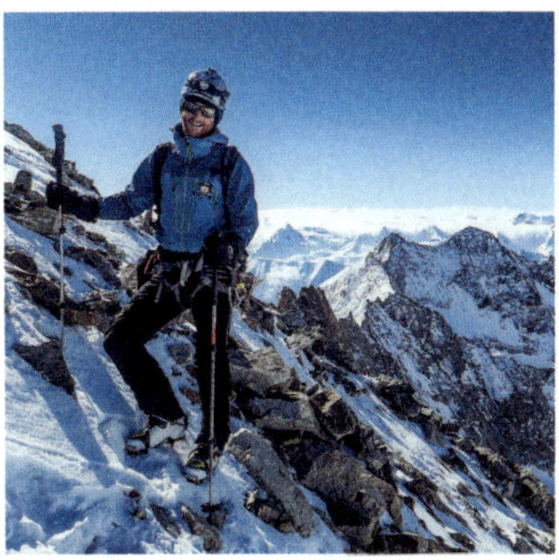

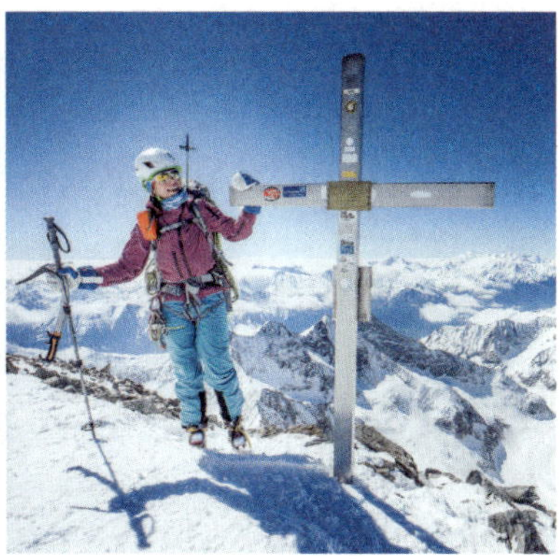

Ein Traumtag auf dem Aletschhorn.

schnittenes Tal im Süden und den mächtigen Aletschgletscher im Norden. Das einzige Geräusch der Zivilisation: das Rattern eines Hubschraubers.[8] Hier bin ich mächtig weit weg von meinem Alltag. Und habe nicht das Gefühl, dass mir irgendetwas fehlt.

Wir steigen zurück hinab zu unserem Skidepot. Dort sehe ich Andi etwas angespannter als üblich. Oh, die Abfahrt! An ein paar Skitagen hat Andi das Fahren auf zwei Brettern geübt – auf der Piste, aber noch nie im freien Gelände zwischen Gletscherspalten und Felsbrocken. Es sollte ein Kampf für ihn werden (zwischendurch mit Krampf – in den Waden). Die wechselnden Schneeverhältnisse machen die Sache nicht einfacher. Sehr oft treffen unsere Bretter auf Bruchharsch – die fieseste aller Schneesorten. Da wollen sich die Skikanten am liebsten bei jedem Schwung in den zentimeterdünnen Harschdeckel fressen. Nur mit einer sauberen Technik oder enormem Krafteinsatz lässt es sich auf dieser Konsistenz des Grauens halbwegs abfahren. So habe ich immer wieder ausreichend Zeit, um Fotos vom skifahrenden (oder -fliegenden) Andi zu machen. Ihm muss es wohl manchmal beim Klettern so gehen wie mir jetzt, wenn ich mir an einer Stelle fast die Zähne ausbeiße, und er locker drüber hinweg klettert.

Andi kämpft sich beherzt hinunter. Nur die letzte Gondel ins Tal fährt uns davon. Das bedeutet einen Fußmarsch ins längst schneefreie Wallis. Unsere Füße brennen in unseren Skischuhen, als wir über steile Grashänge ins Bergdorf Tschuggen absteigen. Auf einer Forststraße geht's vorbei an hölzernen Chalets, bis wir

---

8 Am nächsten Abend erreicht uns ein E-Mail der Bergführerin, leider mit traurigen Nachrichten. Einer der Belgier, die wir auf der Oberaletschhütte kennengelernt haben, ist am Sattelhorn in einer Lawine ums Leben gekommen. Das Hubschraubergeräusch, das wir auf dem Aletschhorn vernommen haben, rührte von einer vergeblichen Rettungsaktion her. So nah liegen Freud und Leid in der Bergwelt leider oft beisammen.

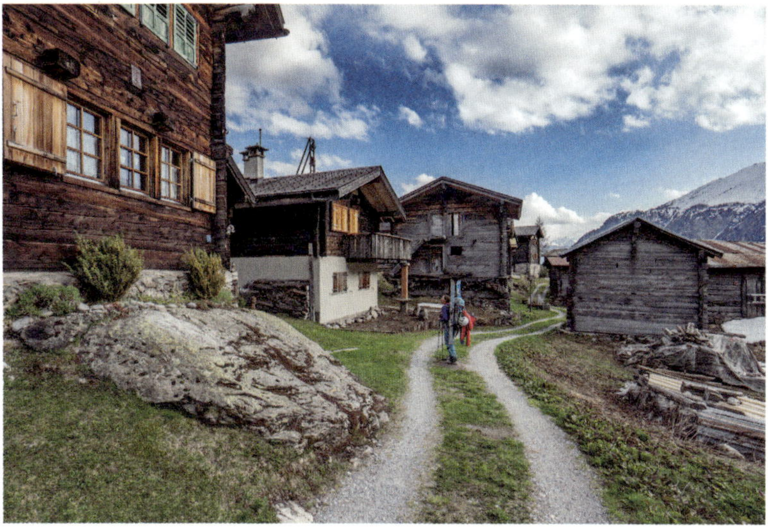

Nach 3000 Höhenmeter Abfahrt (und Abstieg) im Bergdorf Tschuggen.

endlich eine asphaltierte Straße erreichen. Wobei es der harte Belag unter den Beinen nicht besser macht. So als würden wir barfuß über glühende Kohlen laufen! Andi hat noch dazu erstmals seine neuen Skischuhe an … Es kommt äußerst selten vor, dass wir uns auf Bergtouren anmaulen. Zwischendurch ist es so weit. Ohne viele Worte zu wechseln, gehen wir die letzten Kilometer die Straße entlang bis nach Blatten bei Naters. Nach insgesamt 3000 Höhenmetern reißen wir endlich die Skischuhe von unseren Füßen. In unserem Campingbus lagern wir die Beine hoch – und zumindest etwas ist kühler geblieben als unser Kopf: zwei Dosen Bier, deren Inhalt unseren Magen kaum erreicht, so ausgetrocknet sind unsere Kehlen.

Am Abend konnten wir schon wieder drüber lachen. Unser Ausflug in die Westalpen hielt einen weiteren Höhepunkt bereit: den Besuch meiner Schwester Elfie am Vierwaldstättersee. Dort hatte sie mit ihrem Schweizer Lebenspartner Dominik und ihrer gemeinsamen Tochter Bibiana gewohnt – bis sie sich auf eine längere Reise durch Nordamerika begaben. Ein Zwischenstopp bei ihnen war immer herzlich und inspirierend. Beide sind Coaching-Experten und arbeiten mit dem »Solution Focus« – kurz erklärt: Gespräche drehen sich nie um ein Problem *(Warum waren wir nicht schneller und haben die letzte Gondel versäumt?)*, sondern stets um die Lösung *(Mit jedem Schritt kommen wir dem Ziel näher und können die Füße entspannen.)* So funktioniert auch das Bergsteigen für uns am besten: den Blick immer nach vorne gerichtet.

»Die Erfahrung lehrt uns, dass Liebe nicht
darin besteht, dass man einander ansieht,
sondern dass man gemeinsam in eine Richtung blickt.«

Antoine de Saint-Exupéry

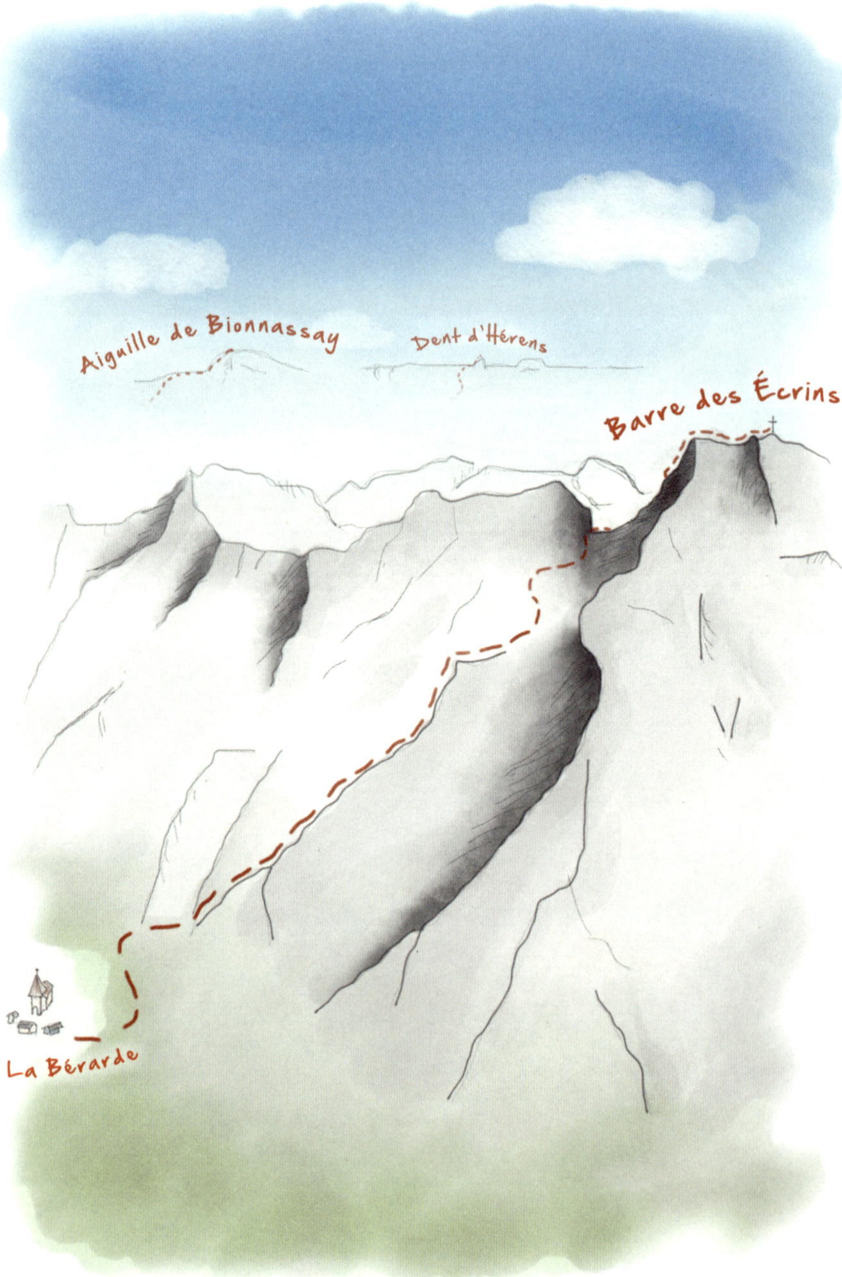
Aiguille de Bionnassay
Dent d'Hérens
Barre des Écrins
La Bérarde

Vom Kirchenkreuz zum Gipfelkreuz

BARRE DES ÉCRINS, DENT D'HÉRENS, AIGUILLE VERTE, TRAVERSÉE ROYAL

Ein weiterer Pluspunkt an der Beziehung mit Andi: Wir haben dieselben Vorstellungen von Urlaub. Keiner von uns muss sagen: »Hey, Schatz, ich bin dann mal wieder zwei Wochen weg.« Alpinklettern und Hochtouren stehen sowohl auf seiner als auch auf meiner Wunschliste ganz oben – mit Strandurlauben oder Thermenaufenthalten könnte man uns höchstens dazu bringen, doch lieber einen Arbeitstag einzulegen. Als eine Kaltfront einen unserer Schweiz-Urlaube durchkreuzt, kommen wir auf die Idee, einen Abstecher in die für uns am weitesten entfernte Alpenregion zu machen: in die Dauphiné. Das klingt nach Liberté! Denn wenn sich am Alpenhauptkamm zäh die Wolken halten, dann lacht auf den südlichsten Viertausendern oft die Sonne.

Ich erinnere mich dumpf an eine spitze Nadel, die mir vor einiger Zeit beim Blättern in einem Bergmagazin ins Auge gestochen ist. Auf diesen wunderschönen Granitzacken könnten wir

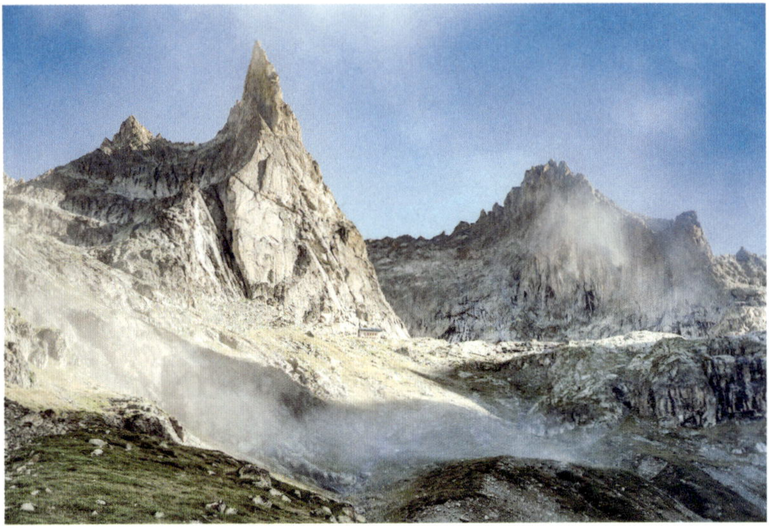

Wilde Dauphiné: Die Aiguille Dibona zog uns magisch an.

doch klettern! Unser Computer läuft heiß und spuckt bald das richtige Ergebnis aus: Aiguille Dibona heißt der Zacken, der mich an die spitzen Türme Patagoniens und Pakistans erinnert. Kein Wunder, dass man in diesem Zusammenhang oft vom »Karakorum der Alpen« liest. Ein weiteres Zeichen für ein eindeutiges »Go« sind die Barre des Écrins und der Dôme de Neige, die beiden südlichsten und zugleich westlichsten Viertausender der Alpen. Schwuppdiwupp machen wir uns schon auf den Weg nach Saint-Christophe-en-Oisans. Wie reizend, einen Ort anzusteuern, dessen Namen wir nicht einmal aussprechen können! Unsere Endstation in den Alpen ist eine Ankunft im Paradies.

Das Mittelmeer ist nicht mehr weit weg von hier, die Atmosphäre erinnert fast schon an die Côte d'Azur. Aber nur fast. Die letzten Nebelschwaden und die Feuchtigkeit der Kaltfront halten sich hartnäckig, obwohl wir bereits Sonne erhofft haben. Nach einer durchfrorenen Seillänge auf der Aiguille Dibona, in der uns aus feinen Rissen Regenwasser entgegengeschwappt ist, lassen wir's doch lieber sein. Wir kehren in den kalten Steinmauern des Refuge du Soreiller ein, es steht fast direkt unter dem Wandfuß. Das Warten auf die Sonnenstrahlen soll sich noch bezahlt machen. Am nächsten Tag klettern wir im grandiosen Granitgestein durch die direkte Südwand eine traumhafte Tour. Auf der Spitze staune ich über die wilden Zacken und ursprüngliche Landschaft der Dauphiné. Unser erster wird nicht unser letzter Besuch hier sein. So viel steht jetzt schon fest.

Saint-Christophe-en-Oisans ist so dünn besiedelt, dass auf einen Quadratkilometer nur eine einzige Person kommt. Dafür hat es sogar einen eigenen Bergsteiger-Friedhof. Dort entdecken wir das Grab von Emil Zsigmondy. Der österreichische Bergsteiger ist bei einem Erstbegehungsversuch an der 3983 Meter hohen Meije oberhalb von Saint-Christophe in den Tod gestürzt. Eine kurvige Bergstraße führt uns weiter in den kleinsten Weiler des Bergsteigerdorfs, nach La Bérarde. In diesen abgelegenen Winkel machen nicht einmal mehr die Rennradprofis bei der Tour de France einen Abstecher.

Barre des Écrins, 4102 Meter

La Bérarde, Dauphiné

Als Tagestour von La Bérarde über das Col des Écrins auf den Normalweg, Abstecher auf den Dôme de Neige (4015 m), mit Andi im August 2015.

Die südwestlichsten Viertausender der Alpen stehen in der großartigen Landschaft der Dauphiné.

La Bérarde besteht aus einem Campingplatz und ungefähr fünfzehn Häusern. In einem wird zu unserem Glück Pizza gebacken und Wein ausgeschenkt. Auch verstecken sich hier weit hinten noch zwei besonders hohe Berge: der Dôme de Neige und die Barre des Écrins.

Ich bin noch immer fest davon überzeugt, dass mir Andi hinter meinem Rücken den Vogel gezeigt hat, als ich ihm vorgeschlagen habe, es doch gleich von hier im Tal weg auf diese Viertausender hinauf zu versuchen. Auf dieser westlichen Seite des Écrins-Massivs gibt es keine Hütte, der Ausgangspunkt vom Normalweg liegt einen großen Umweg entfernt. Wir möchten nicht noch einmal so weit mit dem Bus fahren, also schlage ich Andi vor, den Écrins als Tagestour zu gehen. Quasi direkt vom Kirchenkreuz zum Gipfelkreuz, von 1740 auf 4102 Meter über dem azurblauen Meer. Und den Dôme de Neige können wir da auch gleich mitnehmen. Das ist bestimmt eine gute Vorbereitung für unsere geplante Expedition im Herbst. Da wollen wir uns nämlich den Himalaya aus der Nähe anschauen. Eingefallen ist uns dort natürlich das Matterhorn, also das Matterhorn Nepals. Wir möchten die 6812 Meter hohe Ama Dablam besteigen. Viele sagen, das sei der schönste Berg der Welt. Irgendwie haben wir

ein FAIBLE für morphologisch außergewöhnliche Erhebungen auf diesem PLANETEN.

Nach erstem Zögern lässt sich Andi auf die Tourenplanung ein. Er kennt die Barre des Écrins schon – über den Normalweg. Wir finden wenige Routeninformationen im Internet, aber studieren die Karte und siehe da: ein Weg zeichnet sich ab. Pi mal Daumen wird's ein langer Tag werden. Um zwei Uhr früh verdrücken wir in unserem Campingbus eine Schüssel voll Müsli. Vorbei an der Kirche, und schon liegt das letzte Häuschen hinter uns. Eine gefühlte Ewigkeit gehen wir einen Moränenrücken entlang. Gut, dass es noch finster ist, so haben wir nicht immer vor Augen, wie weit der Weg eigentlich ist. Im ersten Licht erblicken wir die steile Scharte, das Col des Écrins, über die wir klettern müssen. Das hat auf der Karte hübscher ausgesehen … Zu unserer Überraschung greifen wir sogar Stahlseile im unwegsamen Steilgelände, und die Schritte lösen sich in Wohlgefallen auf.

Nach ein paar Stunden im Niemandsland erblicken wir Spuren der Zivilisation. Der oberste Teil des Glacier Blanc liegt noch vor uns – und hier können wir uns tatsächlich einordnen in eine perfekte Spur, die vom nordöstlichen Normalweg heranführt. Dieser Trampelpfad schlängelt sich durch Spalten und Séracs, die vor wenigen Jahren noch ganz anders ausgesehen haben, als Andi das erste Mal auf die Barre des Écrins gestiegen ist. Es ist extrem zu beobachten, wie sich die Landschaft in so kurzer Zeit verändert. Hier besser nicht langsamer werden, die Türme aus Gletschereis wirken bedrohlich.

Ein kleiner Abstecher führt uns auf den Dôme de Neige. Und dann kommt die Krönung: Über ein Gratstück klettern wir auf den höchsten Punkt, den Gipfel der Barre des Écrins. Neun Stunden nachdem wir im Auto gefrühstückt haben. Dazwischen liegen herzklopfende Momente der Anstrengung und Freude. Höher geht's im Süden Europas nicht mehr hinauf. Ein fernes Ziel ist plötzlich da.

Der Abstieg läuft trotz XXL-Format überraschend problemlos. Wieder das Häuschen, vorbei an der Kirche und hinein in die Pizzeria. Unsere Lieblingsspeise nach einer ausgiebigen Bergtour schmeckt formidabel. Und das Beste: Vin Rouge gibt's natürlich auch am Ende der Alpen.

Andi und ich lieben gemeinsame Ausflüge in die Westalpen. Im Juli 2016 haben wir wieder zehn Tage frei. Unsere Freunde und Familien wissen längst: Zu Hause sind wir in unseren Urlaubstagen nicht anzutreffen. Wir packen unsere sieben Sachen (und noch ein bisschen mehr) und räumen den Bus bis obenhin voll. Hunderte Ideen haben wir ebenso eingepackt, letztendlich ist der Wetterbericht unser Navigationssystem. Besser ins Berner Oberland oder ins Mont-Blanc-Massiv? In die Dauphiné oder doch nach Paklenica? An den Gardasee oder ins Wallis?

Dieses Mal biegen wir über den Großen Sankt Bernhard in den Süden ab, um im Aostatal die weniger überlaufene Seite der Walliser Alpen zu entdecken. Zuerst wollen wir der kleinen Schwester des Matterhorns, der Dent d'Hérens, einen Besuch abstatten. Mit ihren 4174 Metern versteckt sie sich hinter dem Matterhorn. Klein ist sie dennoch nicht, hat zwei scharfe Grate und dazwischen eine steile Flanke. An einem anderen Flecken Erde hätte sie ein Alleinstellungsmerkmal. Schulter an Schulter mit dem Matterhorn steht sie doch in seinem Schatten und ist weniger begehrt. Wie oberflächlich wir Menschen heutzutage doch sind. Nichts wie hin!

Dent d'Hérens, 4174 Meter

Bionaz, Aostatal, Walliser Alpen

Vom italienischen Valpelline über die Aostahütte auf dem Normalweg ins Tiefmattenjoch und über den Westgrat zum Gipfel, im Juli 2016 mit Andi.

Bräuchte sich nicht hinter seinem Nachbarn Matterhorn verstecken: attraktiv, aber selten besucht.

Da der Zugang von der Schweizer Seite an vielen Sommertagen durch die starke Ausaperung kaum begehbar ist, schauen

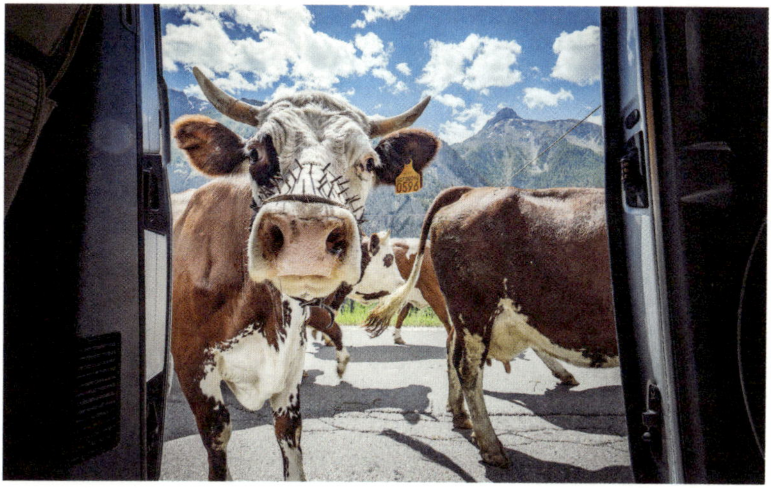

Ciao Cowboy! Kühe haben Vorrang hier im Aostatal.

wir uns auf der Südseite in Italien um. Im Aostatal schaut uns eine ausgewachsene Kuh zum offenen Busfenster herein. Sie lebt mit ihrer Herde in Bionaz. Wir weichen aus, lassen die Rindviecher vorbeiziehen und kurven ins Parkhaus am Lac de Place. Solche Staus sind mir um Welten lieber als jener vor dem Bindermichl-Tunnel, der mich beinahe jedes Mal auf dem Weg in die Arbeit nach Linz bremst.

Wir machen uns zum Rifugio Aosta auf. Die ersten Kilometer satteln wir entlang des Lac de Place unsere Mountainbikes. Das machen wir gerne, wenn wir damit Zustiege zeitlich verkürzen können – und uns vor allem den Rückweg erleichtern. Die Beine haben weit zu gehen, die Augen viel zu sehen. Durch ein wildes, ausgeapertes Gletscherbecken geht's empor, zuletzt über Leitern, bis uns die drei Wirtsleute der Aostahütte begrüßen.

Sie sind sehr gut aufgelegt, vielleicht lösten sich manche ihrer Sorgen einfach in Luft auf. Zart duftet es eingangs nach

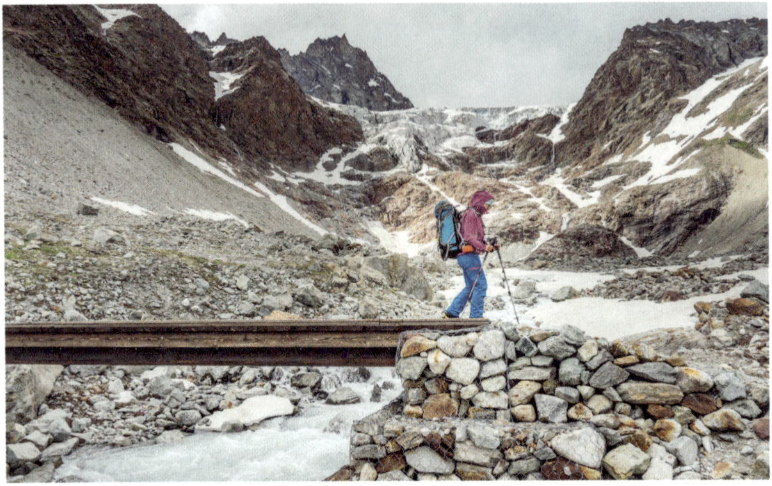

In Gedanken versunken im Zustieg zur abgelegenen Aostahütte.

Rauch. Mit bester Stimmung nimmt sich Jesus unser an. Er heißt mit großer Sicherheit anders, aber mit seinen langen Haaren und dem milden Lächeln ist er für uns einfach Jesus. Ein selbstgebrannter Genepi dürfte bei den Aostatalern so begehrt sein wie bei uns in Oberösterreich der Zirbenschnaps. Er beruhigt den Magen nach einer Überdosis Abendessen. 45 Euro für Übernachtung und Halbpension sind ein Schnäppchen, verglichen mit dem Preis, den wir für dasselbe auf der Schweizer Seite gezahlt hätten.

Für den nächsten Tag wird bei unserem Annäherungsversuch an die Dent d'Hérens kein strahlend blauer Himmel versprochen. Vielleicht ein Grund, weshalb wir die einzigen Gäste sind. Wir machen uns zeitig auf den Weg. Es ist drei Uhr früh, eine Stunde sind wir schon unterwegs zum Gletscher des Grandes Murailles. Fein, das Wetterleuchten am Nachthimmel ist wieder verflogen! Dafür dürfen wir uns für einen Westalpenausflug reichlich früh duschen. Regen prasselt aus allen Richtungen auf uns nieder. Die Spurarbeit ist schwer, wir fragen uns nicht ganz unberechtigt: Sollen wir wirklich noch weitergehen? Zum Teil müssen wir unser Körpergewicht gegen den Wind stemmen, um nicht umzufallen. Ein paar Schritte wollen wir noch machen, bis wir ins Tiefmattenjoch sehen, diese steile und brüchige Einstiegshürde auf den Westgrat der Dent d'Hérens. Und siehe da! Zumindest für einen kurzen Augenblick weht der Wind noch stärker, sodass er die Wolken vorbeischiebt und die Schönheit enthüllt. Na, wenn das so ist: noch ein paar Schritte.

Entlang der Fixseile klettern wir ins brüchige Tiefmattenjoch. Die Wolken umhüllen uns wieder. Aber wenn wir schon einmal hier sind, folgen wir dem Westgrat noch ein Stück, bis der Spaß komplett verfliegt. Wir klettern über Türme und Platten. Liegt hier immer so viel Schnee?

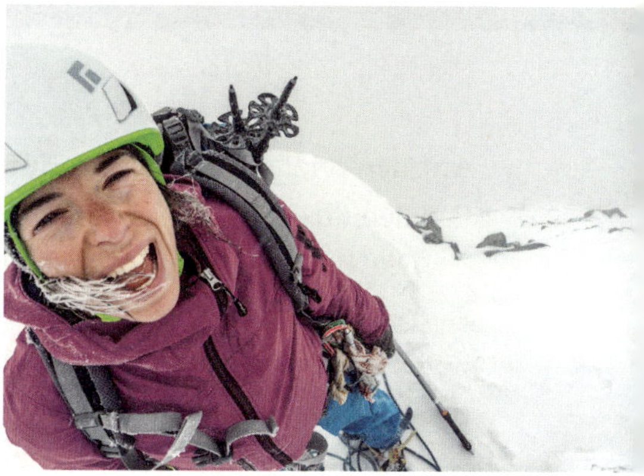

Und WO geht's hier bitte WEITER?

Links? Rechts? Vorne? Hinten? Wie aus heiterem Himmel geht's auf einmal nicht mehr weiter aufwärts. Wir sind am Gipfel! Aber wir sehen keine zwei Meter weit. Der Ausblick auf das nahe Matterhorn wäre mit Sicherheit beeindruckend. Wir haben keine Sicht, aber viel Freude. Noch nie war ein Gipfel ein solches Überraschungsmoment – und nur ein sekundenlanger Aufenthalt. Konzentriert klettern wir wieder hinunter, erreichen den Gletscher, gehen über die Moräne und schnurstracks ins Tal.

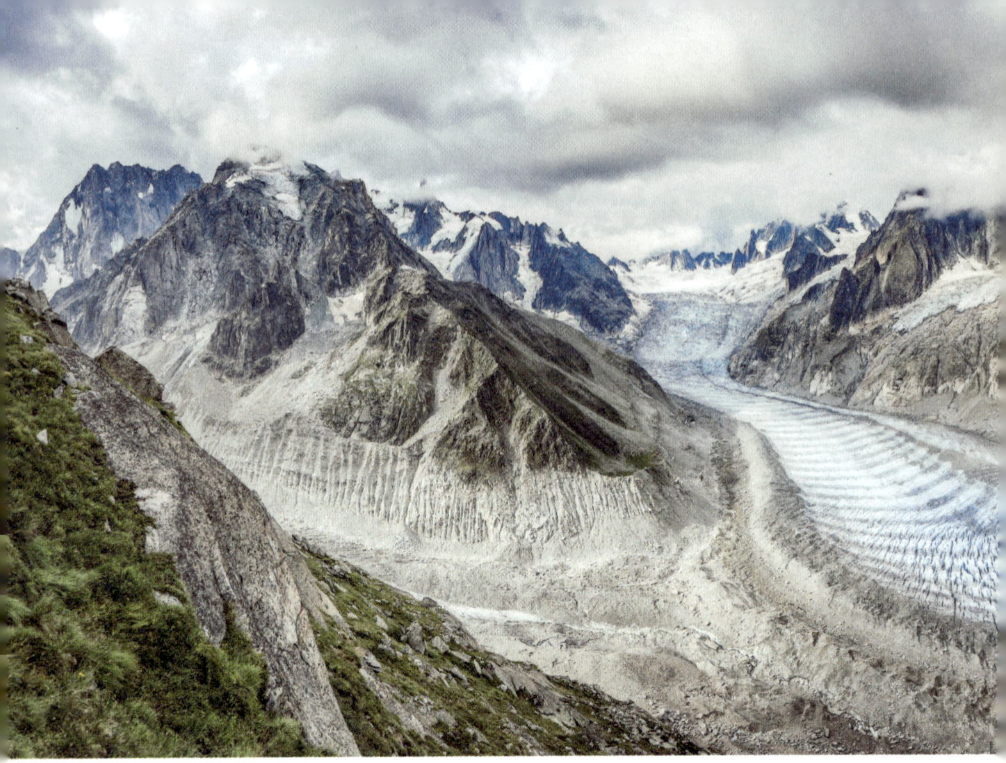

Das Mer de Glace liegt uns auf dem Weg zur Couverclehütte zu Füßen.

Auf den letzten Kilometern dürfen unsere Fußsohlen auf den Pedalen unserer Bikes entspannen.

Die Bierdose zischt schneller, als die Schuhe ausgezogen sind. Als frische Socken an den Beinen sind und der Kaffee aus der Espressokanne blubbert, überlegen wir den weiteren Fahrplan. Auf nach Chamonix! Die Aiguille Verte verspricht gute Verhältnisse, das finden wir bei unserer Recherche in einer kleinen Brasserie am Weiterweg heraus. Und zu diesem wilden, beeindruckenden Flecken Erde kehre ich gerne zurück – mit Christian bin ich 2013 schon auf dem Gipfel der

Aiguille Verte, 4122 Meter

Chamonix, Mont-Blanc-Gruppe

Bestiegen über das Whymper-Couloir mit einem Abstecher auf die Grande Rocheuse (4102 m), mit Andi im Juli 2016.

Eleganz und Schwierigkeit bestimmen die Ausstrahlung dieses mächtigen Massivs.

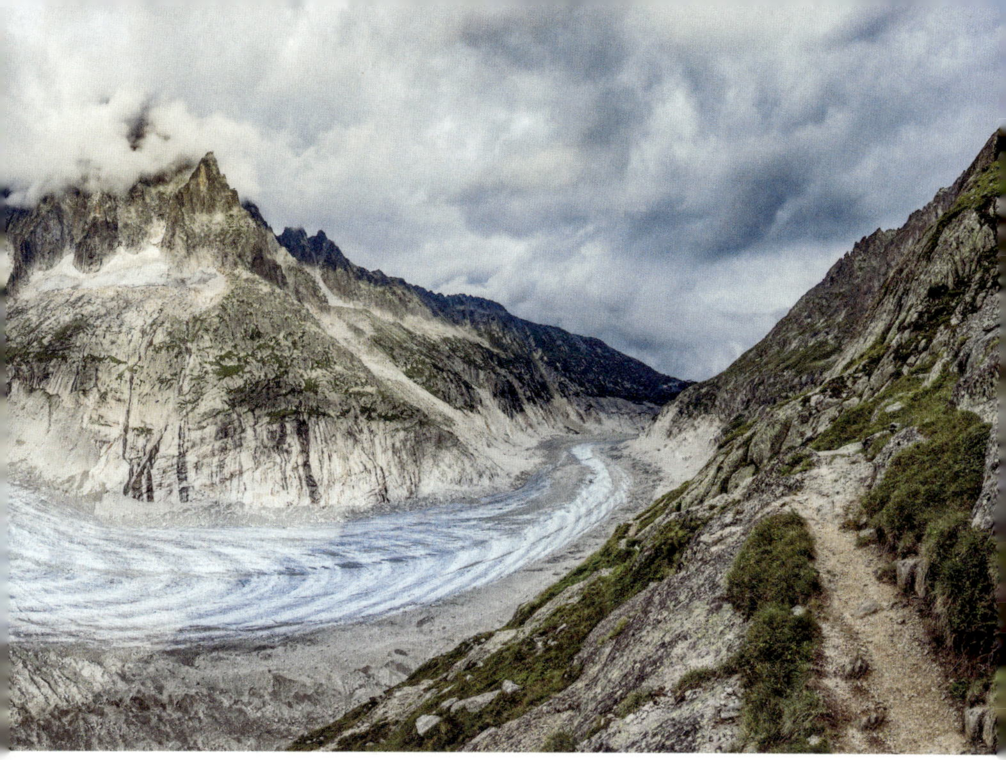

Aiguille Verte gestanden. Das Panorama vom am Weg liegenden Refuge du Couvercle ist genial, ganz so, als säße man auf einem Logenplatz in einer Arena für Alpinisten. Der Name der Hütte heißt übersetzt *Deckel*, weil das alte Refuge unter einem riesengroßen Felsblock errichtet worden ist. Auf der Hüttenterrasse schmeckt die schwarze Brühe in der Tasse besonders lecker, weil's dazu einen faszinierenden Ausblick serviert gibt: in die Nordwände der Grandes Jorasses, hinüber zum Mont Blanc und den vorgelagerten Zacken des Teufelsgrates. Auf den vielen genialen Spitzen und Graten haben die besten Alpinisten Geschichte geschrieben. Wir lesen ihre Linien und fragen uns, wo wir uns hier einen Weg durchbahnen würden.

Von manchem Blickwinkel hat die Aiguille Verte die perfekte Form der Cheops-Pyramide, sie ist formschön und for-

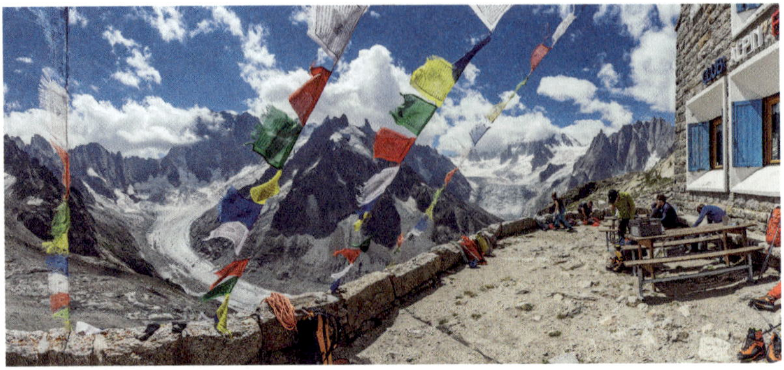

Logenplatz im Herzen des Mont Blancs: die Couverclehütte.

dernd zugleich. Warum sie den französischen Namen für »grüne Nadel« trägt, ist mir schleierhaft. Grün sind an der Verte nur die ersten 500 Höhenmeter oberhalb von Argentière und Chamonix. Von allen anderen Seiten umfließt den felsgrauen und schneeweißen Gebirgsklotz Gletschereis. Hinunterblicken zum tiefgelegenen Grün wollen wir diesmal auch vom benachbarten Viertausender, der Grande Rocheuse. Am reizvollsten wäre für uns der gesamte Jardingrat, der neben diesen beiden Gipfeln auch die Aiguille du Jardin einschließt – aber bei diesen unsicheren Verhältnissen könnte diese Überschreitung auch eine Überschreitung der eigenen Grenzen sein. Am wichtigsten, so scherzen wir, ist es ohnehin, dass aus Andi, der noch nie da war, endlich ein »echter Alpinist« wird. Der großartige Bergsteiger Gaston Rebuffat hat nämlich über die Aiguille Verte gesagt: »Avant la Verte on est alpiniste, à la Verte on devient Montagnard.« Nach der Verte werde man also erst zum echten »Bergler«.

Nur zweieinhalb Stunden nach dem Sonnenuntergang, um Mitternacht, sitzen wir beim Frühstück und stopfen uns ein paar

Bissen Brot in den Mund. Verschlafen ziehen wir los im Schein unserer Stirnlampen. Die Dunkelheit ist noch da, als wir uns im Einstieg zum Whymper Couloir befinden, die Müdigkeit ist aber verflogen. Es ist vielleicht besser so, nicht alles so genau zu sehen, etwa den wilden Bergschrund oder den vereisten Felsaufschwung, der von uns feinfühliges Klettern verlangt.

Darüber erleichtern immer wieder gute Spuren den Anstieg in der 500 Meter hohen Rinne. Um fünf Uhr früh, nach zweieinhalb Stunden, in denen wir nur auf den Frontalzacken unserer Steigeisen höher gestiegen sind, stehen wir am Ausstieg des Couloirs. Die Waden freuen sich über die Entlastung, und die Augen über Abwechslung: Der Horizont färbt sich fahlorange. Wir klettern auf die Grande Rocheuse, während zwei weitere Seilschaften den scharfen Grat auf die Verte unter die Eisen nehmen. Kurz und knackig wird unser Abstecher auf den benachbarten Viertausender. Während ich die Eiseskälte zu überspielen

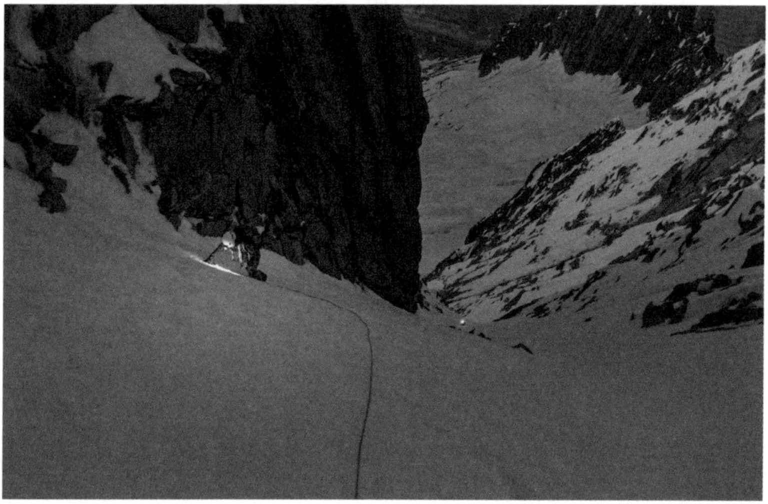

Noch in der Finsternis steigen wir durch das Whymper Couloir.

versuche und leise in mich hinein singe und sinniere (»Waun kumt die Sunn, didldidiiii…«), werde ich aus meinem Tagtraum gerissen. Es schiebt sich wärmendes Licht über die Gebirgszüge und taucht die vorbeiziehenden Nebelschwaden in intensivere Farben, als eine Orange im Neonlicht eines Supermarktes strahlen könnte. Alles um uns herum leuchtet! Mich schüttelt es zwar noch immer vor Kälte, als ich die Felsen unter meine Finger nehme, aber die Motivation lässt sich in dieser Szenerie unmöglich abschütteln. Ich freue mich, dass wir auch diesen Gipfel erreichen.

Nach einem halb freihängenden Abseiler sind wir retour im Col de la Grande Rocheuse. Die wenigen Schritte hinüber auf die Aiguille Verte sind atemberaubend und abgrundtief zugleich. Schmal schlängelt sich der Firngrat auf ihren höchsten Punkt zu. Dort gibt's eine feste Umarmung, und für einen kurzen Augenblick steht hier oben die Zeit still, so geborgen und sicher fühle ich mich in den Armen von Andi. Der Blick schweift in alle Himmelsrichtungen, bald jedoch wieder zurück ins Whymper Couloir. Wir wollen es verlassen haben, ehe die Sonne als Weichspüler einwirkt und die Steine rumpeln lässt. Eine Zweierseilschaft überholen wir beim zweiten von vielen Abseilmanövern. Schnelligkeit heißt in diesem Fall Sicherheit.

Gut, dass es beim Einstieg ins Whymper Couloir stockfinster war: Das Couloir sieht aus, als hätte es einen Bombenanschlag erlebt. Umso besser ist unser Gefühl, als wir wieder sicheren Boden unter den Füßen haben. Um elf Uhr sind wir zurück bei der Couverclehütte. Ob wir nun wirklich »bessere Bergler« geworden sind als vorher oder nicht einfach dieselben Bergsteiger geblieben sind, das bleibt aber fraglich.

Unser Urlaub und das schöne Wetter sind noch nicht vorbei. Welch hervorragende Kombination! Wir brechen zu einer Tour auf, die Andi schon lange im Kopf hat. Vom Tal aus wollen wir den Mont Blanc besuchen, und zwar über die malerischste Linie, die ein Leonardo Da Vinci oder Pablo Picasso nicht schöner in die Landschaft hätte zeichnen können. Dômes de Miage, Aiguille de Bionnassay und Dôme du Goûter lauten die Zwischenziele auf dem weiten Weg zum Mont Blanc. »Traversée Royal« sagen die Insider zu dieser Tour. Wir sollten nicht enttäuscht werden. Drei Tage bei kaiserlichem Wetter nehmen wir uns Zeit für diese königliche Überschreitung.

Traversée Royal

Les Contamines-Montjoie, Mont-Blanc-Gruppe

Vom Refuge des Conscrits über die Dômes de Miage zur Durierhütte und über die Aiguille de Bionnassay (4052 m) auf den Dôme du Goûter (4304 m) und Mont Blanc, im Juli 2016 mit Andi

Eine königliche, nicht allzu schwierige Überschreitung auf den Mont Blanc, ehrlich erarbeitet vom Tal.

Von Saint-Gervais-les-Bains starten wir spät nachmittags zur modernisierten Conscritshütte – erst über hochgewachsene Wiesen und rauschende Bäche, vorbei an edlen Steinböcken in ein immer unwirtlicheres Gletscherbecken. Wieder früh morgens (also mitten in der Nacht) geht's im Gänsemarsch mit vielen anderen Bergsteigern über die scharf gezeichneten Grate der Dômes de Miage. Andis Fotografenherz schlägt höher bei dieser Kombination aus sattem Grün im Tal und glänzendem Weiß auf dem Grat.

Um zehn Uhr am Vormittag kommen wir bei der Durierhütte an und wundern uns: Dieser kleine viereckige Kasten ist eine

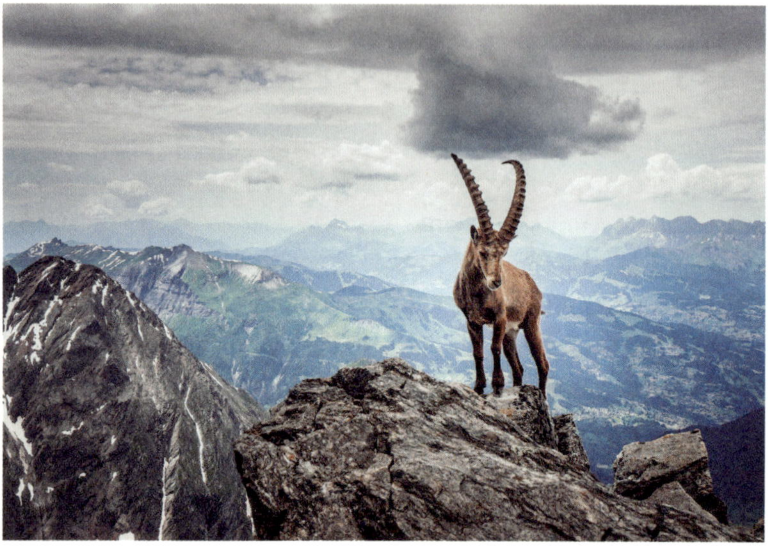

Ein majestätischer Wegbegleiter …

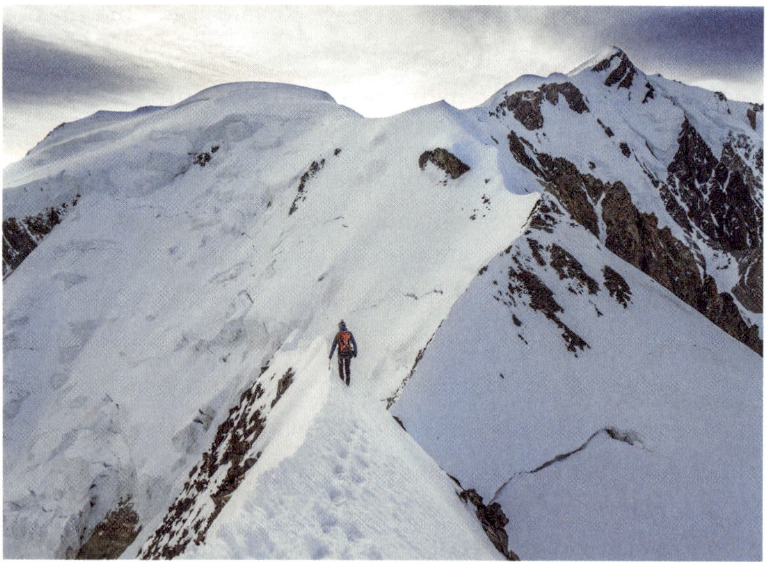

… auf der Traversée Royale, der königlichen Überschreitung.

bewirtschaftete Hütte? Hier sollen Zimmer, Küche, Betten, ein Wirt und wir Platz finden? Hätten wir vielleicht doch mehr Jause einpacken sollen? Spätestens, als uns Madame Davoine freundlich begrüßt, werden unsere Befürchtungen zerstreut. Manon Navillod Davoine, geschätzt Anfang dreißig, verbringt den Chamonix-Sommer (also drei Monate) alleine hier in diesem abgelegenen Winkel des Mont Blanc und wirkt keineswegs verloren. Sie verpflegt alle Bergsteiger, die auf den zwölf Lagerbetten Platz finden wollen. Sie selbst hat im hintersten Eck nur eine halbe Matratze zum Schlafen, falls sie überhaupt dazukommt. Wann sie sich ausruht? »Wenn das Wetter schlecht ist.« Das kann in dieser Hochgebirgswelt tagelang so sein, da kann's passieren, dass zwei Wochen lang keine Menschenseele zu ihrer Hütte kommt. Bei Hochbetrieb schläft sie aber keine zwei Stunden am Tag. Schon vormittags kommen die ersten Gäste. Sie wollen verpflegt werden mit Spaghetti Carbonara und frischem, köstlichem Kuchen. Sie bäckt sogar das Brot selbst. Der Duft der Backwaren legt sich zart über den typischen Hüttengeruch. Davoine zaubert aus allem, was hier oben längere Zeit haltbar ist, etwas Frisches. Der Hubschrauber kommt zweimal in der Saison mit Lebensmitteln. Einmal zu Beginn und einmal mittendrin für Nachschub. Große Laibe Käse lagern unter den Holzbrettern, auf denen die Matratzen liegen. Dort bleiben sie kühl.

Der Bewegungsradius der Wirtin ist minimal. In weniger als fünfzig Metern Entfernung von ihrer Hütte stürzen links und rechts zerrissene Gletscherflanken in den Abgrund. Vorne und hinten geht's auf steilen Graten aufwärts. Im Freien steht das ungustiöse Plumpsklo. Belüftet wird es meistens von einem eisigen Aufwind. Mit einem spitzbübischen Lächeln bittet sie uns eines: »Wenn ihr nicht auf das WC wollt, geht bitte nach Italien.«

Den Schnee auf der französischen Seite kocht sie nämlich zu Trinkwasser auf.

An dem einzigen Holztisch mitten im Schlaf- und Esszimmer haben nur acht Leute Platz, rundherum sind die Matratzen zweistöckig angeordnet. Die Hütte ist heute überfüllt, und wir essen im Schichtbetrieb. Weil wir zuerst auf der Hütte angekommen sind, dürfen wir auch in der ersten Gruppe zu Abend essen und frühstücken. Das teilt die Wirtin ein und verfolgt damit einen Schachzug: Jene, die bis hierher schon schnell gewesen sind, sind es erfahrungsgemäß auch auf dem Weiterweg. Sie möchte einen Stau vor der felsigen Schlüsselstelle der Aiguille de Bionnassay vermeiden. Also lässt sie die vermeintlich Schnelleren voran, für die sich auch noch der Gipfel des Mont Blancs ausgehen könnte. Um zwei Uhr früh steht Manon Navillod Davoine schon wieder mit der Stirnlampe in ihrer drei Quadratmeter großen Küche und bereitet alles vor. Eine halbe Stunde später ist von der selbstgemachten Marmelade bis zum frischen Brot alles aufgetischt und schmeckt hervorragend.

Schritt für Schritt verblasst der kleine Lichtpunkt der Durierhütte. Noch im Dunkeln meistern wir die felsige Schlüsselstelle: Drei Seillängen geht's gesichert durch Kamine, über Steilstufen und kombiniertes Bruchgelände. Über einer Firnflanke geht die Sonne auf. Bald stehen wir auf dem Gipfel der Aiguille de Bionnassay. Ein schneller Kuss. Es wird wieder spannend, denn die malerische messerscharfe Linie setzt sich fort. Der lange Grat zum Dôme du Goûter ist an einigen Stellen

so SCHMAL, dass nicht einmal beide Füße nebeneinander PLATZ haben.

Wir balancieren Schritt für Schritt auf einem der schönsten Firngrate der Alpen in Richtung Dôme du Goûter. Es ist erst acht Uhr vormittags, als wir auf dem Flachsten aller Viertausendergipfel stehen. Ein entspannter Kuss. Wir haben noch genügend Zeit und Kraft, um die 550 Höhenmeter auf den Mont Blanc anzuhängen. Es soll Andis erster Besuch auf dem höchsten Gipfel der Alpen werden.

Die Spur Hunderter Vorgänger der letzten Tage könnte besser nicht sein – wie auf Schienen steuern wir auf dem Bossesgrat dem Himmel entgegen. Eingelegt haben wir trotzdem nur den ersten Gang, denn schnell geht in dieser Höhe gar nichts mehr. Dem Gegenverkehr weichen wir in die zweite oder dritte Spur aus und können unser Glück kaum fassen, als wir schließlich mutterseelenalleine auf dem Mont Blanc stehen dürfen, auf dem zuvor noch Rush Hour geherrscht hat mit bestimmt mehr als 200 Bergsteigern alleine an diesem Tag. Unglaublich. Nichts liegt noch höher in diesem Moment – soweit das Auge reicht. Glücklich und zufrieden sitzen wir hier eine halbe Stunde lang Seite an Seite, dankbar, dass wir nicht nur das Seil, sondern auch die Erinnerungen miteinander teilen dürfen.

»Um an die Quelle zu kommen,
muss man gegen den Strom schwimmen«

Konfuzius

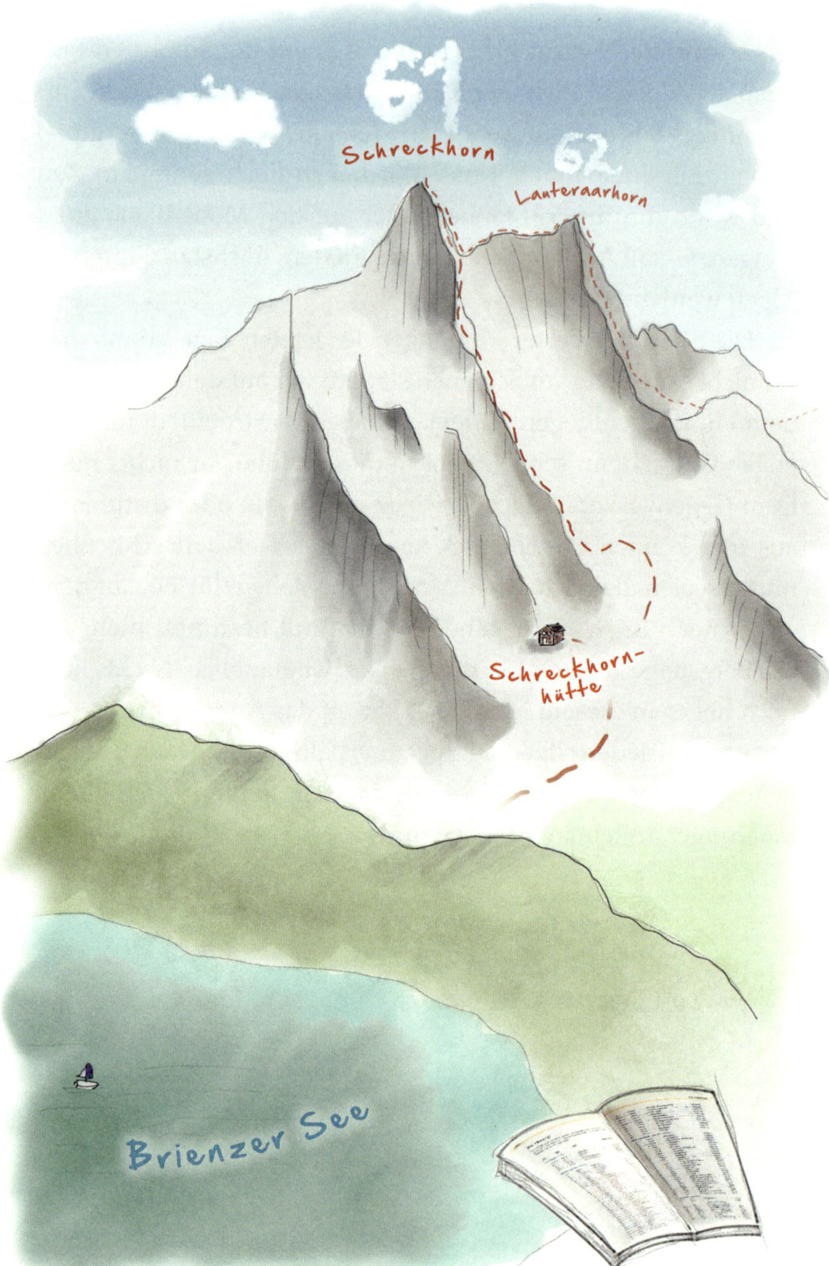
61
Schreckhorn
62
Lauteraarhorn
Schreckhorn-
hütte
Brienzer See

Zum Ziel: Alle 82 Viertausender

SCHRECKHORN, LAUTERAARHORN

Noch so weit? Will dieser Grat kein Ende nehmen? Schreck lass nach. Die Zeit läuft uns davon. Nennt man das ausgleichende Gerechtigkeit? Die Tour zum Eingehen auf dem Weg in die Westalpen, die Grundschartner-Nordkante im Zillertal, ist uns fast zu kurz geraten, da haben wir am Gipfel noch gescherzt: Wie, das war's schon? Zwei Tage später ist in der Schweiz auf dem Grat vom Schreckhorn zum Lauteraarhorn kein Ende in Sicht. Hinter jedem Zacken noch ein Zacken, da geht's runter, dort geht's rüber, hier mal links, dort mal rechts. Man sieht den Grat vor lauter Türmchen nicht mehr. Was für eine Überschreitung! Hoffentlich keine der eigenen Grenzen. Dranbleiben. Weiterklettern. Die

Schreckhorn, 4078 Meter
Grindelwald, Berner Alpen
Überschreitung vom Schreckhorn über die Lauteraarhorn-Türme zum Lauteraarhorn (4042 m) und Abstieg zum Grimselpass, mit Andi im August 2015
Ein scharfer Grat-Kilometer an der Viertausender-Grenze über zwei imposante Schweizer Gipfel.

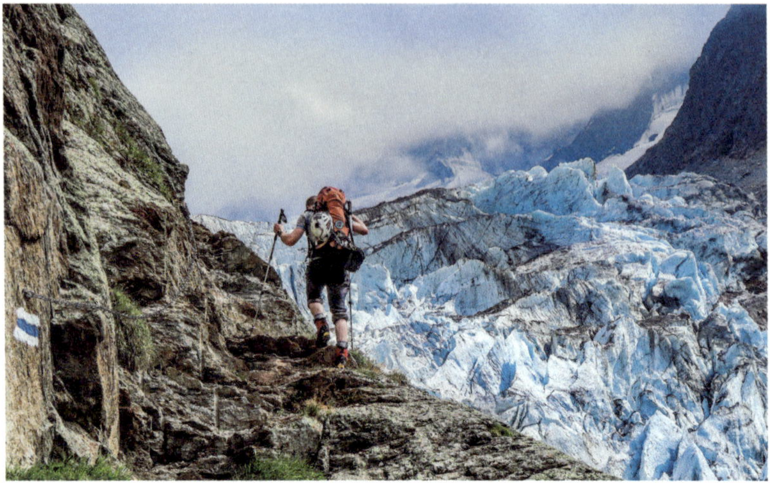

Eindrucksvolles Eismeer unterhalb der Schreckhornhütte.

Konzentration nicht verlieren. »Wir schaffen das, selbst wenn wir erst mitten in der Nacht ins Biwak kommen«, sage ich zu Andi.

Am Tag zuvor sind wir bereits um 20:30 Uhr auf den Matratzen in der Schreckhornhütte gelegen und haben unsere Augen geschlossen. Die gute Nachricht: Wir haben keinen Wecker stellen müssen. Die schlechte Nachricht: Der Hüttenwirt hat uns eineinhalb Stunden nach Mitternacht geweckt. Nur langsam schäle ich mich aus den kratzigen Laken, mühsam kriege ich im Bett die Kontaktlinsen auf meine Augäpfel. Kurz nach zwei Uhr früh sind meine neuen Bergschuhe geschnürt. Sie haben gestern beim Eingehen auf dem langen und wunderschönen Zustieg zur Schreckhornhütte einer Zehe und der Ferse eine Blase beschert. Meine alten Schuhe sind schon so durchgetreten gewesen, mit denen wollte ich keine so lange Tour mehr gehen. So habe ich mir vor unserer Abreise, samstags um fünf vor zwölf, ein neues Paar gekauft. Das hat doch wie angegossen gepasst! Mit nagelneuen Schuhen eine der größten Grattouren in den Westalpen anzugehen, ist vielleicht trotzdem keine besonders schlaue Idee gewesen.

Die Motivation ist nach wenigen Schritten wieder da, die Blasen sind vergessen. Die ersten eintausend Höhenmeter des Tages werden uns nicht geschenkt. Steil geht's über Gletscher, Schutt und Schotter die sogenannte Gaag hinauf. Vier andere Seilschaften helfen dabei, die unkenntlichen Pfadspuren und Steinmänner in der Finsternis auszukundschaften. Am besten funktioniert bei mir in diesem Gelände diese Taktik: Ich knipse alle Gedanken aus, so wie es diese stockdunkle Nacht mit dem Licht macht, und lasse mich voll und ganz auf das Suchen des Weges und auf das Gehen ein. Die Erde dreht sich inzwischen weiter, und langsam wird es hell. Gerade rechtzeitig hier an der Randkluft. Der Gletscher hat am Übergang zum Felsen ein tiefes Loch aufgerissen. Ein Bergführer hat mit seinem Gast soeben diese Schlüsselstelle gemeistert. Ein Nachfolger rutscht zum x-ten Mal an diesem senkrechten Aufschwung ab, unter dem es eisig abbricht. »Da muss es doch Alternativen geben«, sage ich zu Andi. Weiter links über schmale Schneebrücken hinweg scheint ein Aufschwung möglich zu sein. Wir schaffen es darüber hinweg, während die anderen noch immer an derselben Stelle herumdoktern. Eine andere Seilschaft folgt uns und bedankt sich fürs Auskundschaften der Linie. Bald sind wir am Felsen, und die Klettergaudi beginnt. Immer zum Anhalten, aber nie zum Fürchten geht's im festen Felsen auf dem Südwestgrat aufwärts. Dass wir es mit der Akklimatisation wieder nicht so genau genommen haben, spüren wir allmählich.

Um neun Uhr dürfen wir endlich durchatmen – auf dem Gipfel des Schreckhorns. Mit den Worten »langsam, aber sicher«

klatscht die italienische Seilschaft mit uns ab. Wir stellen uns die wichtigste Frage des Tages. Nicht: Schokolade oder Speckbrot? Sondern: Gehen wir weiter – oder wieder hinunter? Die Verlockung ist groß, die Jause auszupacken und noch eine Weile hocken zu bleiben an diesem wilden Flecken. Bis auf das Horn mit dem schrecklichen Namen waren es bereits 1500 Höhenmeter in einem Gelände, in dem man lieber keinen Schritt falsch setzt, weil es sonst der letzte gewesen sein könnte. Nicht alle Tage ist man in so direkter Nachbarschaft mit dem Eiger und dem Finsteraarhorn. Was jetzt noch vor uns liegt, flößt uns Respekt ein: Einen Kilometer lang und oft nur wenige Zentimeter breit ist der Felsgrat, der sich immer um die Viertausendergrenze bewegt und die beiden abgelegenen Viertausender im Berner Oberland miteinander verbindet: das Schreckhorn mit dem Lauteraarhorn. An diese gewaltige Klettertour über die Lauteraarhorntürme kann man sich nur an wenigen Tagen im Jahr heranwagen. Wir haben trockenen Felsen, ein perfektes Wetterfenster – nur unsere Körper spüren in dieser Höhe, dass alles nur noch langsam und anstrengend vorangeht. Aber die Verlockung ist größer.

Voller Tatendrang beißen wir vom Müsliriegel ab und packen es an. Erst klettern und seilen wir uns in den Schrecksattel ab, so lange, bis die Zacken immer zackiger werden. Hin und wieder gibt es eine Stelle im vierten Grad, bei der sich ein seilfreies Fortbewegen nicht mehr so gut anfühlt. Mit dem Sichern läuft alles noch langsamer ab.

Schon oft haben wir festgestellt, dass die Schwierigkeiten auf hochalpinen Touren anders bewertet sind als in Klettergärten. Sie sind nicht zu vergleichen. Diese Viererstellen sind sehr anspruchsvoll, sogar kleine Überhänge wollen bezwungen werden – in einem Klettergarten müssten wir uns nicht einmal anstren-

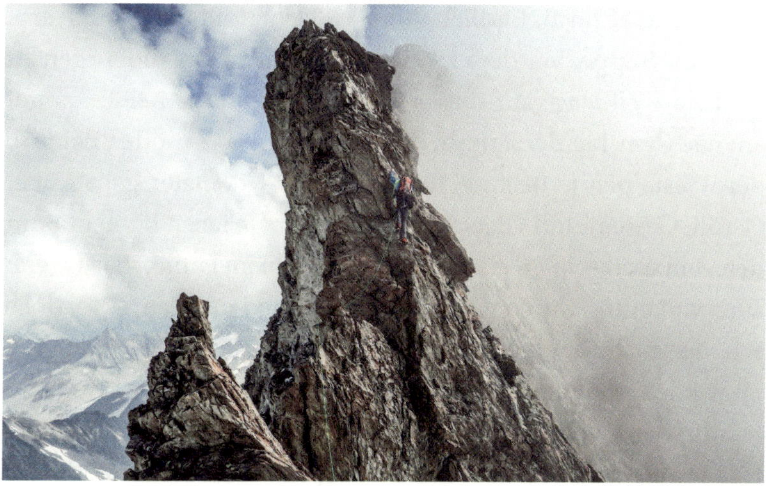

Ein scharfer Gratkilometer auf 4000 Metern vom Schreck- zum Lauteraarhorn.

gen dafür. Nicht wundern, sondern klettern! Ich fühle mich so ausgesetzt wie Efeu auf einer Hauswand. Mein Körper baumelt in der Luft, meine Hände und Beine würden am Grat oder versetzt darunter lieber Wurzeln schlagen. Wir klettern immer direkt an der Kante entlang. Es nimmt kein Ende. Zwischen 17:00 und 18:00 Uhr – wir haben unser Zeitgefühl längst verloren – schreiben wir uns ins Gipfelbuch am Lauteraarhorn. Der Abstieg ist noch einmal ein Kapitel für sich. Wir wissen, dass der normale Weg, das Südcouloir, wegen des trockenen Sommers keinen Schnee, sondern nur noch Schotter trägt. Es wird also umso herausfordernder, den Weg zu finden. Unser Ziel: Sämtliche Schlüsselstellen im Abstieg bis zum Aarbiwak noch bei Tageslicht zu meistern. Erneut klettern wir mehr als eintausend Höhenmeter konzentriert ab und suchen uns einen halbwegs gangbaren Weg zum Strahlegggletscher hinunter. Wir atmen auf, das Absturzgelände noch vor der Dämmerung gemeistert zu haben, mühsam bleibt es aber noch. Endlich, um 23:00 Uhr, löffeln wir im Aarbiwak eine Suppe. Vor dem zweiten Gang fallen uns die Augen zu.

Und weil *lange* auf dieser Tour wirklich *lange* heißt, kommt am nächsten Tag der längste Abstieg, den unsere müden Beine in den Westalpen je (er)tragen mussten: 19 Kilometer geht's über Geröll, Gestein und Gletscherreste bergab. »Sieben bis acht Stunden vom Grimselpass zum Aarbiwak«, steht im Führer. Bei unserer Tourenplanung waren wir frohen Mutes und dachten, es sei doch schöner, nicht den normalen Weg zurück zur Schreckhornhütte zu wählen, sondern dem Strahlegggletscher zu folgen. Meine romantischen Gedanken an strahlend weißes Gletschereis sind spätestens hier zerstört worden. Hier liegt loses Geröll auf noch loserem Gestein, von Weiß ist nichts zu sehen – und dazwischen müssen wir aufpassen, nicht auf Geschosse und Blindgänger zu tapsen. Der Boden ist übersät mit Militär-Munition. Vielleicht rechnet die Schweizer Armee nicht damit, dass auf diesem Gletscher wirklich jemand unterwegs ist und hat ihn deswegen als Übungsgelände auserkoren. Im Aarbiwak finden wir eine Info-Tafel, auf der angeschlagen ist, wann man den Gletscher nicht betreten darf. Wir hatten das nicht gewusst und uns gefragt, was wir gemacht hätten, wenn hier tatsächlich geschossen worden wäre.

Immerhin ist es eine Ablenkung auf diesem weiten Weg. Noch nie ist mir ein Abstieg so schwergefallen – auch meinen Knien nicht. Sie schmerzen bei jedem Schritt. Der Gedanke daran, die Beine auf einer Sonnenterrasse hochlagern zu können, ist der einzige Antrieb, warum ich noch einen Schritt vor den anderen setze. Der lange Hatscher entlang des Grimselsees gibt uns den letzten Rest. Da kommt der Eiskaffee im Grimselhospiz wie gerufen.

Wir haben Glück, dass uns ein Schweizer Bergsteiger in seinem Bus bis nach Interlaken mitnimmt. Von dort noch ein Auto-

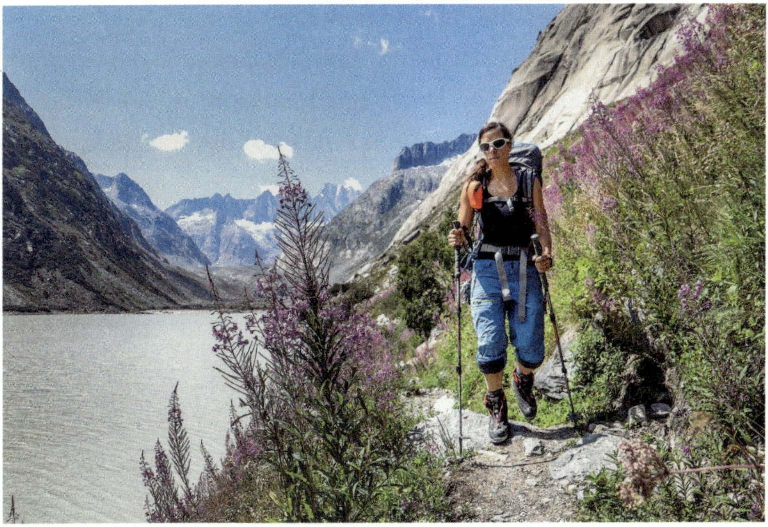

Am Ende: Beim Grimselstausee geht's zurück in die Vegetation und Zivilisation.

stopp und wir gelangen zurück zu unserem Auto in Grindelwald. Welche Wohltat, aus den Bergschuhen schlüpfen zu können. Ein Dosenradler rinnt die ausgetrocknete Kehle hinunter. Nach diesem Abenteuer denke ich ausnahmsweise einmal nicht gleich an die nächste Tour. Wir fahren an den Brienzer See zum Campingplatz. Ausspannen. Relaxen. Lesen. Fühlt sich doch richtig nach Sommerurlaub an!

Die sportlichste Herausforderung des nächsten Tages besteht in einer Runde Stand Up Paddeln. Ganz lustig, aber die Gipfel der Berge sind uns doch lieber als die Wellen des Wassers. Wir liegen am Ufer, und Andi fragt mich beiläufig:

»Auf WIE VIELEN Viertausendern warst du jetzt eigentlich SCHON?«

Ich zucke mit den Schultern, habe keine Ahnung, weil ich nie mitgezählt oder mitgeschrieben hatte. Ich nehme den kleinen Viertausender-Führer zur Hand und markiere meine erfolgreichen Touren. Ich rechne hoch und bin selbst überrascht von meiner Antwort: 62!

62? Auf so vielen Viertausendern bin ich schon gestanden? Hier erst wird mir bewusst, dass ich in den vergangenen vier Jahren schon eine Menge gesammelt hatte – alle in meinen Urlaubstagen neben meinem Fulltime-Job.

»NA, WARUM DANN NICHT ALLE!?«,

frage ich mich laut und grinse. Da sind ja nur noch zwanzig übrig! Ich lese ihre Namen – von manchen Gipfeln habe ich noch nie etwas gehört: Punta Giordani, Pic Luigi Amedeo, Punta Baretti zum Beispiel. Andi, der für sich knapp halb so viele Viertausender-Besteigungen zählt, lächelt zurück. Auch wenn es für ihn keinen Reiz hat und somit kein Ziel ist, alle Viertausender zu besteigen, signalisiert er mir, dass er mich auf den verbleibenden Touren gerne begleiten würde. Denn übrig waren noch richtig spannende Ziele.

»Sorge dafür, dass du im Alter
mehr Erinnerungen hast als Träume.«

Anonymer Verfasser

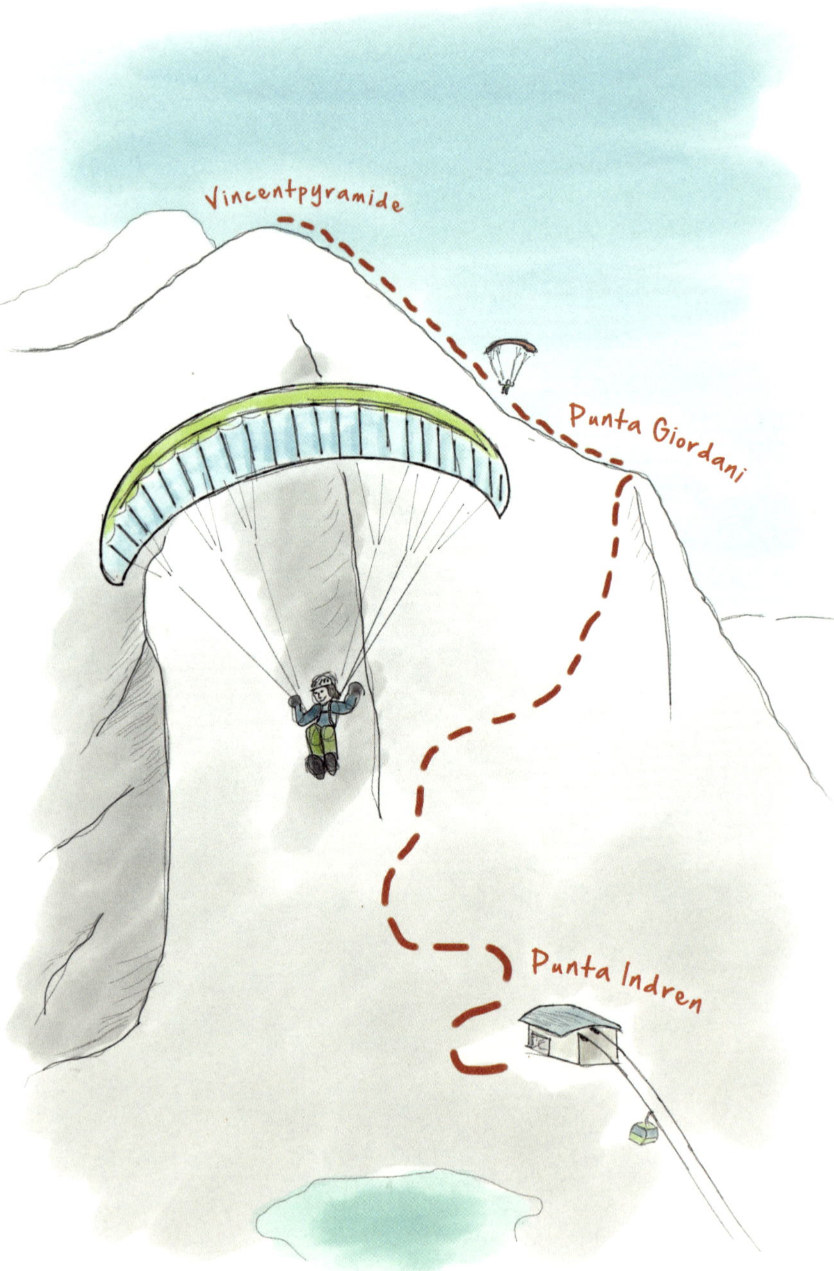
Vincentpyramide
Punta Giordani
Punta Indren

Ein Viertausender, der wie im Flug vergeht

PUNTA GIORDANI, VINCENTPYRAMIDE

Bei manchen Viertausendern wundere ich mich, weshalb sie der Bergsport-Weltverband überhaupt in seine Liste der Viertausender aufgenommen hat. Erstens sind manche nur unscheinbare und uninteressante Erhebungen in der Gletscherlandschaft – und zweitens erfüllen sie nicht einmal die Mindestanforderung mit einer Schartenhöhe von dreißig Metern.[9] Die Punta Giordani ist der größte Fragezeichen-Viertausender. Dieses klitzekleine Gipfelchen ist nur eine mickrige Felsinsel in der Verlängerung der Vincentpyramide, mehr eine Warze an ihrer Schulter. Schartenhöhe? Je nach Schneelage ein bis fünf Meter. Da es nun mein Ziel war, alle 82 offiziellen Viertausender zu besuchen, will auch dieses Hügerl erstiegen werden. Ich möchte die verbleibenden Viertausender aber nicht reihum schnell abklappern, damit ich sie in der Liste rasch abhaken kann. Der Weg bleibt mein Ziel.

[9] Um nach UIAA-Liste offiziell ein 4000er zu sein, reicht es nicht, einfach 4000 Meter zu übersteigen. Es gibt drei Kriterien: eine Schartenhöhe von mindestens dreißig Metern, eine interessante Morphologie (also eine schöne Form) und eine spannende Besteigungsgeschichte. Siehe auch Seite 255, Kapitel »Was ist ein Viertausender?«

Punta Giordani, 4046 Meter

Gressoney-La-Trinité, Monte-Rosa-Gruppe, Walliser Alpen, Italien

Aufstieg über den Normalweg von der Seilbahnstation Punta Indren, weiter über den Südostgrat auf die Vincentpyramide (4215 m) und Abflug mit dem Gleitschirm, im August 2016 mit Andi.

Der kurioseste Viertausender, der nur eine kleine Erhebung an der Schulter der Vincentpyramide darstellt.

Wir sitzen im italienischen Bergdorf Gressoney-La-Trinité und haben eine zündende Idee: Wir klettern von der Punta Giordani weiter zur Vincentpyramide. Und von dort fliegen wir mit unserem Gleitschirm am nächsten Morgen zurück ins Tal.

Fliegen? Dazu muss ich kurz ausholen. Wer akute Höhenangst hat, der darf gleich ein paar Zeilen überspringen und im nächsten Kapitel weiterlesen. Für alle anderen gehe ich ein paar Schritte und Monate zurück. Den großen Traum vom Fliegen habe ich eigentlich nie gehabt. Das Gleitschirmfliegen hat sich nebenbei eingeschlichen. Das Bergsteigen ist stets so erfüllend für mich gewesen, dass mir gar nichts anderes in den Sinn gekommen ist. Aber – wie es so ist mit so coolen Dingen – habe ich doch Wind davon bekommen, wie eindrucksvoll und horizonterweiternd es wohl ist, wenn der Gipfel nicht den Höhepunkt einer Tour darstellt. Schuld daran ist zu allererst mein Chef Christoph gewesen. Er hat in der Sportredaktion seinen Workflow, sofern möglich, nach den Westwindphasen im nächstgelegenen Fluggebiet ausgerichtet.

Und dann hat mein Landweg immer wieder die Flugbahnen von anderen Paragleitern gekreuzt. Andi, mein Lebenspartner, fliegt schon seit einigen Jahren. Immer, wenn ich von einem Berg alleine hinuntergegangen bin und ihm nachgeschaut habe, wie er nach wenigen Schritten schwerelos dem Talboden entgegengeschwebt ist, war ich beeindruckt – und ab und zu auch beleidigt. Alleine wieder hinuntergehen zu müssen, hat mich manchmal richtig genervt. Trotzdem wollte ich anfangs, dass das Fliegen Andis Sache bleibe. Als ich 2015 den Paragleit-Profi Paul Guschlbauer beim Red Bull X-Alps – einem Paragleitrennen quer über die Alpen von Salzburg bis nach Monaco – im Team begleitete, da holte mich diese traumhafte Vorstellung aber doch ein. Wie genial musste es sein, von den hohen Bergen oder nach langen Klettertouren ins Tal zu fliegen – und nicht absteigen zu müssen? Was mich noch bremste, war die nötige Zeit, die ich zum Lernen aufwenden müsste – die Ausbildung ist ungefähr so aufwendig und kostspielig wie jene für den PKW-Führerschein. Das würde meine Zeit zum Bergsteigen und Klettern beschneiden! Also lieber doch warten, bis eines Tages im höheren Alter die Knie kaputt sein würden und Fliegen die einzige Alternative wäre. Das Bergabgehen bereitete mir jedoch früher als befürchtet große Probleme, ein Bänderriss im Sprunggelenk bremste mich. Durch ein schmerzhaftes Umknicken beim Badminton-Spielen hatte ich mir die Seitenbänder vor einigen Jahren schon einmal beleidigt, diesmal hörte ich es erneut Reißen beim Abstieg von einer frühwinterlichen Begehung der Hochalmspitze. Oberhalb der Gießenerhütte glaubte ich, über eine vereiste Stelle auf dem harmlosen Normalweg tänzeln zu können – bis es mir die Beine ausriss und ich schließlich einbeinig ins Tal humpelte.

Da stellte ich mir nun ernsthaft diese Fragen: War die Zeit fürs Fliegen jetzt gekommen? Wie schön und spannend war es, der Bergtour eine weitere Dimension hinzuzufügen? Und wie angenehm würde es sein, wenn ich mir das Hinuntergehen ersparte?

Die Antworten ließen keine zwei Wochen auf sich warten. Im Dezember 2015 gab mir Andi auf einem Übungshang einen kleinen Crashkurs. Er zeigte mir die wenigen Handgriffe, die man zum Starten und Landen wissen musste. Ich machte zwei Hopser mit seinem Gleitschirm, übersprang ein paar übliche Schritte und humpelte zwei Stunden später auf den Hausberg von Windischgarsten, den Kleinerberg. Weder vor der Matura noch vor dem ersten Kuss war ich so aufgeregt gewesen wie vor diesem Moment: vor meinem ersten Start. Ich vertraute Andi, mir selbst, den dünnen Leinen und dem kleinen Segeltuch. Minutenlang ging ich auf dem Startplatz in mich, wiederholte in Gedanken das soeben Gelernte, zupfte an den Leinen, machte schnelle Schritte, flog wie ein Vogel und landete mit Bravour. Das Adrenalin wich sekundenschnell den Endorphinen. Ich bin tatsächlich geflogen! Das Lächeln blieb den Rest der Woche in meinem Gesicht. Die Ausbildung und den Paragleitschein holte ich ein wenig später natürlich in einer Flugschule nach.[10]

Meine Vorstellung vom Fliegen von einem Viertausender war dann aber folgendermaßen: Wer von einem hohen Gipfel mit dem Gleitschirm starten möchte, der muss mindestens jahrelange Erfahrung mitbringen, bei dem muss alles hundertprozentig aufgehen, und das muss von langer Hand geplant sein. Ja, so hatte ich gedacht – bis zu jenem Augusttag im Aostatal. Kein Jahr nach meinem Jungfernflug erfüllte sich auf der Vincentpyramide dieser Traum, von dem ich noch gar nicht zu träumen gewagt hatte – ein Viertausender, der wie im Flug vergeht.

Dabei hatte dieser Westalpen-Urlaub im Jahr 2016 auch ohne Flugzeug mit einem regelrechten Höhenflug begonnen: mit der Grandes-Jorasses-Überschreitung. Dank übriger Urlaubstage (durch meine neu errungene Teilzeitarbeit hatte ich zumindest nicht mehr permanent das Gefühl, zu wenig Zeit für alle meine

10 Bitte nicht nachmachen! Der Weg zum Fliegen geht normalerweise in dieser Reihenfolge: Flugschule, Übungshang, theoretische Ausbildung, erste Höhenflüge mit Fluglehrer und Funk, insgesamt vierzig Höhenflüge im Fluggebiet, Prüfung und erst dann die ersten freien Flüge (nach österreichischem Flugrecht).

Ideen zu haben) durfte ich in dieser Woche bereits eine außergewöhnliche Gratkletterei jenseits der 4000-Meter-Marke unternehmen. Mit meinem Schweizer Bergfreund Christian kletterte ich über die schneidigen Gipfel der Jorasses. Andi musste noch in seinem Büro als technischer Angestellter für persönliche Schutzausrüstung arbeiten und ließ mich alleine ziehen – ohne auch nur ein negatives Wort fallen zu lassen. Er ließ mir diese Freiheit, das wusste ich sehr zu schätzen, denn diese Gratwanderung über die sechs Höhepunkte der Grandes Jorasses hätte ihn selbst auch sehr gereizt. Nach vier gemeinsamen Bergtagen musste Christian wieder zurück in die Arbeit – und Andi rückte direkt vom Bürosessel in Oberösterreich in den Westen zu mir nach.

Andi und ich treffen uns im italienischen Aostatal und haben ein ganz großes Urlaubsziel: den Peutereygrat auf den Mont Blanc. Der Himmel ist wolkenlos und das Kaiserwetter soll auch so bleiben. Schlau ist es aber nicht, direkt vom Flachland einen der schärfsten und längsten Grate der Alpen anzugehen. Ich mache einen Vorschlag zur besseren Akklimatisierung für Andi: Verbringen wir noch eine Biwaknacht knapp über der Viertausendermarke. Wir könnten von Gressoney mit Hilfe der Seilbahn die Punta Giordani besteigen (Dieser Viertausender fehlt mir doch zufällig noch!) und weiter auf die Vincentpyramide klettern. Zwei einfache Viertausender, eine doppelte Freude.

Andi: »Und was, wenn wir unsere UFOs[11] mitnehmen? Können wir dort oben starten?«

Mein Bauch fängt wie verrückt zu kribbeln an. Ich liebe diesen Einwurf! Diese Frage stellt sich seit ein paar Monaten immer

[11] UFO ist der Name eines Gleitschirms und steht für ultraleichtes Flugobjekt.

wieder vor unseren Bergtouren. Ich muss nur daran denken, wie ich meine Gleitschirmleinen auf dem Gletscher sortiere, den Wind in meinem Gesicht spüre – und schon schlägt die Aufregung in meiner Magengegend Saltos. »Ja! Das können wir!«

Drei Jahre zuvor habe ich mit Gregor und Patrick einige Gipfel im Monte-Rosa-Gebiet mit Skiern besucht. Daher ist mir auch die Vincentpyramide bekannt. Sie ist ein flacher Rücken, der erst nach einigen Metern steiler abfällt und je nach Wind den Start in alle Himmelsrichtungen offenlässt. Radfahrer mögen Rückenwind, Paragleiter hingegen den Gegenwind. Nur bei (nicht zu starkem) Wind von vorne öffnet sich der Schirm leicht, füllt sich mit Luft, und man hebt schnell ab. Die Vincentpyramide und der Sattel in Richtung Balmenhorn sind zum Starten bestens geeignet. Selbst als Anfängerin kann ich mir das zutrauen. Hui, mein Magen kann sogar doppelte Rittberger!

Wir aktivieren das Roaming auf unseren Handys und laden den Wetterbericht. Genau das wollten wir lesen: Es wird wenig Wind prognostiziert, und die Richtung passt auch. Bleibt noch eine wesentliche Frage offen: Wo könnten wir landen? Wir blicken aus dem Fenster unseres Campingbusses. Neben dem Parkplatz der Seilbahn zwischen Nadelbäumen, Häusern und den Liftleitungen ist eine Wiese frei. Bei wenig Talwind sollte er ausreichen für ein punktgenaues Landemanöver. Mein Bauchkribbeln intensiviert sich. Klappe – und Action!

Wir packen unsere UFOs mit einer Portion Optimismus in den Rucksack. In den vergangenen Jahren haben sich die Gleitschirme rasant weiterentwickelt. Sie sind leichter und sicherer geworden. Unsere abgespeckte Flugausrüstung wiegt keine drei Kilogramm und hat im Rucksack leicht Platz. Dieses zusätzliche Gewicht tragen wir beim Gedanken an den Abflug mit Leichtigkeit mit.

Am Anfang darf uns dennoch die Seilbahn unterstützen. Von der Bergstation Punta Indren marschieren wir 800 Höhenmeter über den Gletscher zur Punta Giordani und wundern uns, dass dies ein eigenständiger Viertausender sein soll. Keine drei Meter sind zu klettern auf den kleinen Gipfelaufbau. Darauf lässt zumindest eine große Madonnastatue die Punta Giordani etwas erhabener erscheinen. Schön ist es trotzdem hier. Und wer nicht gerne alleine unterwegs ist, findet fast immer viele Wegbegleiter. Heute sind wir mit zehn anderen Bergsteigern auf dieser kleinen Felsinsel gestrandet. Und hey: ein weiterer Viertausender für mich! Einsamer wird es, als wir über den Südostgrat in griffigem und luftigem Granit zur Vincentpyramide klettern. Auf 4215 Meter geht's nicht mehr weiter aufwärts.

Johann Vincent war auf der Suche nach Gold, als er im Jahre 1819 erstmals auf das Gipfelplateau der Vincentpyramide stapfte. Uns reizt im Gegensatz zum Erstbegeher eher das Weiß, das Grau und das Blau. Unter uns liegen in italienische Richtung Wolkenfetzen, die Gletscherflächen freigeben und dann in ein endloses Nebelmeer münden. Vor uns baut sich unter blauem Himmel und grellem Sonnenschein das Monte-Rosa-Massiv bis zu seinem höchsten Punkt, der Dufourspitze, auf. So sieht Freiheit auf über viertausend Metern aus. Da singt uns Reinhard Mey aus dem Herzen, als wir den Blick über die Wolken schweifen lassen.

Wo wollen wir denn heute übernachten? In der Scharte zwischen Vincentpyramide und Balmenhorn schaufeln wir eine ebene Fläche frei und schlagen unser Zelt auf. Während ich Schnee zu schmelzen beginne, unternimmt Andi einen Nachmittagsspaziergang auf das Balmenhorn. Nicht nur die dünne Luft, sondern insgesamt ein Dutzend Viertausender lassen

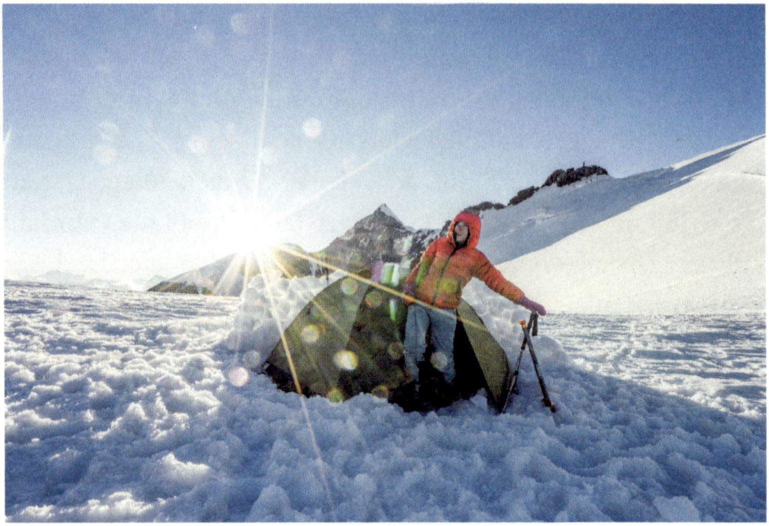

Ein wunderschöner Morgen auf über 4000 Metern.

das Sammlerherz in der Monte-Rosa-Gegend höherschlagen. »Spaghetti-Runde« nennt sich die beliebte Aneinanderreihung der Gipfel in diesem Gebiet, weil es zumindest früher in fast jeder Hütte Spaghetti zu essen gab. Auch für uns gibt es Pasta zum Abendessen – aus unserem Gaskocher im Zelt.

Nach dem Aufwachen in unseren warmen Schlafsäcken tritt das bestellte Wetter ohne Lieferverzögerung und Abweichungen ein: Wir bekommen viel Sonne, wenig Wind und angenehme, statt klirrendkalte Temperaturen. Ein Blick reicht und wir wissen beide: Das wird unser Tag! Etwas unterhalb des Gipfels der Vincentpyramide, auf 4150 Höhenmeter, breiten wir in nördlicher Richtung unsere Flügel auf dem Gletscherrücken aus. Die ersten gipfelstürmenden Frühaufsteher, die von der Gnifettihütte aufgebrochen sind, stapfen mit großen Augen an uns vorbei.

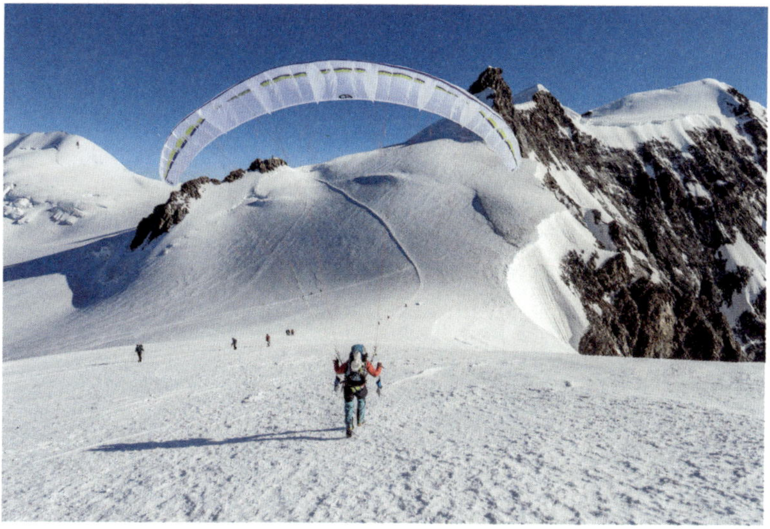

Nur Fliegen ist schöner.

Die Minuten vor einem Start bin ich manchmal furchtbar nervös, wie vor einer großen Prüfung. Mein Magen signalisiert mir, dass ich lieber noch einmal aufs Klo gehen sollte (also in die Natur – da grabe ich mir fernab des Weges ein Loch in den Gletscher und schütte es wieder zu). Dann hänge ich mich in die Tragegurte des Schirms ein. Die folgenden Minuten sind höchst intensiv. Ich blende rund um mich alles aus und verbinde mich mit dem Wind. Mein Körper ist dick eingemummt, aber ich spüre ihn auf meinen Wangen und der Nasenspitze. Erst links, etwas warten, dann rechts. Als der Wind meine Nasenspitze kitzelt und sanft von vorne kommt, laufe ich diesem leichten Lüftchen entgegen. Ich führe die Leinen in meinen Händen nach oben, renne so lange, bis ich einen Schritt ins Leere mache und mich der Gleitschirm in die Luft trägt. Alles wie immer. Nur viel intensiver. Nur an eines habe ich nicht gedacht: Der schwere

Rucksack mitsamt Zelt und Schlafsack zieht meinen Oberkörper stark nach hinten, die Bauchmuskeln müssen büßen.

Unmittelbar nach dem Start schwenke ich nach rechts über die Abbrüche hinaus. Ich kratze an der Gratkante zur Punta Giordani entlang, die wir am Vortag hinaufgeklettert sind. Aus der Vogelperspektive blicken wir auf unsere Gletscherroute, gleiten über das schlafende Skigebiet hinaus, das an diesem Sommertag grün, grau und braun ist. Ein paar blaue Bergseen glitzern im Morgenlicht. Wir sind bereits eine gute Viertelstunde in der Luft, unsere Augen staunen, die Bauchmuskeln brennen, bis wir in eines der engen Täler eintauchen. Etwa einen Kilometer unterhalb der Seilbahntalstation erspähen wir neben der Straße eine viel größere Wiese als das kleine Fleckerl neben dem Parkplatz – sie ist noch besser als Landeplatz geeignet. Der Talboden kommt sanfter unter unsere Beine als erwartet. Von 4100 auf 1600 Meter in nur zwanzig Minuten. Es ist neun Uhr vormittags. Entspannt (auch unsere Bauchmuskeln wieder) spazieren wir zurück zum Bus und brühen mit unserem Espressokocher Kaffee. Was könnte dieses Gefühl noch toppen? Wir fühlen uns bereit für den Peutereygrat, dem Grat der Alpengrate.

»Mit Menschen, die einen großen Vogel haben, kann man an ungewöhnliche Orte fliegen.«

Anonymer Verfasser

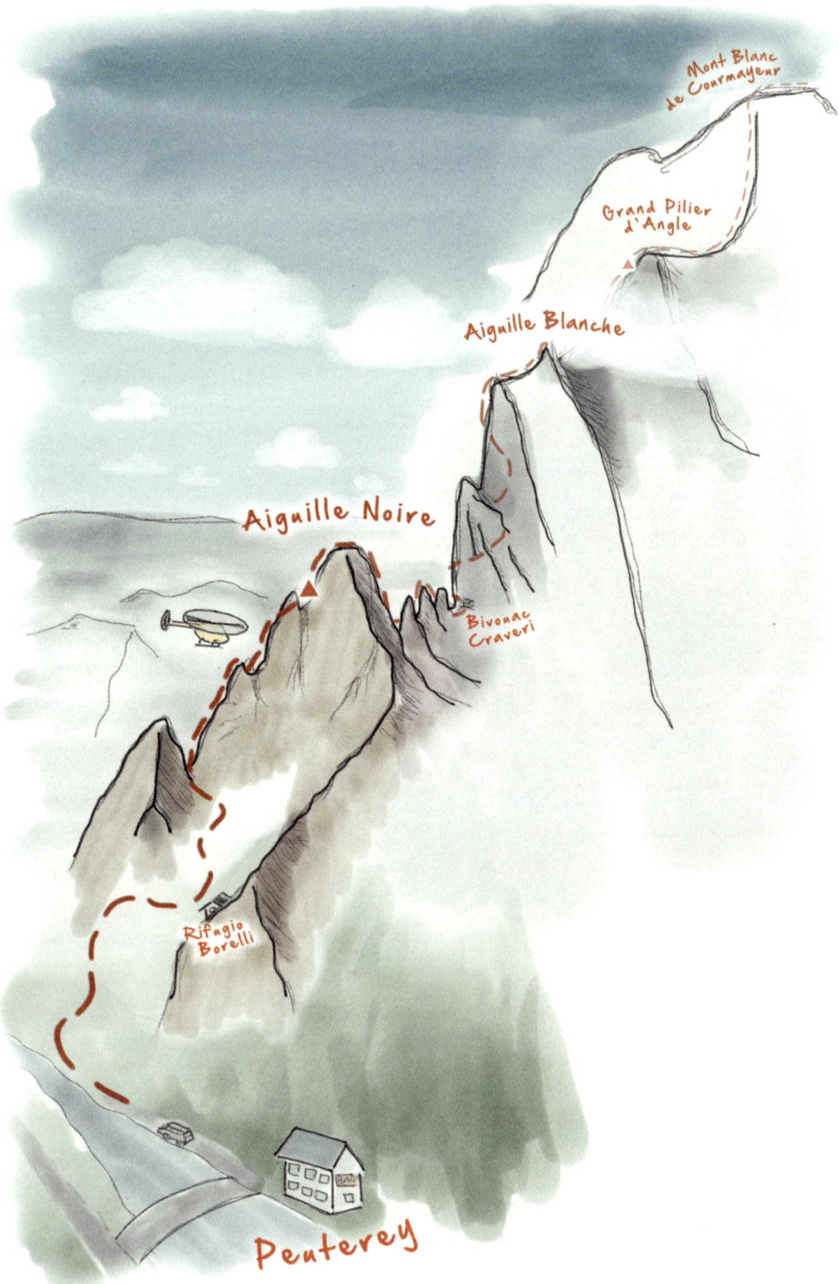
Mont Blanc
de Courmayeur
Grand Pilier
d'Angle
Aiguille Blanche
Aiguille Noire
Bivouac
Craveri
Rifugio
Borelli
Peuterey

Es geht mehr, als du denkst

PEUTEREYGRAT INTÉGRALE

Nach unserer Punktlandung kurven wir beflügelt weiter ins Val Veny. Die kleine Ortschaft Peuterey besteht aus einer stillgelegten Bar und einem Campingplatz. Viel mehr gibt es hier nicht. Der Blick zum Himmel lässt für Bergsteiger aber keine Wünsche offen und die Spannung wieder steigen. Über zig Zacken führt eine beeindruckende Linie zum Mont Blanc: der Peuterey Intégrale. Während unsere Gleitschirme in der Mittagssonne trocknen, packen wir die Kletter- und Biwakausrüstung in unsere Rucksäcke ein – und gleich darauf wieder aus. Viel zu schwer! Wir wiegen Eisschrauben und Klemmkeile in den Händen. Brauchen wir wirklich jedes einzelne Teil davon? Wir vergleichen den dicken mit dem dünnen Schlafsack. Ist der leichtere vielleicht auch warm

Peutereygrat Intégrale

Peuterey, Val Veny, Mont-Blanc-Gruppe

In langer Kletterei auf die Aiguille Noire de Peuterey und weiter über die Viertausender Aiguille Blanche (Pointe Güßfeldt, 4112 m, Pointe Seymour King, 4107 m), Grand Pilier d'Angle (4243 m) und Mont Blanc de Courmayeur (4748 m) bis zum Mont Blanc. Abstieg über die Trois Monts, mit Andi im August 2016.

Der Grat aller Alpen-Grate – hier spielt der Mont Blanc alle Stückerl.

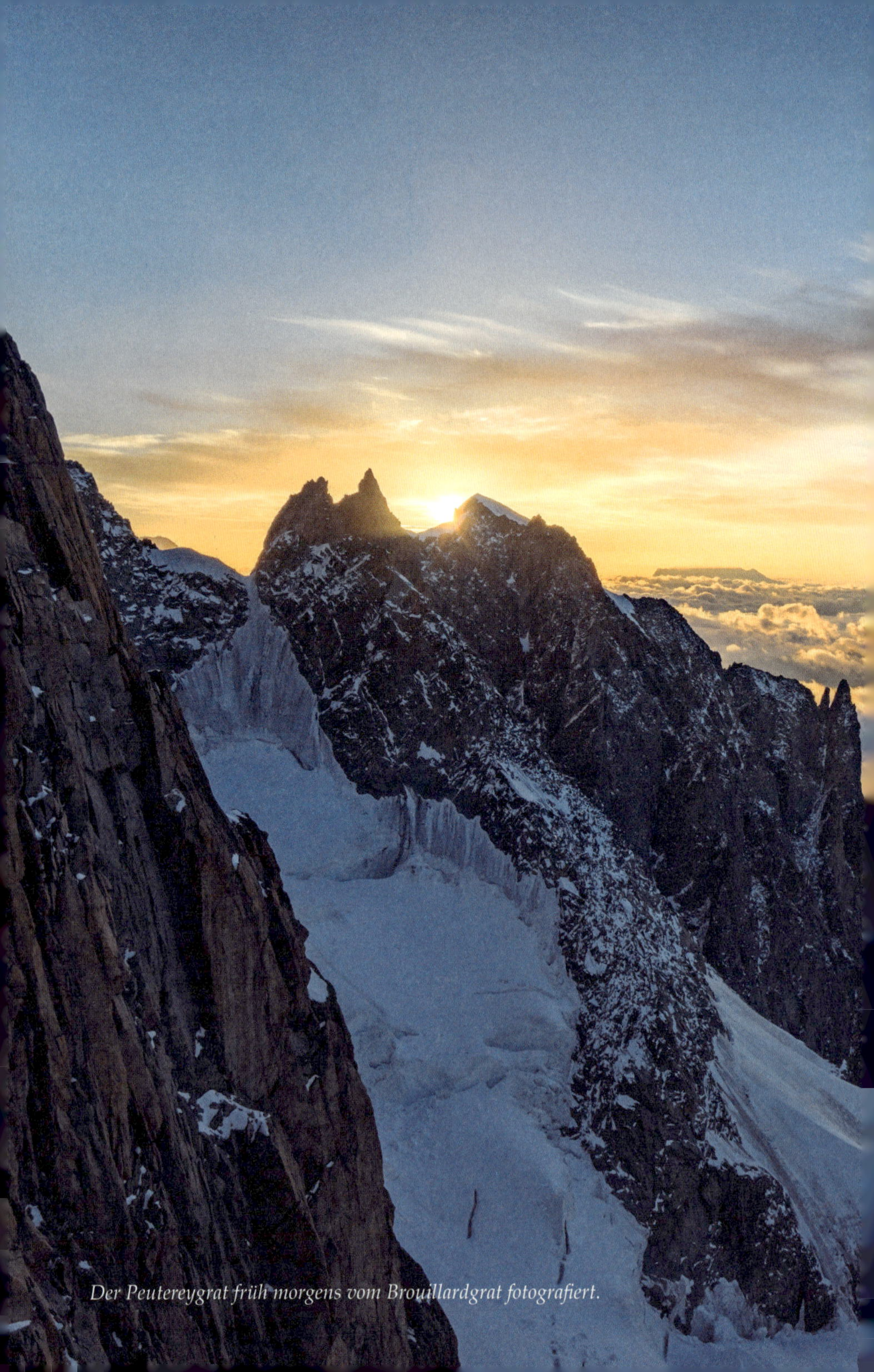

Der Peutereygrat früh morgens vom Brouillardgrat fotografiert.

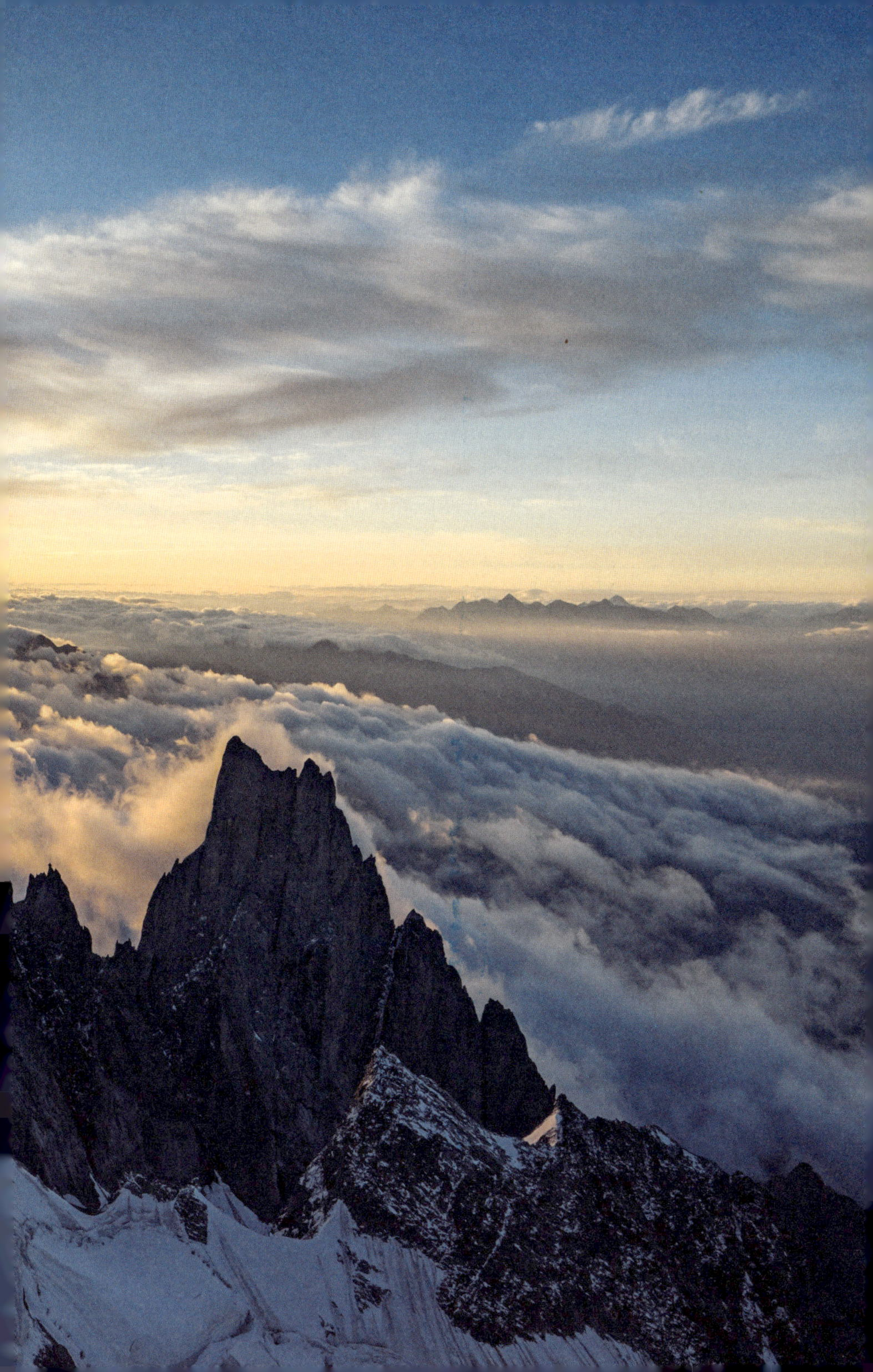

genug? Wir optimieren Gramm um Gramm. Ich schneide sogar eine Rippe der Isomatte ab, damit sie um ein Federgewicht leichter wird. Der Rucksack ist leider noch immer schwer. Weniger geht aber nicht. Wir möchten Reserven haben, deswegen muss jeder 15 Kilogramm auf seinen Rücken packen. Das ist viel mehr als auf normalen Alpentouren.

Der Peuterey Intégrale ist aber keine normale Tour. Tagelang verbindet diese Route alles, was wir am Berg lieben: das Klettern auf Graten und in Flanken, im Felsen und im Firn, erst in Kletterschuhen, dann mit Steigeisen, anfangs im T-Shirt, dann mit Daunenjacke.

Eine Tour in dieser Größenordnung haben wir noch nicht unternommen. Hier können (und müssen) wir alles ausspielen, was wir bisher beim Bergsteigen gelernt haben. Da kommt uns bestimmt auch zugute, dass wir die Kletterei bis auf 6812 Meter auf der Ama Dablam im Jahr zuvor gut gemeistert haben. Die Beschreibung des komplexen Peutereygrats hing nun schon zwei Monate lang auf unserer Toilette. Wo könnte man dem Routenstudium intensiver Zeit widmen? 4500 Höhenmeter gibt es da zum Klettern im Felsen (bis zum sechsten Schwierigkeitsgrad) und im Firn oder Eis (bis 55 Grad steil), dazwischen liegen mehr als 500 Meter zum Abseilen. Die tausend Höhenmeter im Zustieg seien nur der Vollständigkeit halber erwähnt.

Der Peuterey Intégrale sei zweimal die Eiger-Nordwand, hat uns ein befreundeter Bergführer gesagt. Diesen Vergleichswert haben wir (noch) nicht, doch am Berg hinkt ohnehin jeder Vergleich: Die Verhältnisse sind stets andere, und auch die eigene Verfassung und das Wetter sind immer unterschiedlich. Zwei bis vier Tage muss man für den Peutereygrat als normaler Bergsteiger einplanen. Als normaler Bergsteiger wohlgemerkt: Auf dieser Route gibt es seit 2023 eine unfassbare Bestmarke. Der Franzose Benjamin Vedrines muss förmlich geflogen sein, um den Grat in weniger als sieben Stunden zu schaffen. Davor hatte den Rekord Ueli Steck gehalten. Der Schweizer bestieg alle 82 Viertausender der Alpen in 62 Tagen, rannte in 2:22 Stunden durch die Eiger-Nordwand und zog den Peuterey Intégrale in 16:09 Stunden durch. Der Profialpinist starb jedoch leider viel zu früh, und zwar 2017 am Nuptse bei einer Himalaya-Expedition. Nur wenige Monate davor durfte ich ihn interviewen. Es war faszinierend und inspirierend zugleich, in welchem Stil und mit welchem Können er auf Berge gestiegen war. »Ich finde die Möglichkeit so cool, wenn man sagen kann: ›Komm, klettern wir den Eiger und zum Abendessen sind wir wieder zurück.‹« So seine Worte. Um so schnell zu sein, darf man nicht schwer bepackt sein. Am Peutereygrat sei er mit weniger als vier Kilogramm unterwegs gewesen, erzählte Steck.

»MEHR ist nicht drin, sonst werde ich LANGSAM.«

Bei uns wiegen alleine das Essen, das Trinken und die Kamera mehr als vier Kilo. »Am Ende ist es aber völlig egal, ob du einen Tag brauchst, zwei Tage oder vier: Du musst es so machen, wie es dir Spaß macht.« Eine Einstellung, die mir gefällt. Ob es einen Moment gab, in dem Ueli – wenn auch nur kurz – den Spaß verloren und sich gefürchtet hatte? »Nein. Da bewege ich mich in einem Gelände, in dem ich mich extrem wohl fühle. Nur bei den brüchigen Passagen an den Dames Anglaises war ich froh, alleine unterwegs zu sein. Du musst nicht groß aufpassen, wenn du einen Stein lostrittst. Zu zweit ist das schon sehr anspruchsvoll.«

Wenn er immer Angst hätte beim Bergsteigen, würde er es längst lassen. »Ich begreife jene Leute nicht, die ständig unter Stress stehen und in Wahrheit überfordert sind. Da wäre es besser, eine etwas einfachere Tour zu unternehmen, dann bist du in deiner Komfortzone, die nicht gefährlich ist.« Eines müsse man sich bewusst sein: »Wenn man immer wieder außerhalb der Komfortzone unterwegs ist, geht das irgendwann schief.«

Seine Worte blieben mir noch lange im Kopf.

Wie oft verlasse ich meine KOMFORTZONE?

Ist es dann noch Spaß oder in Wahrheit Stress? Ich würde mich selbst anlügen, wenn ich sagte, dass ich immer weit über den Schwierigkeiten stünde. Ich kann mich klettertechnisch ans Limit tasten, wenn ich weiß, mit starken Partnern wie Andi unterwegs zu sein. Das Wissen und Vertrauen in die eigenen Stärken und in jene des Partners sind auf Touren wie dem Peutereygrat von größter Bedeutung. Wer in diese Tour einmal einsteigt, für den gibt es kein einfaches bis gar kein Zurück mehr. Wir sind uns bewusst, dass wir in den nächsten Tagen den Schwierigkeiten klar überlegen sein müssen, um Lösungen zu finden und Reserven zu haben, sollte etwas Unvorhergesehenes eintreten.

Der Blick auf den Wetterbericht verspricht vier stabile Tage mit viel Sonnenschein – die Grundvoraussetzung für unser »Go«! Wir hieven den neu gepackten Rucksack auf unsere Schultern und kehren der Ortstafel von Peuterey den Rücken. Es ist bereits später Nachmittag, als wir zum nichtbewirtschafteten Rifugio Borelli aufbrechen. Die ersten von unüberschaubar vie-

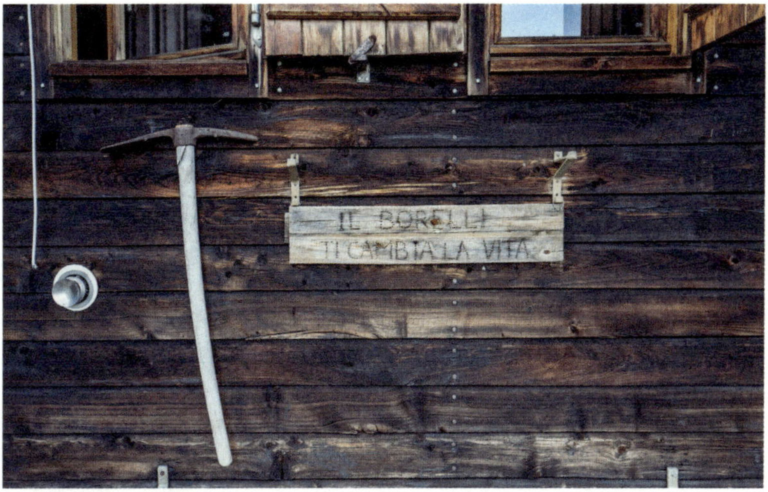

Ab dem Borelli-Biwak nimmt der Komfort ein Ende.

len Zacken der Aiguille Noire, die wir morgen erklettern wollen, bestaunen wir auf diesem Hüttenzustieg. Auf Leitern und einem Klettersteig fühlen wir vor, wie stark die Schwerkraft den Rucksack nach unten zieht.

Zumindest um ein Packerl Nudeln und eine Tafel Schokolade erleichtern wir die strapazierten Schultern. Es ist ein gemütlicher Abend in dieser Holzhütte, die ganz dicht an die Felsen des Mont Blanc-Massivs gebaut ist. Zwei andere Seilschaften haben schon ihre Matratzen belegt und sitzen mit uns in der Abendsonne. Wir tauschen uns über die Strategien aus. Ein italienisches Pärchen hat nur eine ganz abgespeckte Ausrüstung dabei – alles aus Aluminium (Steigeisen), alles zum Teilen (Schlafsack). Es will die Tour in zwei oder drei Tagen schaffen. Zwei Spanier sind so solide und defensiv bepackt wie wir, sie wollen ebenso am vierten Tag wieder zurück im Tal sein. Wir freuen uns schon auf die gemeinsame Nacht im Craveribiwak

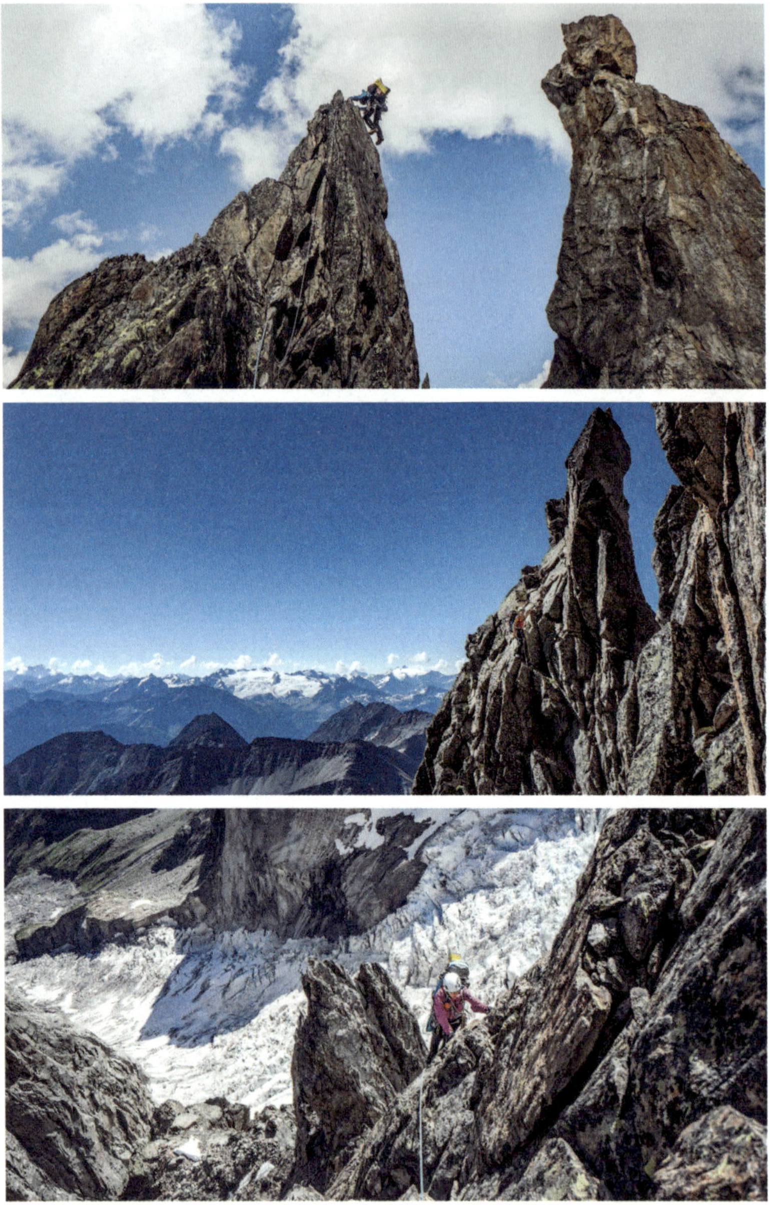

Zackiger Peutereygrat: Der Intégrale startet mit ungefähr 45 Seillängen im Fels.

mit den lustigen Zeitgenossen. Spätestens übermorgen sehen wir einander dort wieder.

Am nächsten Morgen blicken wir drei Seilschaften trotz unterschiedlicher Taktiken gleichzeitig gespannt zum Einstieg hinauf. Der Südgrat der Aiguille Noire de Peuterey wird mit rund 45 Seillängen angegeben. Im Alpenraum fällt mir nur eine einzige Tour ein, die länger ist. Damit wir schnell vorankommen, sichern wir nicht von Standplatz zu Standplatz, sondern sind in den Seillängen, die den vierten Grad nicht übersteigen, am laufenden Seil unterwegs. Wir klettern gleichzeitig und versuchen, möglichst rasch Meter zu machen. Die nächsten zwölf Stunden werden wir nichts anderes tun als klettern.

Die Wegfindung stellt uns manchmal vor ein Rätsel. Zwischendurch sehen wir vor lauter Türmen den Grat nicht mehr. Lange Zeit zum Grübeln kann man sich auf dieser Monstertour allerdings nicht nehmen, man muss dem Instinkt folgen. Nur selten geben Schlaghaken einen Anhaltspunkt, die Absicherung ist meist selbst vorzunehmen und äußerst spärlich vorhanden.

WIR LIEBEN SOLCHE TOUREN!

Zumindest bis zu diesem Moment, als uns die zwei Italiener von ziemlich aussichtsloser Position zuwinken. Sie sind leider falsch angekommen und stehen am Vormittag zwar nur wenige Meter, aber zu weit neben der Route. Sie müssen sich abseilen. Das kostet viel Zeit. Zu viel Zeit. Sie werden es wohl nicht mehr rechtzeitig bis ins Biwak schaffen, das wir erst am nächsten Tag angepeilt haben. Für eine weitere Nacht sind sie nicht ausgerüstet. »Not our day«, sagen sie und brechen die Tour hier ab. Es tut uns leid für das Pärchen, und wir finden es auch für uns schade, diese Mitstreiter verloren zu haben. Man fühlt sich nicht so einsam in diesem abgelegenen Eck der Alpen, wenn man weiß, dass noch andere unterwegs sind – auch wenn jeder für sich selbst verantwortlich ist.

Wir tauchen ein in dieses Meer aus Granit und schwimmen immer höher. Auf unserem Rucksack baumeln die Bergschuhe, unsere Füße stecken in Kletterpatschen. Die Szenerie lässt uns immer wieder staunen: die spitzen Felstürme, die über das Aostatal ragen, die zerrissenen Gletscher unter den weitläufigen Wandfluchten. Hier müssen wir uns besonders konzentrieren, um die Orientierung zu behalten. Dazwischen wird der Grat immer wieder schmaler als eine Kiste Bier. Mein Herz klopft schneller, als Andi die Schlüsselstelle vorsteigt. Er balanciert einen Quergang entlang, der ihn abdrängt. Die Griffe werden immer kleiner, der Rucksack immer größer. Hier stecken einige rostige Schlaghaken, sie sind dennoch willkommen, um Expressschlingen einzuhängen. Egal wie alt, sie festigen zumindest die Moral. Schnell ist Andi auf der anderen Seite. »War eh ganz schön zum Anhalten«, sagt er. »Und wie cool wär' das erst ohne den schweren Rucksack und die Schwerkraft.« Ich bin angespannt, aber auch ich bringe diese Stelle gut hinter mich. Wir genießen den warmen Granit zwischen unseren Fingern, die Sonne im Gesicht und freuen uns, dass alles so gut läuft – bis die Idylle plötzlich zerstört wird.

Wir vernehmen ein Geräusch, das wir in den Bergen nicht gerne hören. Es beunruhigt uns, es wird immer lauter. *Rrrrrr …* Ein Hubschrauber biegt um die Ecke und fliegt auf den Gratzacken unter uns zu. Wir bleiben wie versteinert stehen. »Er wird doch nicht …?«, fragen wir uns. Leider doch: Er fliegt die spanische Seilschaft hinter uns aus. Wir setzen uns auf ein kleines Felspodest und schauen dabei zu, wie der Helikopter erst einen der beiden ans lange Tau nimmt und zur Monzinohütte fliegt, um dann noch einmal zu kommen und den Zweiten abzuholen. Es ist ein beklemmendes Gefühl, wenn man da oben sitzt und tatenlos zusehen muss. Wenn man nicht weiß, was da unten passiert ist, und es auch nicht in Erfahrung bringen kann. Die Gedanken kreisen. Hoffentlich ist ihnen nichts passiert! Wir hätten uns doch schon so auf ein Wiedersehen im Craveribiwak gefreut! Von drei Seilschaften ist schon zu Mittag des ersten Tages nur noch eine übrig. Wir.

Eines ist klar: Wem hier oben ein Fehler oder ein Unglück passiert, der wird schnell ein Fall für die Bergrettung. Ich erinnere mich an meinen ersten Ausflug zum Mont Blanc, als der Notarzt bei einem Bergsteiger landete, der höhenkrank war. Die Gründe für die zahlreichen Einsätze können vielfältig sein. Es reicht bereits ein verloren gegangenes Steigeisen, und man ist dem Berg ausgeliefert. Die einzige Hoffnung: die Rettung aus der Luft. Wir gehen bei unseren spanischen Freunden nicht vom Schlimmsten aus und hoffen, dass sich vielleicht nur ein Seil verhängt hat, weswegen sie weder vor- noch zurückgekommen sind. Uns bleibt ohnehin nichts anderes übrig, als den Blick wieder nach vorne zu richten.

Ein paar Seillängen wollen wir an diesem Tag noch klettern, bis wir etwas unterhalb des Gipfels einen guten Biwakplatz finden. In dieser Felsnische haben schon andere genächtigt, größere Steine sind zurechtgerückt. Es ist ein befreiendes Gefühl, den Rucksack von den Schultern zu lassen. Unsere Isomatten passen exakt nebeneinander. Ein Schritt zur Seite ist aber nicht mehr drin – die eine Seite ist die Felswand, die andere Seite der Ab-

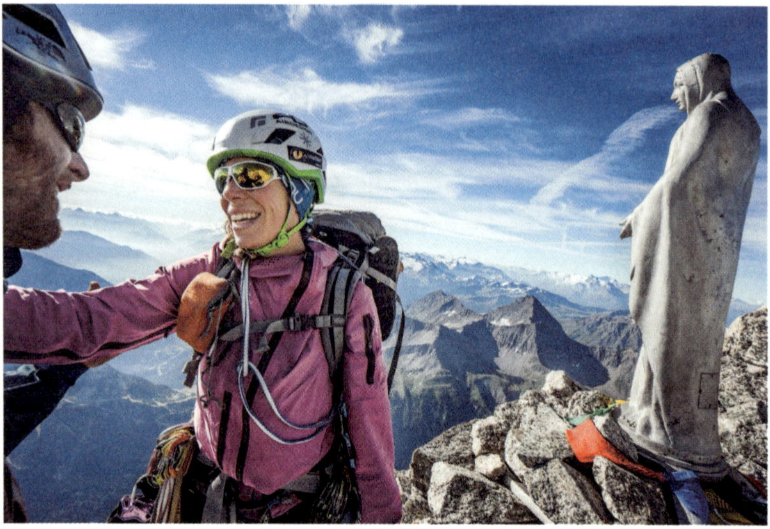

Einmal Schulterklopfen auf der Aiguille Noire de Peuterey.

grund. Wir kochen Wasser für unsere Fertignudeln und schlüpfen in unsere Schlafsäcke. Beim Blick über die Bettkante rutscht das Herz in die Hose. Ich kuschle mich lieber eng an Andi, der in seinem eigenen Schlafsack steckt.

Am nächsten Tag erwachen wir mit einer prächtigen Morgenstimmung. Wir packen unser »Schlafzimmer« wieder in den Rucksack und klettern weiter bis auf die erste Spitze. Nach einer Stunde liegen wir einander in den Armen und klopfen der Madonnastatue auf die Schultern. Nicht zu fest, der Blitz hat schon Löcher hinterlassen am Haupt der Heiligenfigur. Auf der Aiguille Noire de Peuterey stehen wir fast gleichauf mit dem Großglockner, dem höchsten Berg von Österreich, und haben trotzdem erst ein Viertel des großen Ganzen geschafft. Dieser Grat hat eine andere Dimension. Was die Schönheit betrifft – und die Dramaturgie.

Der gruselige Teil unserer Tour dürfte uns erst jetzt bevorstehen, jener Teil, über den wir schon viele Schauergeschichten gelesen haben. Das Biwak war unser taktischer Schachzug, keinesfalls wollten wir hier in die Dunkelheit geraten. Irgendwie muss man von dem steilen Zacken ja wieder hinunter, bevor es wieder bergauf gehen kann. Es stehen uns 400 Höhenmeter zum Abseilen bevor. Zum Teil geht es überhängend ins Nichts, an mehr oder weniger vertrauenswürdigen Standplätzen. Wohin es genau geht, sehen wir nur schwer. Immer wieder führen falsche Spuren in mächtige Überhänge, in denen es nicht mehr weiter abwärts geht. »Verhauer« sagen wir Bergsteiger dazu. Es ist sauberes und überlegtes Arbeiten gefragt. Aber: Das haben wir uns schlimmer vorgestellt! Zumindest bis hierher. Vor einem modrigen Kamin überlegen wir zweimal, bis wir uns wirklich in dieses brüchige Gelände hineinlassen. Nach gut 15 Abseilmanövern kommen wir in einem steilen, brüchigen Couloir an. Wo sind wir hier bloß gelandet?

Am Fuße der Dames Anglaises. Die sommerliche Ausaperung ist an diesen heißen Augusttagen vorangeschritten. Wahrscheinlich sieht die Lage früher im Jahr mit mehr Schnee aussichtsreicher und nicht so erbärmlich aus. Mit der Routenbeschreibung können wir wenig bis gar nichts anfangen. Nur so viel steht fest: Ein Zurück gibt's jetzt nicht mehr. Wir sind zwar beide noch nie auf rohen Eiern gegangen, aber so dürfte sich das anfühlen. Jeden Schritt müssen wir ungemein vorsichtig setzen, viele Griffe legen wir woanders wieder ab. Ununterbrochen knallen Steine in die Tiefe. Über weite Strecken geben wir unser Seil weg, das ist die einzig sinnvolle Alternative. Sichern ist in diesem Gelände nicht möglich. Aus der Ferne betrachtet, schauen die vier »Englischen Damen« richtig hübsch aus. Mittendrin verliert man leicht die Orientierung. Irgendwie finden wir uns aber doch einen Weg durch diesen Bruchhaufen und sind immer froher über unsere Taktik, dass wir auf dem Gipfel noch biwakiert und nicht versucht haben, in einem Tag bis zur Biwakschachtel zu gelangen.

Ein paar geniale Kletterzüge an kompaktem Felsen können wir genießen, bis es wieder spannend wird: Ein Seil verhängt sich beim Abziehen so fest in einer Felsritze, dass wir es nicht mehr lösen können. Um nicht zu viel Zeit zu verlieren, klettere ich soweit es geht zurück hinauf und schneide es ab. Übrig sind ein ganzer und ein halber Halbseilstrang. Na gut, immerhin passiert dies erst hier und nicht schon an der Aiguille Noire. Bei einem Schneefleck tanken wir unsere Wasserreserven auf. Mit einem Schlag kommen vier Kilo Zusatzgewicht in den Rucksack und damit auf meine bereits erröteten Hüften. Irgendwie geht da auch kurz der Spaßfaktor in die Knie.

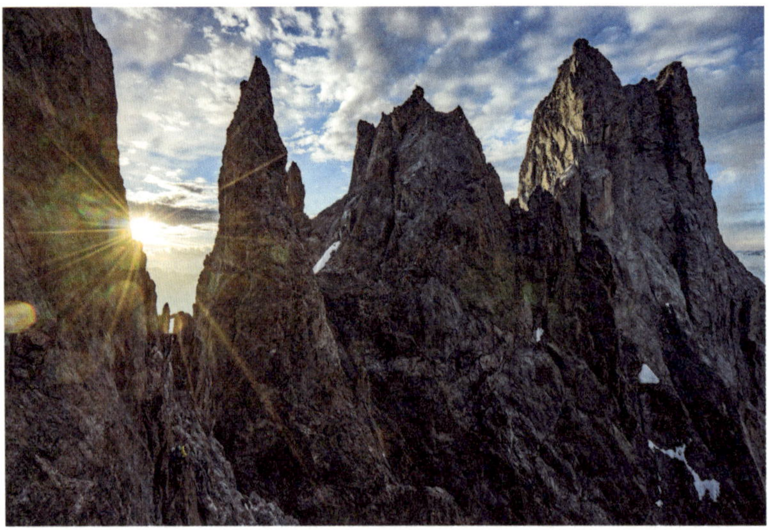

Les Dames Anglaises: Mal schön, mal schaurig.

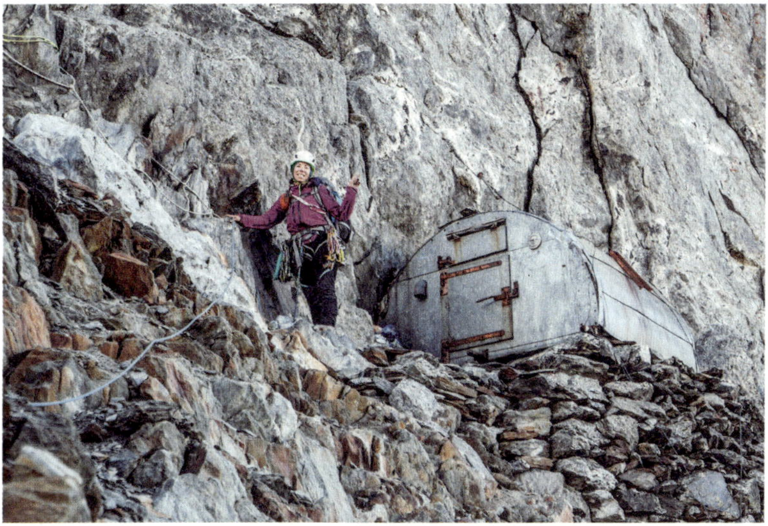

Endlich im Craveribiwak angekommen.

Wir hätten nicht geglaubt, dass ein Felsen noch brüchiger werden kann. Heute lernen wir aber die Kehrseite eines Berges einschlägig kennen. Doch endlich fällt *uns* ein Stein vom Herzen, wir erreichen das Craveribiwak. Seit 1933 steht diese kleine Biwakschachtel da oben. Sie ist 1,25 Meter hoch und zwei Meter breit, sieht aus wie eine groß geratene Blechbüchse und klebt am steilen Felsen der Aiguille Blanche. Mit den Spaniern wär's hier bestimmt gemütlich geworden! Schon die Erstbesteiger des Peuterey Intégrale, Richard Hechtel und Günther Kittelmann, haben 1953 hier geschlafen. Über die Jahre hat sich leider ziemlich viel Müll angesammelt – eine riesige Sauerei. Es gibt sogar eine große Auswahl an Kletterschuhen und Seilen gratis abzuholen. Weil hier die schwierigsten Kletterstellen gemeistert sind, lassen manche Bergsteiger die nicht mehr benötigte Ausrüstung zurück, um Gewicht zu sparen. Muss das wirklich sein?

Nach einer erholsamen Nacht bricht der dritte Tag an. Der Himmel färbt sich über der Grandes Jorasses von violett bis orange, als wir aus der Biwakschachtel krabbeln. Eine halbe Stunde später blitzt die Sonne mit sagenhaft schönem Orange um die Ecke. Sie lässt die Dames Anglaises von einer auf die andere Sekunde wieder in einem anderen Licht erscheinen. Wundersame Bergwelt! Mit den ersten Sonnenstrahlen kommen auch wir wieder in Bewegung. Kurz nach dem Craveribiwak gelangen über das Schneider-Couloir auch jene vorbei, die nicht den integralen, sondern den klassischen Peutereygrat klettern. An diesem Tag bleiben wir aber alleine. Nach 500 Höhenmetern seilfreien Kletterns lassen wir endlich den brüchigen Felsen hinter uns und steigen in den Schnee. Eine willkommene Abwechslung, die Steigeisen an die Schuhe zu montieren.

Der nächste Viertausender bitte: die Aiguille Blanche de Peuterey. Es ist ein besonders intensives Gefühl, als wir den ersten Gipfel der Aiguille Blanche erreichen, einen der entlegensten und schwierigsten Viertausender der Alpen. Schon öfters haben wir diesen schmalen Grat aus dem Tal bewundert, der zwischen den beiden Gipfeln der Aiguille Blanche liegt. Die Schritte auf der schmalen Firnschneide beeindrucken uns, Hunderte Meter fällt die Nordwand neben den Zacken unserer Steigeisen in die Tiefe. Von unten schaut dieser Grat wie ein Halbmond aus. Wir gehen voller (Körper-)Spannung, um bloß nicht versehentlich mit den Steigeisen in den Hosenbeinen hängen zu bleiben. Ihre Frontzacken sind so scharf, dass man sich leicht verfangen und stolpern kann. Den kleinen Umweg auf den Hauptgipfel Pointe Güßfeldt lassen wir uns nicht nehmen. Nun ist es aber wieder höchste Zeit, uns abzuseilen – und zwar gleich bis unter die Viertausendergrenze.

Eigentlich hätten wir ja schon ausreichend Überraschungen bekommen. Als wir im Col de Peuterey Platz nehmen und Schnee schmelzen, da wandert unser Blick allerdings ratlos nach oben. Hier fehlt etwas! Unsere Schneerinne. Normalerweise klettert man durch das Eccles-Couloir, doch das ist so spät im Sommer ausgeapert und nicht mehr vorhanden. Wir müssen in die Ostwand des Grand Pilier d'Angle ausweichen und klettern etwas anspruchsvoller in kombiniertem Gelände. Doch erst hält uns noch eine Randkluft auf. Mamma mia, ist das mühsam! Sie ist butterweich und jeder Schritt vorwärts ist einer zurück. Diese Spalte im aufgeweichten Schnee zu überwinden, kostet uns mehr als eine halbe Stunde. Schneefall setzt jetzt auch noch ein – wie man es sich wünscht an einem schönen Augusttag. Unsere Steigeisen und Eisgeräte kratzen am Felsen, und als wir nach zwei Stunden wieder Schnee unter den Beinen haben, sinken wir knietief ein. Wir bleiben bei unserem Masterplan und steuern

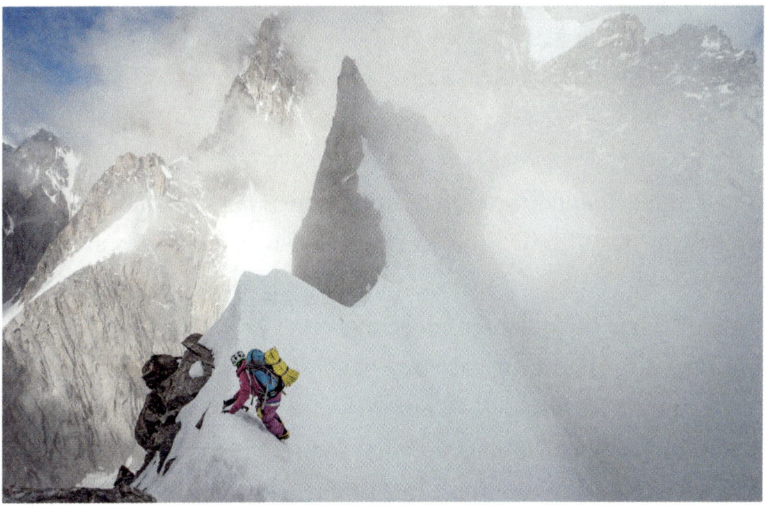

Ein Balanceakt über die Firnschneide der Aiguille Blanche.

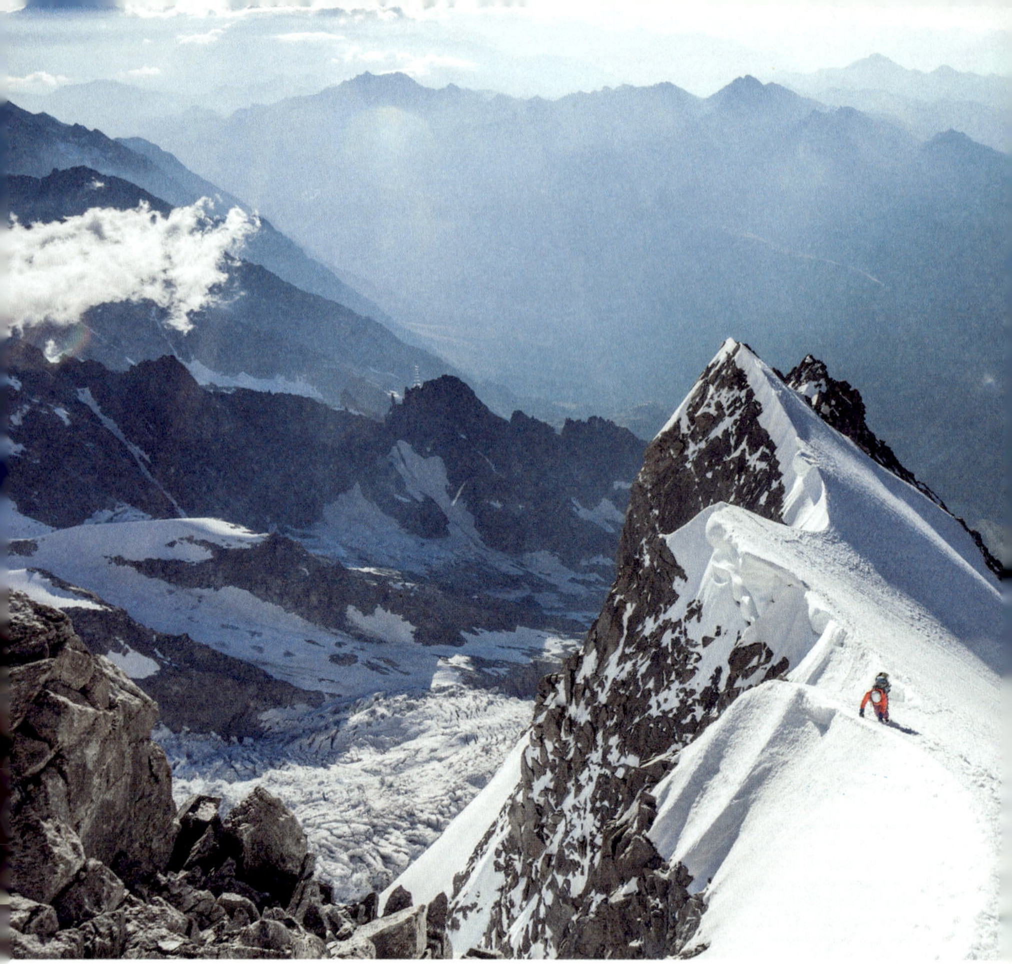

Nach drei Tagen und zwei Viertausendern (Grand Pilier d'Angle, li., und Aiguille Blanche, re

unserem nächsten Etappenziel entgegen: einem Biwakplatz kurz unterhalb des Grand Pilier d'Angle. So können wir hoffentlich morgen die letzten 500 Höhenmeter auf den Mont Blanc de Courmayeur im gefrorenen Schnee viel schneller aufsteigen – und uns am Abend im Val Veny eine Pizza servieren lassen.

Immerhin haben wir es auf unserer kleinen Sitzfläche besser erwischt als zwei Kletterer am Frêneypfeiler gegenüber. Sie müssen im Stehen biwakieren und löffeln wohl keine heiße Suppe. Spätestens hier sind wir froh, dass wir bei der Ausrüstung nicht

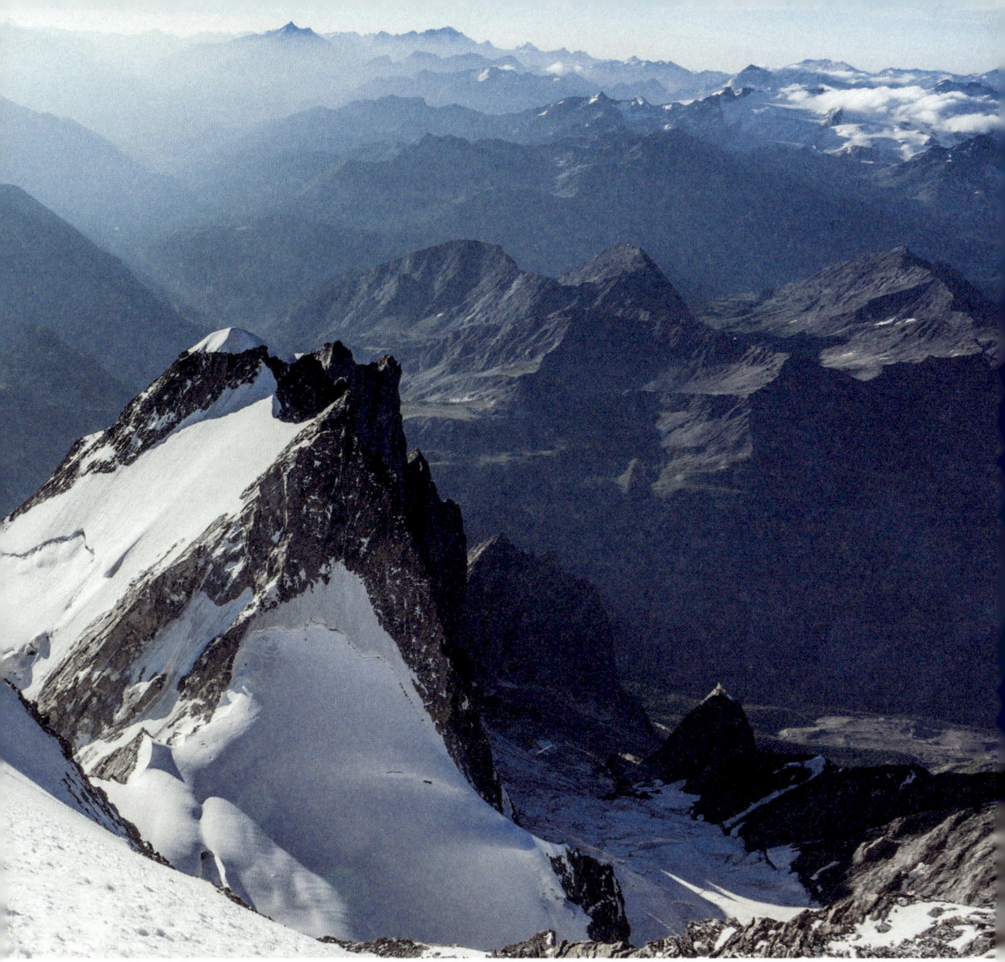

ırt uns die Firnflanke zum Mont Blanc de Courmayeur.

weiter gespart haben. In unseren Schlafsäcken klappt's auch bei Temperaturen um die Nullgradgrenze mit einem kleinen Nickerchen. Ich träume schon von der Pizza Crudo e Rucola und dem Vino Rosso am nächsten Tag.

Wieder dieser Brei zum Frühstück. Bäh. Bis wir in die Gänge kommen, ist eine Stunde schnell verflogen mit Schnee schmelzen, frühstücken, einpacken und aufbrechen. Es sieht wieder nach einem tollen Tag aus! Unter strahlendem Sonnenschein empfängt uns statt knietiefem Sulz eine gefrorene Spur. 500 Meter bäumt sich die Flanke bis zum Mont Blanc de Courmayeur vor uns steil auf. Leider haben wir uns ein bisschen zu früh gefreut. Als wir in die nächste Scharte gelangen, weht uns der Wind fast um. Geschätzte siebzig Stundenkilometer schnelle Luft schießt uns von der Seite ab. Statt des genüsslichen Firngrats wird's noch einmal ein Gang auf allen Vieren.

Der Wind kann uns jetzt aber auch nicht mehr aus der Spur bringen. Mit meiner rechten Hand schlage ich meinen Pickel in den Firn, rhythmisch arbeite ich mich höher. Schlagen, steigen, steigen. Schlagen, steigen, steigen. Ein paar Felsen wollen noch überklettert werden, bis wir staunen können, wie weit sich die gigantische Gipfelwechte über den Mont Blanc de Courmayeur hinauslehnt. Wie gut, dass sich ein paar Tage vor uns offensichtlich bereits andere Bergsteiger durch diesen Überhang gebuddelt haben. Um zehn Uhr vormittags durchsteigen wir die mächtige Wechte. Nach dem letzten Zug ins Flache falle ich Andi überglücklich in die Arme. Wir haben es geschafft!

Erstmals fühlen wir uns wieder in der Zivilisation angekommen, als wir Tiroler Bergsteiger treffen, die soeben über den Innominatagrat aufgestiegen sind. Es sind nur noch wenige hundert Meter bis zum Gipfel des Mont Blanc, dem Höhepunkt! Freudentränen kullern über unsere Wangen. Unser Zeitplan sieht auch sehr gut aus: Wir fühlen uns noch fit und hängen die Mont-Blanc-Überschreitung über den Mont Maudit und Mont Blanc du Tacul an. Eine perfekte Spur macht dies zu einem leichten Abgang.

Die Freude und der Respekt sind aber gleichermaßen groß – zurecht, wie wir später erfahren werden. Am Tag zuvor ist am Mont Maudit ein deutscher Bergführer mit zwei Gästen von Eismassen erfasst und tödlich verletzt worden.

Für uns ist die Tour erst beendet, als das rostige Absperrgitter zur Bergstation der Aiguille-du-Midi-Seilbahn hinter uns zugeht. Mit dem schweren Rucksack fällt auch die Anspannung ab. Die Panoramabahn schaukelt uns über das Vallée Blanche zurück nach Italien. Von der Torinohütte gondeln wir gleich weiter ins Tal, stoßen im erstbesten Lokal mit einem Bier an und fahren mit dem Bus zurück ins Val Veny, wo wir am Campingplatz die Beine hochlagern. Wir genießen die Ankunft am Ausgangspunkt, die erträumte Pizza und das Tiramisu. Den Peutereygrat sehen wir nun mit anderen Augen.

»Damit das Mögliche entsteht, muss immer wieder das Unmögliche versucht werden.«

Hermann Hesse

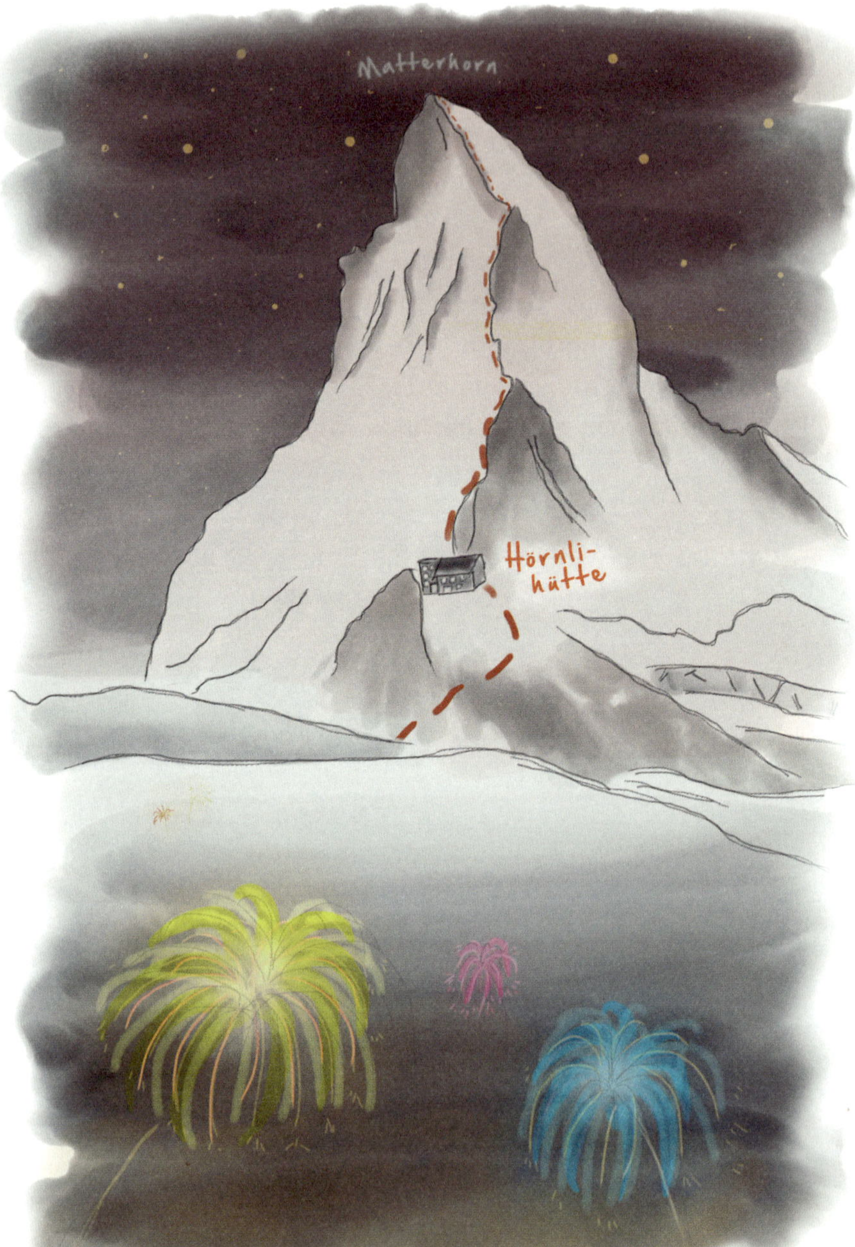
Matterhorn
Hörnli-
hütte

Linien, die zum Träumen sind

WEISSHORN, MATTERHORN, LISKAMM

Seit meinem ersten Viertausender verging kein Jahr mehr ohne eine (oder drei) Reisen in die Westalpen. Das war meine selbst injizierte Motivationsspritze: Nur ein neues und greifbares Ziel vor Augen hielt mich in stressigen Arbeitsphasen bei Laune. Hatte ich das nicht, weckte es ein Gefühl der Leere in mir. So eine gute Dosis Westalpen hielt meinen Gute-Laune-Pegel auch an langen Bürotagen hoch. Ich liebte es, mit den hohen Bergen immer neue Ziele zu finden – und an ihnen zu wachsen. Zwar fühlte ich mich nicht immer gleichermaßen fit – vor allem nach arbeitsintensiven Ski-Weltcup-Wochen nicht –, doch selbst da fand ich den passenden Berg. Denn zumindest eines wuchs stetig von der einen zur nächsten Tour: meine Routine. Ich konnte Gletscher immer besser lesen, meine Wegfindung wurde instinktiver, meine Handhabung mit dem Seil schneller und geschickter, meine Klettertechnik besser. Bald konnte ich mich an Berge heranwagen, die mir anfangs unmöglich erschienen. Und so durfte ich schon bald von Linien träumen, die meistens nicht mehr dem Normalweg entsprachen.

Die Ideen dazu werden mir wohl nie ausgehen. Die Natur beweist alleine in den Alpen in so vielen Tälern, dass sie der talentierteste Maler ist. Lieber als ins Kunsthistorische Museum in Wien gehe ich in die Natur. Ich liebe ihre schönen Pinselstriche und Farbkombinationen! Stunden könnte ich damit verbringen, mir Landschaften anzusehen und die Routen auszumalen, Linien mit meinen Augen nachzuklettern, einen bestmöglichen Weg über den Gletscher zu finden und den Graten bis zu ihren höchsten Punkten zu folgen. Solche Tourenideale sind für mich das Weisshorn mit seinem Nord- und Ostgrat, der Piz Bernina mit dem Biancograt, der Liskamm mit seiner Überschreitung oder das Matterhorn mit seinen vier steilen Graten. Die Liste ließe sich bis ans Ende dieses Buches fortsetzen, denn formvollendete Berge gibt es noch weitaus mehr.

Die Spannung ist auf diesen Linien meistens etwas erhöht, und das mag ich: Der Grat zwischen Freuen und Fürchten ist oft nur wenige Zentimeter breit. Da darf naturgemäß nichts schiefgehen. Ist es vielleicht gerade hier, wo ich meine Work-Life-Balance halte und ausgleiche? Wo ich so nahe bei mir selbst sein muss,

um nicht aus meiner MITTE und damit auch hinunterzuFALLEN?

Damit die schwindelerregenden Grate zu keinem Himmelfahrtskommando werden, hilft ein Grundsatz: Man sollte zur richtigen Zeit am richtigen Ort mit dem richtigen Partner sein. Auf manchen Touren sind nur selten im Jahr gute Verhältnisse anzu-

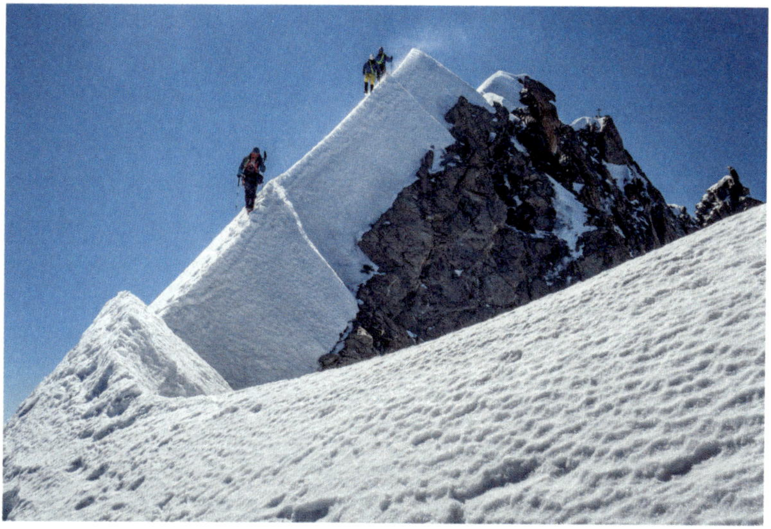

Ideallinie: Über den Nordgrat zum Weisshorn.

treffen. Die Kunst besteht darin, die Gunst der Stunde zu erspüren. Vor allem am Matterhorn dürfte ich auch beim zweiten Mal ganz gut gelegen sein. Andi und ich mussten nur Silvester verschlafen, so gehörte uns der Hörnligrat und die erste Matterhorn-Besteigung des Jahres 2017 mutterseelenalleine.

Die Geschichte startet am 31. Dezember 2016 um fünf Uhr früh in Südtirol: Wir erwachen in unserem Campingbus an der Pfitscherjochstraße. Unsere Beine sind müde, wir sind es auch. Nach vielen Tagen im Flachland mit der ganz normalen Weihnachtsvöllerei war unser Drang nach frischer Bergluft riesig. Zuletzt musste ich außerdem ein paar Wochen meine Augen vor Sonnenlicht schützen nach einer Augenoperation. Ich hatte meine Kurzsichtigkeit mit einem Laser ausgleichen lassen – auch, weil es auf Expeditionen, längeren Bergtouren und in Hütten augenscheinlich mühsam war, täglich mit den Fingern an den Kontaktlinsen herumzufummeln und sie zu wechseln, wenn nicht einmal Wasser zum Händewaschen vorhanden war. Zum Auftakt unseres Kurzurlaubs sind Andi und ich die Hochferner-Nordwand geklettert. Obwohl wir uns behäbig und mehr wie Kühe als wie Gämsen gefühlt haben, ist die Tour nach Plan gelaufen – also fast. Nur der Teil mit dem Hinunterfliegen per Gleitschirm ist nicht aufgegangen, der Wind hat etwas dagegen gehabt. Zurück beim Campingbus haben wir unser wiedergewonnenes Bergleben zelebriert: Wir haben frischen Salat geschnipselt, uns Pasta mit Pesto gekocht und dazu ein Glas Rotwein gegönnt. Beim Blick aus dem Fenster sind wir uns etwas dekadent vorgekommen: Eine Eiskletter-Seilschaft hat gerade vor ihrem Kleinwagen in Daunenjacken auf den Klappstühlen den Gaskocher angemacht. Wir haben sie zu uns eingeladen. Auf den Polstern lümmelnd, haben wir in unseren Führern geschmökert: Morgen würde Silvester sein. Wo wollen wir diese Nacht verbringen? Vor einer zündenden Idee sind uns die Augen zugefallen.

Der Wecker holt uns aus dem Tiefschlaf, und so liegen wir nun am frühen Morgen des Silvestertages unter dem Aufstelldach des Busses. Plötzlich eine Eingebung: Warum nicht am Matterhorn ins neue Jahr starten? Dort dürfte an einem 1. Jänner wohl nicht so viel los sein wie sonst …

Vor ein paar Tagen haben wir erst wieder einmal über das Matterhorn philosophiert und sind zu folgendem Punkt gekommen: Es ist ein Wunderwerk der Natur! Doch nicht um jeden Preis muss man dorthin. Wenn wir es gemeinsam in Angriff nehmen, dann entweder außerhalb der Hochsaison, wenn niemand oder nur ganz wenige Menschen auf dem Hörnligrat oder Lion-

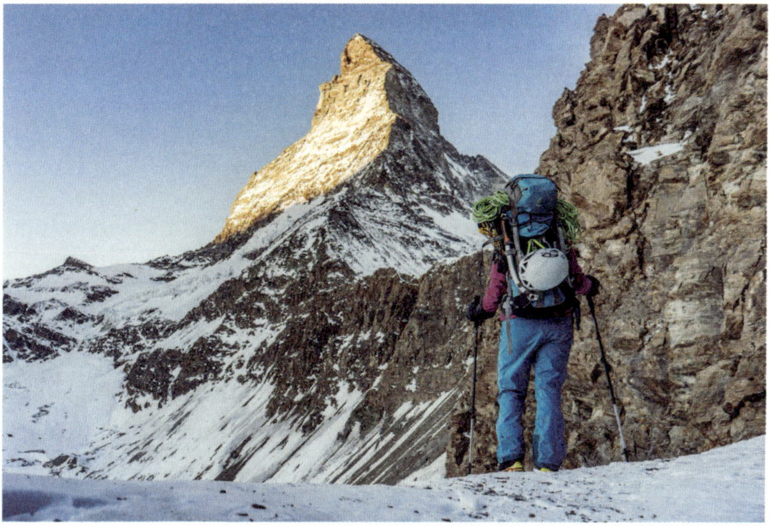

Am 1. Jänner am Matterhorn.

grat unterwegs sind, oder auf einer alternativen Route, wie ich sie damals mit Christian über den Zmuttgrat eingeschlagen habe.

Wir nützen die Möglichkeiten der modernen Technik und googeln eine Webcam: Die Bilder zeigen ein Matterhorn, das nur wenig winterliches Weiß trägt, es war tagelang trocken – da liegt manchmal sogar im Sommer mehr Schnee! Die Idee mit dem Hörnligrat bekommt Nahrung, also eher *Fast Food*. Genauere Infos über die Verhältnisse einzuholen, schaffen wir leider nicht. Aber zwischendurch haben wir es ja gerne, uns an Projekte zu wagen, deren Realisierung in den Sternen steht. Erfolgsaussichten? »Dreißig zu Siebzig«, sage ich. »Sechzig zu Vierzig«, meint Andi. Selbst als überzeugte Optimistin bin ich manchmal eine Spur pessimistischer als Andi. Das ist meine Taktik, damit ich dann nur positiv überrascht und nicht enttäuscht werden kann, wenn ein Plan nicht aufgeht.

Wir blicken auf die Uhr. Es ist halb sechs Uhr morgens. Zermatt liegt zirka sieben Autostunden entfernt von uns.

Und was, wenn wir SILVESTER doch einfach GEMÜTLICH verbringen wie normale Menschen auch?

Mit Raclette oder Fondue? Mit Bleigießen und Raketenschießen? Die kurze Diskussion führt uns zu diesem Ergebnis: Das können wir immer noch, wenn wir alt und gebrechlich sind. »Versuchen wir das Matterhorn«, sagt Andi, setzt sich auf den Fahrersitz und schon kurven wir die Bergstraße hinab. Die letzte Nacht in diesem Jahr werden wir also im Winterraum der Hörnlihütte verbringen.

Knapp 600 Kilometer weiter lösen wir das Ticket für den Zug nach Zermatt, huschen zur Seilbahn, fahren zwischen Skifahrern hinauf bis zum Schwarzsee und hoffen, dass wir noch ein paar Meter des Hörnligrates im Tageslicht erkunden können. In Gedanken an das alte Jahr versunken, schrecken wir plötzlich auf. Da kommt uns jemand entgegen! Zwei fitte Schweizer, einer ist offensichtlich Bergführer. Er trägt ein Emblem auf der Brust. Sie sind am letzten Tag des Jahres auf ihren berühmten Hausberg geklettert. Das Grinsen in unserem Gesicht wächst um ein paar Breitengrade. Die Verhältnisse seien sogar gut, sagen sie. Man müsse zwar alles mit den Steigeisen klettern – so wie erwartet –, aber das sei im Winter mit Schnee vielleicht sogar angenehmer als im Sommer mit Schutt. Aber Achtung, geben uns die Jungs mit auf den Weg: Es seien auch Spuren entlang der Route, die in die Irre führten.

Das sind dennoch ziemlich sensationelle Nachrichten für uns! Das berühmte Horn, das uns mit jedem Schritt näher rückt, erscheint uns mit einem Schlag in neuem Licht. Nicht mehr ganz so steil und finster. Kurz vor dem Sonnenuntergang stoppen wir für ein Foto und lassen den Blick rundherum schweifen auf unsere alten Bekannten: Dent Blanche, Obergabelhorn, Zinalrothorn, Weisshorn, die Mischabelgruppe, Alphubel, Allalinhorn, Rimpfischhorn, Strahlhorn, Nordend, Dufourspitze und die weiteren Monte-Rosa-Gipfel bis zum Breithorn. Es war eine goldrichtige Entscheidung, heute hier zu sein! Das Grinsen hält bis zum Jahresende.

Kurz vor 17:00 Uhr kommen wir bei der frisch renovierten Hörnlihütte an. Im Sommer so überlaufen, heute direkt verwaist. Unser Plan: Andi checkt noch ein erstes Stück des Weges aus, ich bereite unser Lager vor, breite den Schlafsack aus, sortiere das Material, schmelze Schnee, koche unsere Fertignudeln und bereite uns für morgen einen Leckerbissen »to go« vor: ein Speckbrot. Ich mache es mir gemütlich im komfortablen neuen Winterraum. So viele Bergsteiger dürften hier noch nicht genächtigt haben, so sauber, wie er ist. Nur ein kleiner Fehler hinsichtlich der Innenarchitektur hat sich eingeschlichen: Die Toilette steht direkt neben dem Esstisch – und lüften kann man hier auch nicht. Das macht keinen Appetit auf Abendessen. Die Trennwände rund um das Trockenklo reichen nicht einmal bis zur Decke. Immerhin hängt ein Heizkörper an der Wand, und die angeschwitzte Kleidung trocknet. Einen Preis für die Nacht im Lager machen wir nicht ausfindig, normalerweise hängt in Winterräumen zumindest eine Preisliste und Büchse für einen Unkostenbeitrag – den man selbstverständlich gerne hinterlässt. Hier überrascht uns das doppelt. Die Hörnlihütte ist in den bewirtschafteten Sommermonaten die teuerste Schutzhütte, die mir im gesamten Alpenraum je untergekommen ist: 150 Franken zahlt man im Sommer pro Lagerplatz. Für ein Doppelzimmer muss man 450 Franken berappen. Hier macht nicht nur die Schweiz den Preis, sondern auch die Nachfrage. Und wir? Können uns heute fast nicht entscheiden, welche Matratze wir nehmen wollen. Zumindest fast nicht – denn auf einer Matratze liegen interessanterweise zwei eingepackte Schlafsäcke. Das kommt mir irgendwie spanisch vor.

Ich gehe noch einmal ins Freie, mache den Gaskocher an und schmelze Schnee. Meine Hände wärmen sich an der Flamme in der Finsternis – und werden schlagartig zittrig. Ich entdecke zwei Stirnlampen 400 Höhenmeter weiter oben auf dem Hörnligrat – sie bewegen sich nicht vom Fleck, aber leuchten in alle Richtungen. Die Besitzer der Schlafsäcke … Auf halbem Weg darunter tanzt ein drittes Licht hin und her. Das muss Andi sein. Ein leicht mulmiges Gefühl macht sich in mir breit. Was treiben die dort oben so spät? Ist etwas passiert? Kann Andi den Spätankömmlingen helfen? Immer wieder huscht mein banger Blick hinauf. Erst nach zwei Stunden kommt Andi von seiner Erkundungstour zurück – und erzählt von zwei Tschechen, die nur noch langsam vorankommen, denen zum Glück jedoch nichts fehlt: außer Energiereserven.

Irgendwann erhellen uns dann auch die beiden Leuchtfiguren den Abend im Winterraum. Zwei fitte Burschen an sich! Neun Stunden haben sie alleine für den Abstieg gebraucht. Sie sind zu oft vom Weg abgekommen und haben zu wenig Kraft übriggehabt. Wir erhalten noch aktuelle Infos über die Verhältnisse und können bei unserer Ausrüstung getrost abspecken. Eine statt zwei Eisschrauben. Die zweite lange Unterhose (ja, ich hätte einfach zwei angezogen aus Angst zu erfrieren) darf auch hierbleiben.

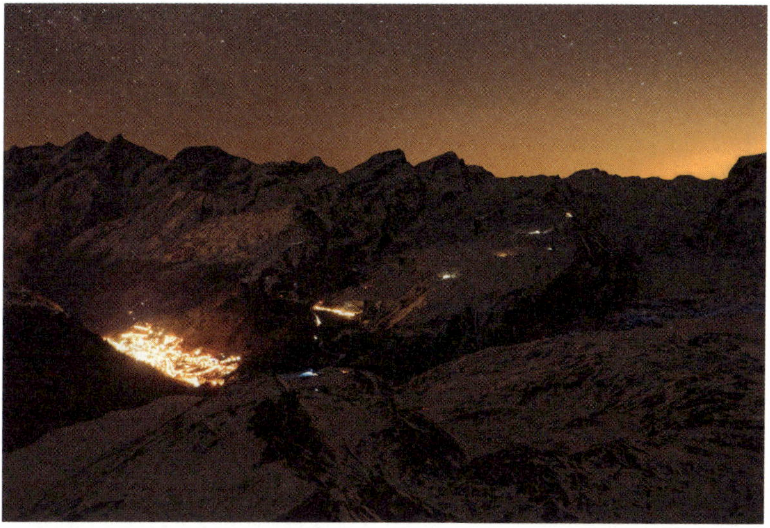

Unten feiert Zermatt, wir verschlafen Silvester in der Hörnlihütte.

Es ist 22:00 Uhr am 31. Dezember. In Zermatt knallen die ersten Sektkorken. Hier hören wir nichts davon. Wir schlüpfen in unseren Schlafsack und verschlafen den Jahreswechsel. Am 1. Jänner um fünf Uhr früh wünschen wir uns alles, nur keinen guten Rutsch. Die Steigeisen montieren wir gleich vor der Hütte an die Füße – und legen sie für die nächsten 1200 Höhenmeter auch gar nicht mehr ab. Die Daunenjacke? Nicht nötig. Es ist kalt, aber nicht saukalt. Ein Blick. Ein Kuss. Los geht's mit bedächtigem Schritt. Heute herrscht kein Wettrennen zum Einstieg wie zur Hauptsaison. Der Berg gehört uns ganz alleine. Problemlos geht der erste Aufschwung an den Fixseilen. Dann wird es alles außer langweilig: Es geht über gefrorene Schuttbänder. Wir queren Flanken im Schnee, stapfen durch das erste Firncouloir und klettern hinein in den Kamin. Ich gebe kurz die Handschuhe weg – ein Zug im zweiten Grat (das soll nur ein Zweier sein?). Es ist doch ganz frisch. Hinein in die nächste Querung. Links der Felsen, rechts der Firn. Andi bleibt auf Kurs und steigt vorbei an der Stelle, wo er am Vorabend die Tschechen begrüßt hat. Es geht über das Japaner Couloir hinweg wieder zu dicken Seilen, in voller Konzentration, bis es plötzlich finster wird.

Oh nein, bitte nicht ... Andis Stirnlampe gibt den Geist auf. Bis zur Morgendämmerung ist leider noch etwas Nacht übrig. Wir haben (Warum ausgerechnet heute?) keine Reservebatterien dabei, aber immerhin eine kleine Notstirnlampe. Die leuchtet ausreichend. Weiter geht's zum nächsten Zickzackkurs. Ein kombinierter Aufschwung – der Fels hat einen Hängebauch! Ich steige hoch hinauf, sehe dabei hinunter zu den Steigeisen, das ist keine so gute Idee. Beim Tiefblick, den das Morgengrauen in die Ostwand freigibt, rutscht mir das Herz kurz in die Hose. Was, wenn ich hier abrutsche? Ein Stoppzeichen und der Moment, an dem wir unser Seil aus dem Rucksack packen. Gerne klettern wir auf Hochtouren seilfrei, weil wir dadurch schneller vorankommen. Lange Touren werden dadurch oft erst möglich. Aber darüber steht eine Abmachung: Sobald sich einer von uns nicht mehr wohl fühlt beim seilfreien Klettern, geht Sicherheit vor Schnelligkeit.

Die Bohrhaken, die vereinzelt aus dem Felsen blitzen, sind so gut wie schneefrei. Nur einen Abseilring überzieht eine dicke Eisglasur. Das Gelände ist anspruchsvoll, aber es lässt sich hier besser klettern, als wir befürchtet haben. Im Rucksack gefriert uns zwar der Speck im Brot, und in der Thermosflasche bildet sich ein Eisklumpen, aber die Körpertemperatur bleibt im erträglichen Bereich. So macht Winterbergsteigen Spaß! Und dieses Gefühl ist durch nichts zu übertreffen – die ersten Sonnenstrahlen wandern über das Monte-Rosa-Massiv. Während andere von Silvester völlig blau sind, leuchtet rings um uns alles in orange.

Mit der Kraft des neuen Tages (sogar des neuen Jahres) klettern wir gleichen Schrittes in Richtung Solvayhütte. Für die Moseleyplatte hat Andi keine Expressschlingen und keinen Karabiner übrig, um an den wenigen Bohrhaken zu sichern, er klettert ohnehin problemlos über die felsige Schlüsselstelle – und ich grinsend direkt hinterher. Unsere Laune ist im Hoch. Beim Biwak auf 4003 Höhenmeter legen wir eine Pause ein. Wir liegen gut in der Zeit. Es ist neun Uhr. Wir deponieren unseren Gaskocher, beißen vom Riegel ab und atmen durch – das war aber keine so gute Idee … Es stinkt fürchterlich nach den Exkrementen der vielen Leute, die hier über alle Sommermonate hinweg ihr dringendes Geschäft verrichtet haben. Freiwillig würden wir in der Solvayhütte nicht bleiben wollen. Sie ist ohnehin nur als Notunterkunft gedacht.

Hat uns dieser Gestank soeben den Atem geraubt? Oder doch die Höhe? Unsere Kräfte schwinden ab der viertausend Meter Grenze. So, als würde man einem Auto fünfzig PS nehmen, werden auch wir lahmer. Wir fragen uns kurz und ehrlich, ob unsere Energiereserven für die Zeit bis zum Gipfel (und wieder hinunter!) ausreichen werden. Es ist immerhin Winter, und die Tage sind sehr kurz. Wir beschließen: Zwei Stunden gehen wir noch, dann drehen wir um. An dicken Tauen hanteln wir uns über eine senkrechte Stufe. Das kostet immens viel Kraft. Die wir aber noch brauchen – dringend brauchen!

1. Jänner, elf Uhr, zwei Stunden sind vorbei. Wir sind noch immer nicht am Gipfel. Umdrehen! Umdrehen? Nur noch hundert Höhenmeter fehlen uns bis zum Gipfel des Matterhorns. Wir atmen schwer, die Steigeisen fühlen sich an wie bleierne Bremsklötze an den Beinen. Dort, wo man im Sommer über eine ausgetrampelte Firnspur ansteigt, hat der winterliche Wind die kalte

Schulter des Matterhorns offenbart. Unter uns liegen keine Schneemassen, sondern bröseliges und abschüssiges Fels-Eis-Gelände. Das hätten wir im Winter wahrlich nicht erwartet. Im Grunde ist dieser Untergrund schon gut gangbar, wüsste man nicht (Achtung, hier kommt der Kopf ins Spiel), dass man bei einem falschen Schritt 2000 Höhenmeter weiter unten landen würde. Jeden Schritt, den wir mühsam aufwärts setzen, müssen wir auch wieder abwärts steigen. Kein hilfreicher Gedanke. Die Uhr tickt an diesem kurzen Wintertag. Die Zeit, die wir uns für den Aufstieg gegeben haben, ist abgelaufen. Andis Stirnlampe ist doch schon beim Aufstieg der Saft ausgegangen, zu langes Wegsuchen im Finstern ist dann auch nicht mehr drin.

Umdrehen oder doch noch ein paar Minuten in den Traum vom Gipfel investieren? Nur noch ein paar Schritte ... Wie aus heiterem Himmel erscheint der Heilige Bernhard vor uns. Ich war schon einmal hier und weiß: Von der Bronzestatue sind es nur noch wenige Schritte bis zum Gipfel! Die paar Meter schaffen wir noch! Wir tasten uns vorsichtig über das grausige Fels-Schotter-Gemisch hinweg. Am Gipfelgrat erwartet uns wieder eine perfekte Spur. Wir können es nicht fassen. 1. Jänner, kurz vor Mittag. Wir blicken vom Gipfel des Matterhorns auf das Wallis und in die Welt. Tränen sammeln sich in meinen Augen, eine kullert unter der Sonnenbrille über meine Wange. Sie friert ein. Wir geben uns hier nur einen kurzen Augenblick, aber es ist ein Moment für die Ewigkeit.

Die noch größere Herausforderung kommt jetzt: der sichere Abstieg. Die ersten hundert Höhenmeter kommen mir vor wie in Zeitlupe. Ich bevorzuge das Schneckentempo, um keinen falschen Schritt zu machen. Immerhin hängt nicht nur mein Leben am Seil. Meter um Meter geht's voran. Mal abkletternd, mal ab-

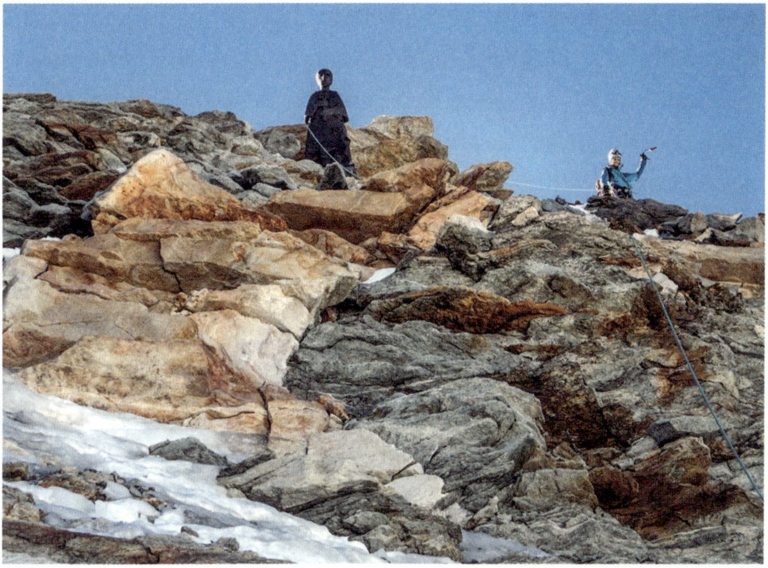

Der Heilige Bernhard (li.) und der bergsteigende Andi (re.).

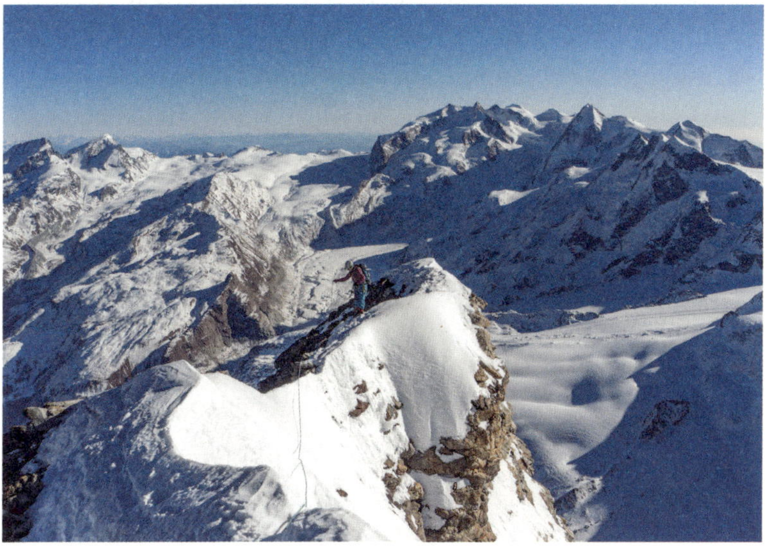

Zu Mittag am Matterhorn: Die letzten Schritte am Grat.

lassend, mal abseilend. Kommt denn die Solvayhütte gar nicht näher? Endlich. Das Schneeschmelzen und Trinken verschieben wir nach unten, wir sehen den Schatten des Matterhorns schon wieder in Richtung Täschhorn wandern, dort verschwindet er in absehbarer Zeit in der dunklen Nacht. Ist das möglich? Mit jedem Schritt abwärts wird die Luft dicker, und wir werden schneller. Wir bekommen unsere verlorenen PS wieder zurück. Der Weg wird unklar, aus einer Spur werden zwei oder sogar drei. Wir folgen unserem Gefühl. Wir seilen uns in Richtung Ostwand ab. Zuerst an einem geklebten Bohrhaken. Dann an zwei geschlagenen Haken. An nur noch einem Haken. Kein Haken mehr. Dafür finden wir einen Felsblock, um den wir das Seil legen, und klettern wieder ab. Da kommt Freude auf! Wir sind zurück auf dem richtigen Weg. Jetzt darf's auch finster werden. Ich mahne mich zur Vorsicht und zur Konzentration, will mich nicht zu früh freuen. Ein letztes Hinunterhanteln an den Fixseilen. Wir fallen uns in die Arme, gut zwölf Stunden, nachdem wir hier eingestiegen sind. Die Schritte zurück zur Hörnlihütte sind begleitet von einer Überdosis an Gefühlen: Ich bin dankbar, glückselig, begeistert – und sogar ein bisschen stolz auf den Mut, dass wir uns auf dieses Abenteuer eingelassen haben. Die Sterne ziehen langsam ihre Bahn um die Silhouette des Matterhorns. Wir blicken mucksmäuschenstill zurück, immer mehr schärfen sich die markanten Konturen des Horus im zarten Mondlicht. Oh Mann, es ist der 1. Jänner 2017. Der Start ins neue Jahr ist noch besser, als wir es uns in Südtirol erträumt hätten.

Platz zum Träumen (und zum Träume erfüllen) ist in diesem Eck der Schweiz überproportional viel vorhanden. Insgesamt liegen 22 Viertausender auf dem Gemeindegebiet von Zermatt – oder streifen es zumindest. Es war wieder einmal die Gunst der Stunde, die uns zum Liskamm führte, eine erhabene Bergprominenz, sogar noch ein paar Meter höher, aber weit versteckt hinter dem Matterhorn. Nach unserem Ausflug in die Dauphiné zur Barre des Écrins wollten wir am Heimweg noch einen Schluss-, also Höhepunkt setzen. Zur Tourenplanung halten wir immer ganz klassisch entlang der Strecke im zweitbesten Café mit Internet. Dort sitzen wir manchmal stundenlang geschäftig vor einem Berg an Führern und vor einem beeindruckenden Auflauf von Recherchetabs am Laptop. Nach dem Neuschnee der letzten Tage schlage ich eine Tour mit Schwerpunkt im Firn vor. Das könnte gut passen! Und so erwischen wir die Liskamm-Überschreitung schöner als in jedem Bergbilderbuch.

Liskamm-Überschreitung
Zermatt, Walliser Alpen

Vom Kleinmatterhorn über den Castor (4228 m) zum Liskamm Westgipfel (4479 m) und weiter über den Grat zum Ostgipfel (4527 m), im August 2015 mit Andi.

Der Liskamm thront mitten in der Walliser Gletscherwelt. Er besteht aus zwei eigenständigen Viertausendern, seinem Ost- und seinem Westgipfel, die durch eine eineinhalb Kilometer lange und teilweise nur wenige Zentimeter schmale Firnschneide verbunden sind. Vom Tal aus ist sie gar nicht auszumachen, ihre Schönheit offenbart sich erst aus der Vogelperspektive. Am

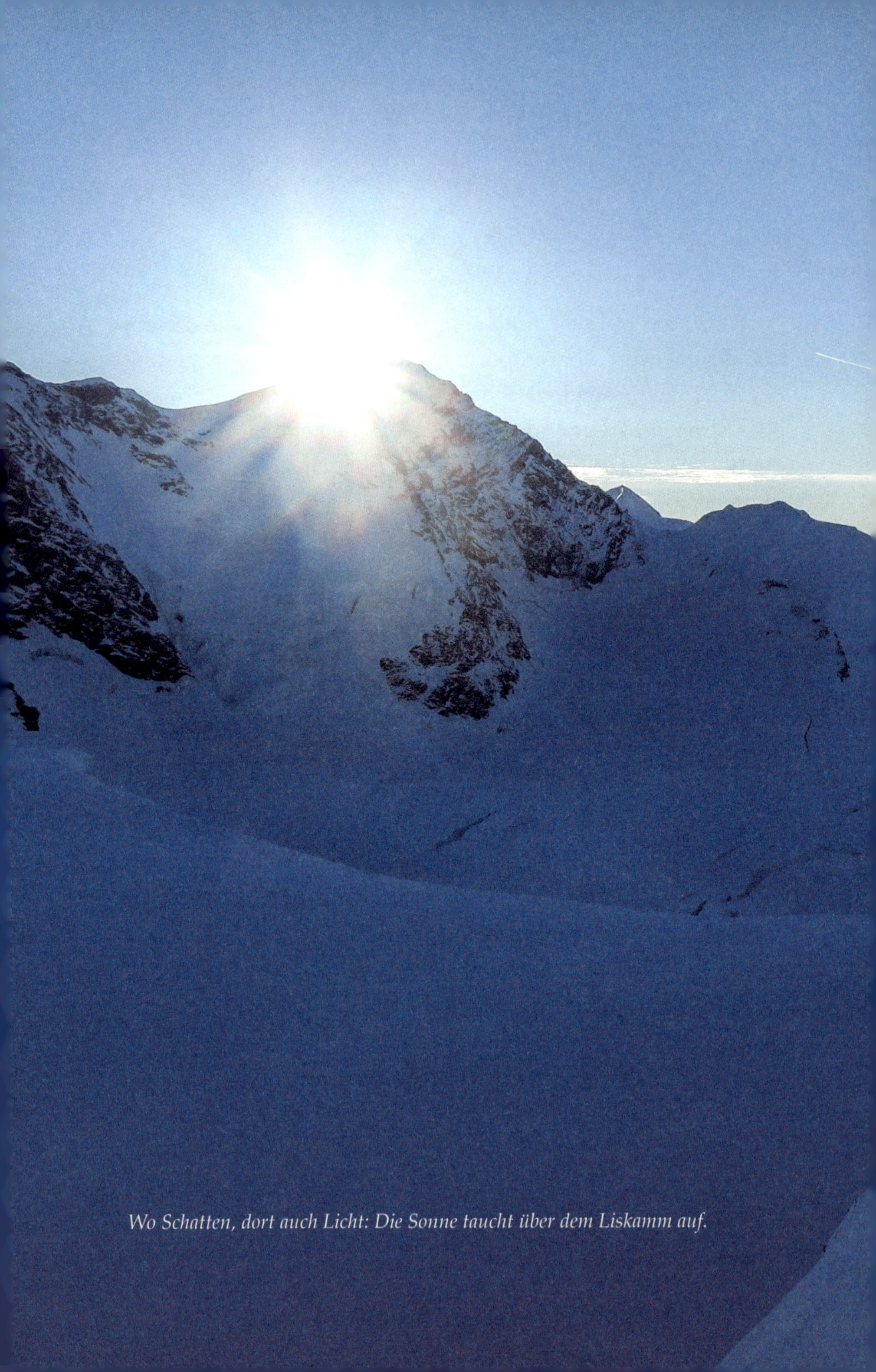

Wo Schatten, dort auch Licht: Die Sonne taucht über dem Liskamm auf.

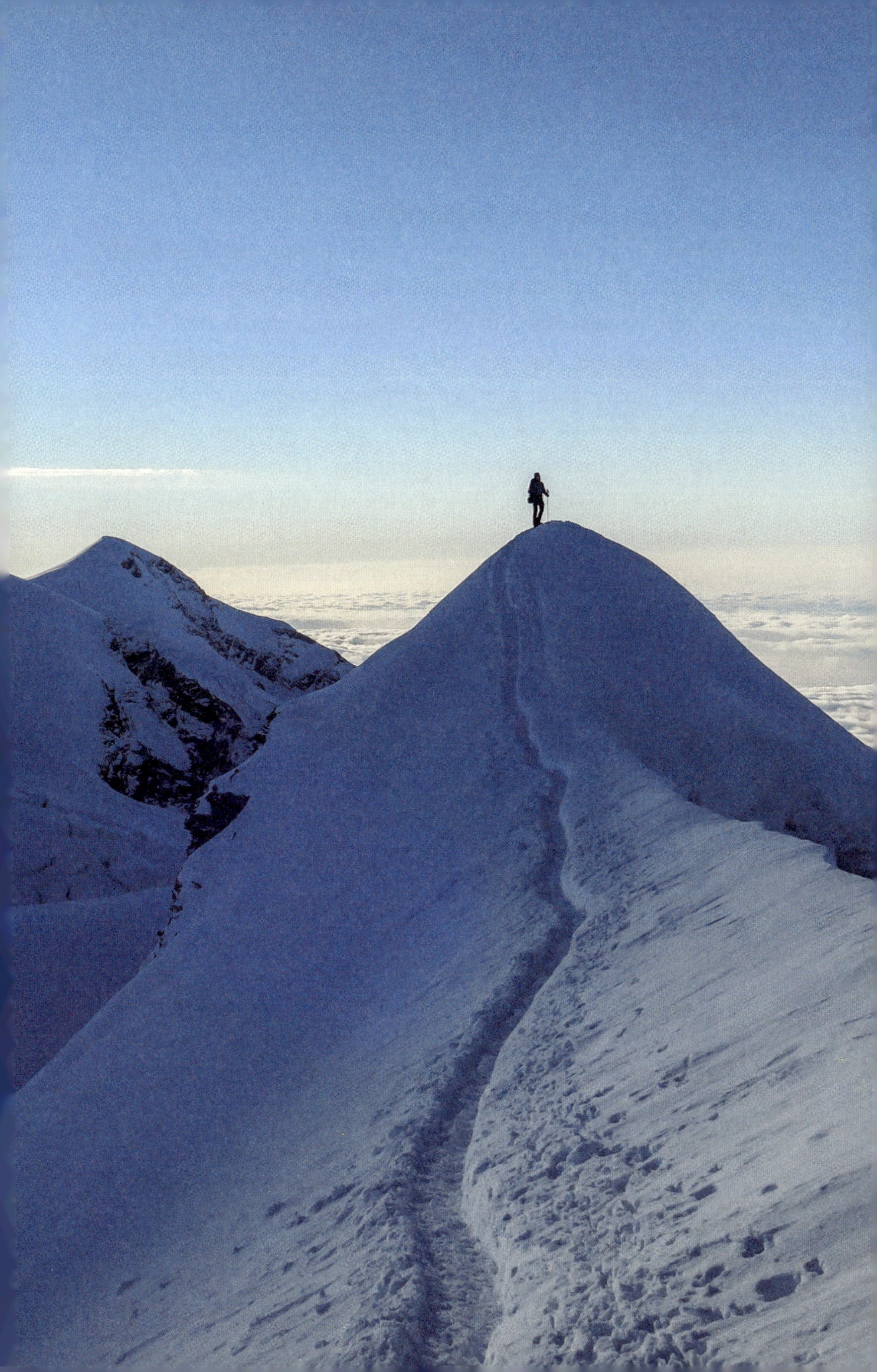

Ortsende von Zermatt schnappen wir uns eine der ersten Seilbahnen, und damit geht's gemütlich bis aufs Kleinmatterhorn. Dort ein ungewohnter erster Schritt: hinein ins Restaurant. Durch Zufall sind wir bei unserer Internetrecherche auf diesen Geheimtipp gestoßen: An der Bergstation, durch deren Menschenmassen der Alpinist üblicherweise möglichst schnell den Ausgang sucht, kann man es durchaus länger aushalten. Ein Stockwerk oberhalb der Matterhorn-Souvenirs finden sich Schlafplätze und eine Selbstversorgerküche. Der Ausgangspunkt könnte nicht besser sein: Hier starten wir, noch bevor morgens die ersten Bahnfahrer in einer Welle zum Breithorn hinüber schwappen. Weil wir schon hier sind, nutzen wir auch noch diesen schönen Tag und gehen sie gerne ein zweites Mal: die Breithorn-Überschreitung. Diesmal vollständig mit allen fünf Gipfeln und ganz ohne Stau. Ein Hochgenuss.

Am nächsten Tag stapfen wir früh morgens über den Verra-Gletscher zum Gipfel des Castors. Auch hier ist es mein zweiter Besuch, einmal war ich schon mit Skiern vorbeigekommen, das kann ich empfehlen. Heute liegt der Eisriese namens Castor schön in der Linie zum Liskamm und soll unseren Spaß verlängern. Eine pefekte Spur liegt uns über das Felikjoch zu Füßen – wir kommen so gut voran, dass wir den Eispickel heute nur spazieren tragen. Nur die Stöcke und Steigeisen reichen als Hilfsmittel für den folgenden Balanceakt. Als die Sonne erstmals hinter dem Liskamm zum Vorschein kommt, entsteht ein faszinierendes Licht-Schatten-Spiel – und über Italien liegt einmal mehr ein Wolkenmeer. Das Foto dieses Augenblicks bleibt lange in meinem Kopf – und mein Bildschirmhintergrund am Computer.

Erst wird der Grat steiler, dann immer schmaler. Unsere Beine haben weder links noch rechts einen Spielraum – ein

Grenzgang. Präzise wie ein Schweizer Uhrwerk setzen wir einen Schritt vor den anderen, im Takt und mit Gefühl. Einmal hängen die Wechten weit ins Schweizer Wallis hinaus, ein paar Schritte später ins italienische Aostatal. Vorsicht haben schon unsere Vorgänger walten lassen, die eine solide Spur im zugespitzten Schnee angelegt haben. Das macht es einfach für uns, den Kopf auch vom Grat zu heben und die weiße Gletscherwelt unter dem blauen Himmel zu bestaunen. Der Abstieg nach dem Ostgipfel lässt noch einmal tief auf ein Spaltenmeer blicken. Der Grenzgletscher zurück nach Zermatt wird zum Labyrinth. Manche Spalten klaffen meterweit auf, andere überbrückt ein Hauch von Schnee, ein seil-spannender Abstieg in der Mittagshitze. Nonstop gehen wir vorbei an der Monterosahütte, es ist noch ein langer Weg zurück, der sich bis zum Zug beim Rotenboden immer weiter in die Länge zu ziehen scheint. Nach zwei Wochen nimmt unser Urlaub ein Ende. So eine Dosis Westalpen wirkt glücklicherweise noch länger nach.

Weisshorn, 4506 Meter
Randa, Walliser Alpen
Überschreitung vom Bishorn (4153 m) über den Nordgrat auf das Weisshorn mit Abstieg über den Ostgrat, im August 2016 mit Andi.
Eine perfekte Pyramide und damit einer der schönsten Viertausender.

Wenn ich in der Jury eines Schönheitswettbewerbs unter den Schweizer Viertausendern säße, würde das Weisshorn meine Stimme bekommen. So oft bestaunte ich von den Gipfeln ringsum diese weiße Pyramide, die stolz aus dem Wallis ragt wie die Cheops-Pyramide aus der Wüste. Die Ägypter hätten sicher ihre Freude an der Form des weißen Horns gehabt, möglicherweise aber nicht an den Temperaturen, die hier herrschen.

Drei Jahre lang hatte ich das atemberaubende Weisshorn schon auf meiner Wunschliste gehabt, doch immer machte mir etwas einen Strich durch die Rechnung – erst das Wetter, dann die Verhältnisse, beim nächsten Mal meine Akklimatisierung und dann das Zeitbudget. Gefühlt passte nie alles zusammen, um es überhaupt zu versuchen.

Aber sag doch niemals nie! Im August 2016 ist unser Tag W(eisshorn) gekommen. Im Hinterkopf haben wir wüste Geschichten vom Scheitern und Umkehren. Zwei Bekannte holte im Jahr zuvor der Hubschrauber vom Weisshorn, ein Freund blieb in meterhohen Schneeverfrachtungen einfach stecken. Doch siehe da: ein anderer Augenblick und ein anderes Glück! Wir nehmen an einem klirrend kalten, aber strahlend schönen Tag die scharfe Überschreitung von Nord nach Ost unter die Steigeisen. Akklimatisiert sind wir bestens, nur wenige Tage nachdem wir den Peutereygrat auf den Mont Blanc gemeistert haben.

Überschreitungen sind nicht nur eine konditionelle, sondern oft auch eine logistische Herausforderung. Die Talorte des Weisshorns trennen nur 18 Kilometer Luftlinie – aber 4505 Höhenmeter. Auf der Straße liegen ganze siebzig Kilometer zwischen Randa im deutschsprachigen Mattertal und Zinal im französischsprachigen Val d'Anniviers. Wir stellen unseren Bus ins Parkhaus in Randa und radeln noch ein Stück auf unseren Mountainbikes bis Visp hinunter. Das öffentliche Verkehrssystem in der Schweiz ist immer wieder eine Freude: Zügig gelangen wir erst mit der Bahn, dann mit dem Bus auf die andere Seite des Berges.

Ab Zinal hilft nur noch Muskelkraft beim Aufstieg zur Tracuithütte. Er ist einer der längsten Hüttenzustiege der Schweiz, viereinhalb Stunden wandern wir zum 2013 erneuerten Bauwerk. Der Turtmanngletscher und die Bergwelt spiegeln sich in der verglasten und mit Edelstahl und Solarpanelen versehenen Fassade. Das Innere ist schön, aber wenig sympathisch. Unsere Anfrage für eine Nächtigung mit Frühstück ohne Halbpension wurde abgelehnt. Dies sei nicht möglich, erklärte uns die Hüttenwirtin und missachtete damit die Grundidee des Schweizer Alpenclubs, der vorsieht, dass man sich in seinen Hütten auch selbst versorgen darf. Das haben wir aber erst später erfahren … Wir hätten uns abends gerne selber verköstigt, zum einen, weil uns eine Jause gereicht hätte, und zum anderen, weil wir die ohnehin schon hohen Kosten unseres Schweiz-Urlaubs geringer halten wollten. Achtzig Franken (etwa siebzig Euro) für die Halbpension erschien uns im Grunde zu viel, aber das Weisshorn war es uns dann doch wert.

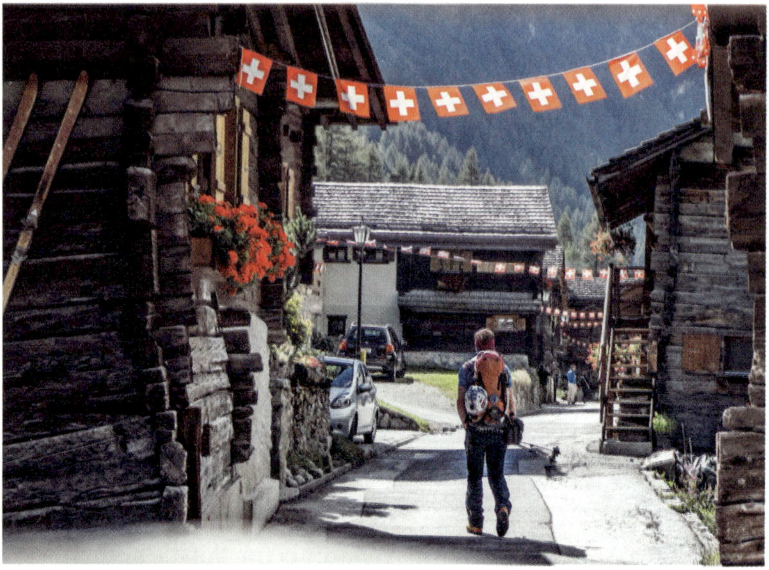

Die Schweizer zeigen Flagge im Bergdorf Zinal.

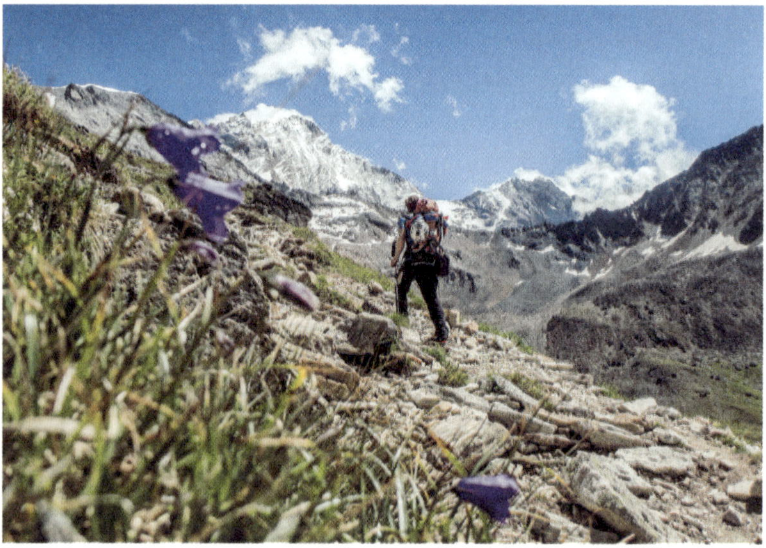

Unten grün und violett, oben weiß: Auf zur Weisshorn-Überschreitung.

Das jahrelange Warten auf die Gunst der Stunde zahlt sich aus. Die senkrechten Kletterstellen im Felsen sind dafür ganz besonders trocken, der steile Firn ist festgefroren, und wir sind den anhaltenden Schwierigkeiten mehr als gewachsen. Diese große alpine Herausforderung wird zur genialen Genusstour. Die Freude schmälern nur ein eisiger Wind und der knieschmerzend lange Abstieg. Umso größer ist sie, als wir in Randa wieder beim Bus ankommen. Das Weisshorn ist mein 47. und damit vorletzter Viertausender in der Schweiz. Somit habe ich nur noch eine Rechnung offen: die mit dem Täschhorn.

»Man muss träumen wollen,
um träumen zu können.«

Charles Baudelaire

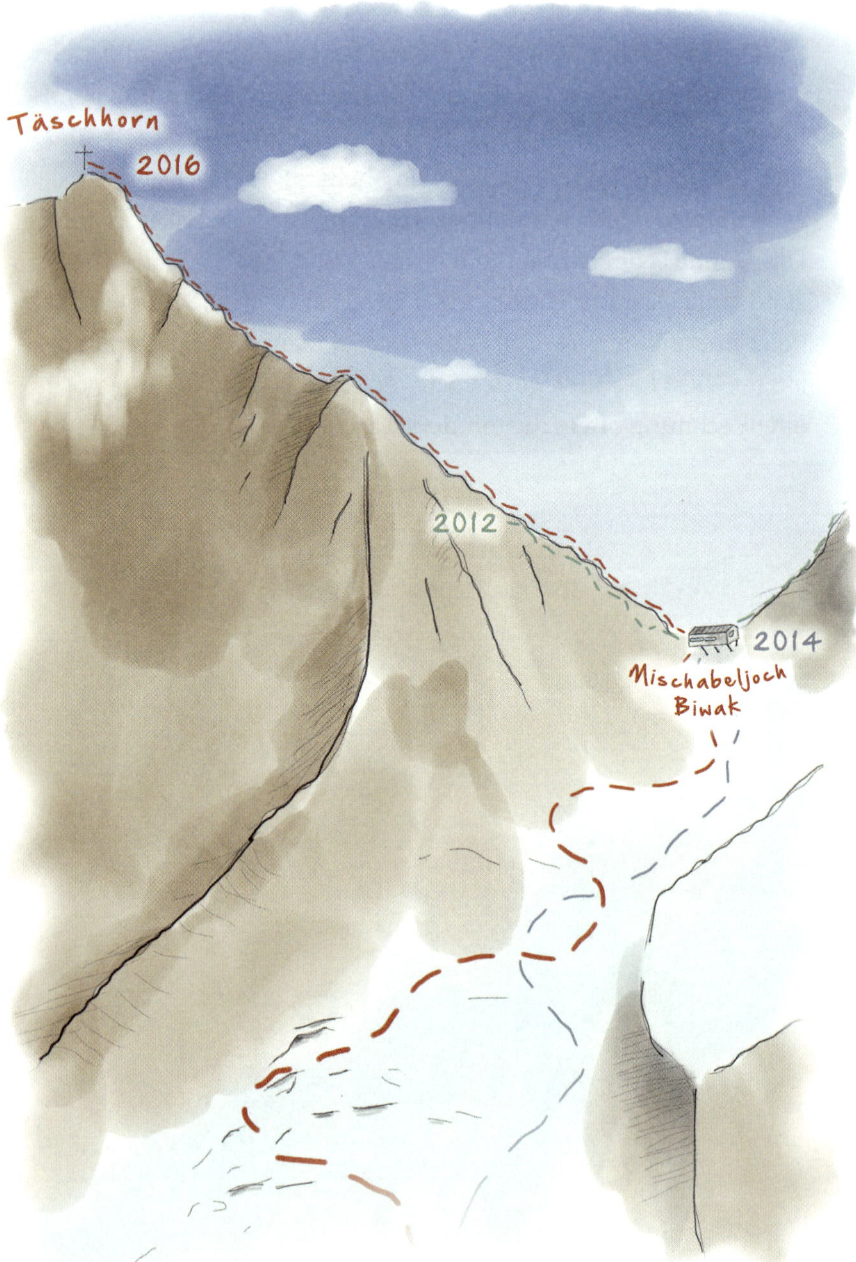

Täschhorn
2016
2012
2014
Mischabeljoch
Biwak

Auf den letzten Zacken der Schweiz

TÄSCHHORN

Ein einziger Viertausender, den ich ernsthaft versuchte (also nicht schon beim Ausgangspunkt merkte, dass es eigentlich aussichtslos war), brauchte mehrere Anläufe, dafür sogar drei: das Täschhorn.

Ein Zeichen dafür, dass aller guten Dinge drei sein dürften, erspähen wir an diesem Augusttag 2016 gleich beim Eintritt ins Mischabeljochbiwak.

»Mit LIEBE getragen, aus MÜDIGKEIT nicht getrunken. Gnüsts'n«,

notierte Lukas auf einem Zettel und ließ ihn auf dem Holztisch in der Küche zurück. Auf diesen Zeilen steht zu unserer Freude eine Flasche Rotwein. Ein Zweigelt aus Niederösterreich darf's sein zu den Nudeln, die auf dem Holzofen köcheln.

Stärkung tut nach dem langen Weg ins Mischabeljochbiwak gut. Im zweithintersten Dorf im Mattertal, das noch vor Zermatt, aber doch in seinem Schatten steht, wandert der Blick fast ungläubig weit hinauf. Das Täschhorn ragt drei Kilometer über seinen Talort Täsch. Wer an dieses Horn herangeht, der braucht einen langen Atem. Es gibt keine kurzen Wege. Wir nähern uns über das 3855 Meter hoch gelegene Mischabeljochbiwak an. Zwischen Täschhorn und Alphubel bietet es Unterschlupf für bis zu 24 Bergsteiger. Manchmal wird es hier eng. Erreichbar ist es vom Saastal und vom Mattertal oder auch wenn man von oben, vom Alphubel herkommt. 1600 Höhenmeter überwinden wir von der Täschalp über einen sich lange ziehenden Moränenrücken, einen mühsamen Felsaufschwung und den spaltenreichen Weingartengletscher. Wer hier noch eine Weinflasche in den Rucksack packt, der hat unsere Hochachtung. Prost, lieber Lukas!

Täschhorn, 4491 Meter

Täsch, Mischabelgruppe, Walliser Alpen

Bestiegen vom Mischabeljochbiwak über den Normalweg (Südostgrat) im August 2016 mit Andi.

Ein markanter Felsgipfel, der zwischen Dom und Alphubel zum Walliser Himmel ragt.

Vielleicht hilft uns dieser Schluck diesmal höher hinaus. Beim ersten Versuch passierte im Abstieg vom Alphubel mein brenzliger Purzelbaum, sodass wir für das Täschhorn keinen Kopf mehr hatten. Der südlichste Zacken der Mischabel ist aber zu schön, um ihn nur von unten zu sehen. Das haben sich wohl schon die Erstbegeher gedacht. »Zwei herrlich scharfgeschnittene Gipfel, Mischabelhörner genannt. Sie sind ungefähr gleich hoch, und beide sind höher als alle anderen Berge, mit Ausnahme des Monte Rosa am Horizont«, hat sie John Llewelyn Davies, einer der Erstbesteiger des Doms (im Jahr 1858) und des Täschhorns

(1862) beschrieben. Ein Jahr nach dem ersten wagen Andi und ich bereits den zweiten Versuch: Diesmal kamen wir nicht mehr von oben, sondern von unten zum Biwak, über den Weingartengletscher. Als wir am nächsten Morgen die Augen aus dem Fenster richteten, klebten zehn Zentimeter Neuschnee am unteren Ende der Glasscheibe. Vor der Tür lag blankes Eis. Wir hatten keine Lust auf eine Rutschpartie. Es sollte wieder nicht sein.

Jetzt aber, im Jahr 2016. Nichts schreckt uns ab, kein Schneesturm vor der Eisentüre, kein ernster Zwischenfall, keine böse Überraschung – nur eine gute, der Rotwein! Die Verhältnisse passen also, das Bauchgefühl stimmt. Im Schein unserer Stirnlampen steigen wir in den Südostgrat ein und können das Klettern vom ersten Schritt weg genießen. Wo wir beim ersten Versuch über den Bruchhaufen geschimpft und beinahe die Orientierung verloren haben, klettern wir in akzeptablem Felsen fröhlich vor uns hin. Geändert hat sich nichts, nur unsere Einstellung und unsere Erfahrung. Nach dem Peutereygrat und dem Weisshorn sind wir ausreichend akklimatisiert. Vielleicht fällt uns das Klettern deshalb relativ leicht, weil die vergangenen Touren noch viel schwieriger waren. Langsam geht die Nacht zu Ende und die Sonne schiebt sich über ein Nebelmeer, das ganz Italien zudeckt. Bekommen die denn nie blauen Himmel ab? Das Licht taucht die Firnflanken auf italienischer Seite in ein Orange und wärmt unsere kalten Wangen. Von den scharfen Firnpassagen lassen wir uns nicht den Schneid abkaufen. Hier treffen wir auf eine weitere Seilschaft. Ein Bergsteiger ist leider abgerutscht und hat seinen Pickel verloren – für ihn ist damit Ende in diesem Gelände. Er will warten, während uns sein Kollege aus Zürich folgt.

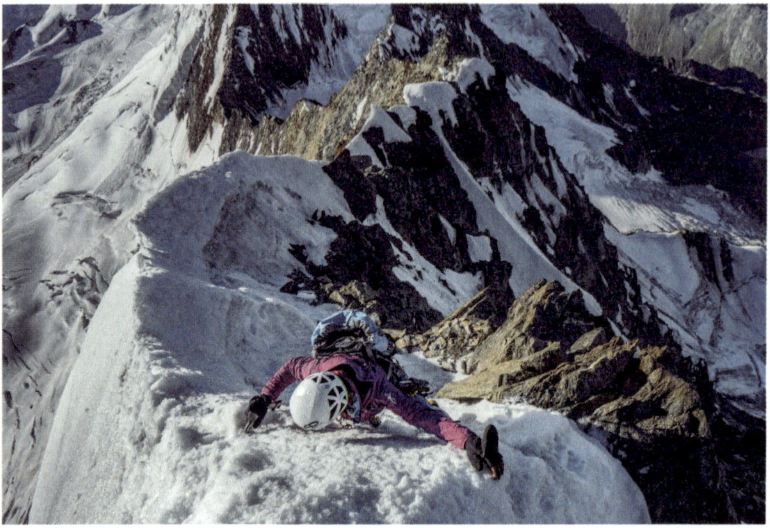

Beim Abstieg vom Täschhorn, dem letzten Schweizer 4000er in der Sammlung.

Nur noch der Gipfelaufbau. Klettern, schnaufen, staunen. Alles gleichzeitig. Ich springe förmlich die letzten Schritte bis zum Gipfelkreuz auf meinem letzten Schweizer Viertausender. Es übermannen mich mehr als 4000 Gefühle. Ein Traum erfüllt sich. Wenn ich mich im Kreis drehe, dann sehe ich sie alle. Von A wie Aletschhorn bis Z wie Zinalrothorn. Dieser Gipfel macht mich rundum fröhlich. Kurz überlegen Andi und ich, das Täschhorn über den Grat bis zum Dom zu verlängern. Aber es reicht uns bis hierher. Wir gehen konzentriert denselben Weg zurück, das pure Glücksgefühl und die leere Weinflasche begleiten uns bis auf den Parkplatz der Täschalp. Den Abend verbringen wir im kleinen Bergdorf Ottavan. Gratis-Parkplätze gibt's im Mattertal sonst kaum. Außerdem wollen wir darauf anstoßen, am besten gleich dreimal, dass unsere Hartnäckigkeit ein unvergessliches Gipfelerlebnis ermöglicht und sich dieser Traum nun erfüllt hat. Dazu dieses Panorama! Das Weisshorn steht auf der anderen Talseite mächtig vor uns, das Täschhorn liegt in der Abendsonne hinter uns. Andi spielt auf seiner Ukulele und ich lausche der Musik. Dazu haben wir uns doch nochmal ein Gläschen verdient.

»Du hast drei Möglichkeiten im Leben:
aufgeben, nachgeben oder alles geben.«

Anonymer Verfasser

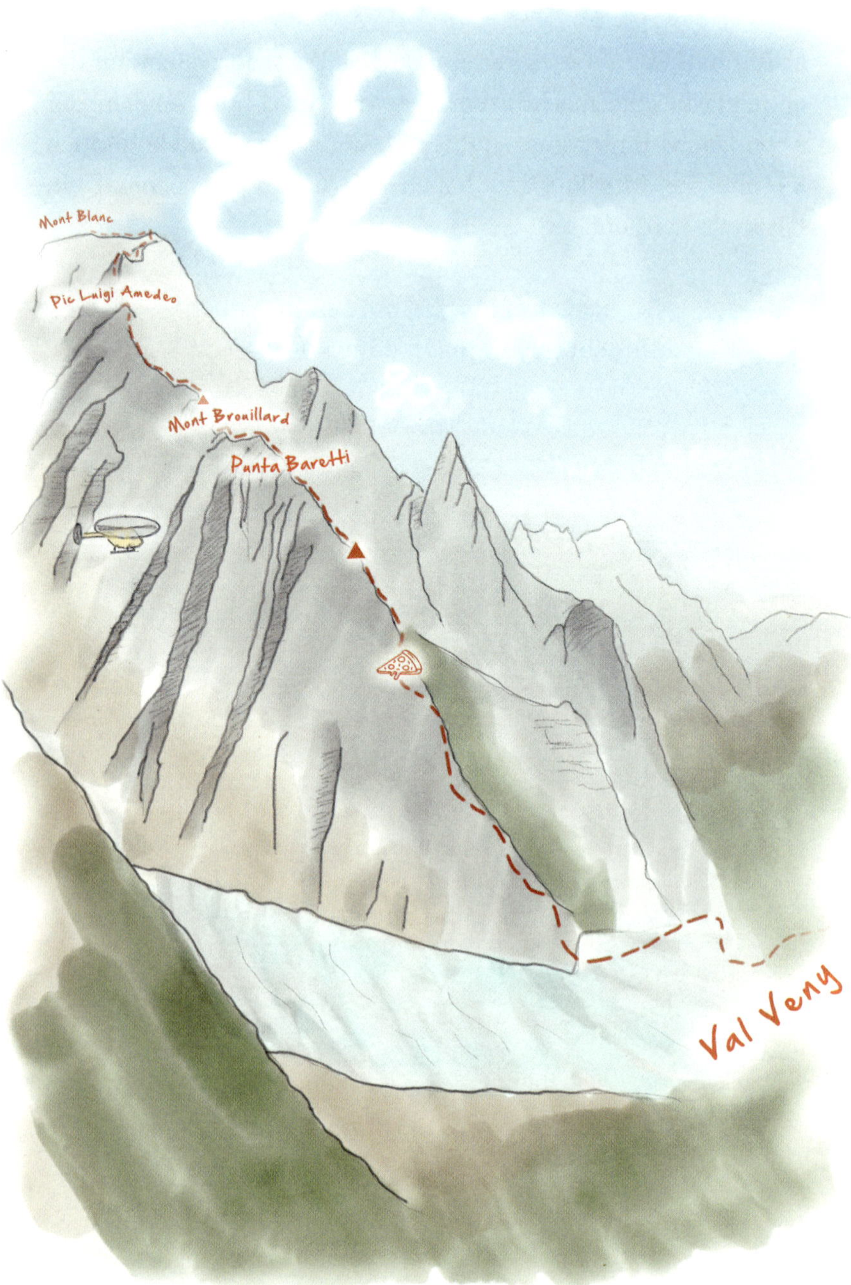
82
Mont Blanc
Pic Luigi Amedeo
Mont Brouillard
Punta Baretti
Val Veny

Das Grande Finale

AIGUILLE DU JARDIN, BROUILLARDGRAT INTÉGRALE

Die Schritte ins Büro des Chefredakteurs fielen mir schwer. Vor keiner Klettertour hatte ich schlechter geschlafen als vor diesem Tag. Aber es ging nicht mehr anders für mich. Ich kündigte. *Einen guten Redakteursjob freiwillig aufgeben? Bist du verrückt?* Verstanden hat mich in meinem Umfeld kein Mensch – nur Andi. Nach zehn Jahren als angestellte (und vermutlich sogar angesehene) Redakteurin wagte ich also den Schritt in die Selbstständigkeit – und in eine unsichere Zukunft. Als Mutprobe sehe ich das aber nicht. Nein, alles andere wäre mutig gewesen! Nach meiner Bildungskarenz war ich ja nicht mehr ins Sportressort zurückgekehrt, sondern schrieb nun schon zwei Jahre lang für die Chronik. Bald schon spürte ich, dass mich Recherchen über Lawinenopfer, Brandstifter oder Skischaukel-Erweiterungspläne nicht erfüllten. Mein Wunsch nach Versetzung in ein anderes Ressort wurde nicht erhört. Mit jedem Tag fühlte es sich mehr so an, als würde mein journalistisches Feuer erlöschen, als würde es erstickt werden unter einer schwerfälligen Decke der täglichen

Bad News. Das Pendeln von Roßleithen, wo ich mittlerweile mit Andi gemeinsam wohnte, in die Redaktion nach Linz war ebenfalls mühsam. Neunzig Kilometer, eine knappe Stunde Fahrzeit pro Richtung, vorausgesetzt es gab keinen Stau. In Summe einfach viel zu viel Zeit, die auf der Strecke blieb. Ich brauchte wieder frischen Wind. Und Öl für mein Feuer.

Was blieb mir auch anderes übrig, als die Zeitung zu verlassen? »Love it, change it or leave it«, war ein Spruch, der mir schon länger als ein Jahr im Kopf herumgeisterte.

UNZUFRIEDEN zu werden, das passiert im Leben. Aber unzufrieden zu BLEIBEN, das passt nicht für mein Leben.

Ich bin felsenfest davon überzeugt: Zum allergrößten Teil hat jeder Mensch sein Glück selbst in der Hand – oder wahlweise sein Unglücklichsein. Für mich war es also allerhöchste Zeit für eine Veränderung. Meine zahlreichen Gespräche mit Unternehmens- und Steuerberatern hätte es für diese Entscheidung wohl gar nicht mehr gebraucht. Ich wollte meinen Beruf intensiver mit den Bergen verbinden. Das Bergsteigen war ja immer nur mein Ausgleich gewesen, aber warum sollte ich nicht als freie Journalistin für Magazine und andere Auftraggeber über die Berge, die Menschen und ihre oder meine Abenteuer schreiben? Warum sollte ich mich damit nicht selbstständig machen? Andi fotografiert gerne und richtig gut, wieso arbeiten wir nicht gemeinsam an Geschichten? Schließlich erreichten uns inzwischen auch immer wieder Anfragen – auch für unsere gemeinsamen Vorträge.

Zu den *Vorträgen*[12] waren wir inzwischen eher zufällig gekommen. Unsere Freunde vom Gebirgsradverein Windischgarsten organisieren alljährlich ein tausend Besucher großes Foto- & Film-Fest und fragten uns, ob wir dafür einen Beitrag über unsere Nepal-Expedition zur Ama Dablam gestalten wollten. Bei dieser Premiere kam der Stein ins Rollen – und es fühlte sich so an, als hätte ich damit eine neue Form des Journalismus entdeckt. Vorträge hatte ich immer als verstaubtes Diaabend-Langweil-Format im Kopf – Irrtum! Vielmehr hat es ungemeines Potenzial, viel mehr noch als ein Zeitungsbericht, nämlich Geschichten persönlich, authentisch und humorvoll zu erzählen, sie zu untermalen mit eindrucksvollen Fotos, inspirierender Musik, packenden Interviews, spannenden Videos und Animationen.

Gemeinsam mit Andi macht es Spaß, wochenlang die kreative Ader fließen zu lassen und eine Art Gesamtkunstwerk auf dem Computer zu programmieren. Neben den Vorträgen hatten wir zudem noch die Idee, eine bildstarke Homepage inklusive Blog in die virtuelle Welt zu setzen: www.hochzwei.media. Es flossen viele schlaflose Nächte, Wochen und Monate in diese Arbeitsschritte. Die Stunden konnten wir bald gar nicht mehr zählen, es waren zu viele.

Ob wir davon leben können? Das wissen wir (noch) nicht. Was wir wissen:

Es macht uns GLÜCKLICHER,
als tagein und tagaus in dasselbe Büro zu gehen.

---

12 Neudeutsch auch gerne Live-Reportagen oder Multivisionen genannt und nur ganz selten ohne den Zusatz »Multimedia« auf Plakaten zu finden. Infos dazu: www.hochzwei.media/vortraege

Und wovor sollten wir Angst haben? Wenn wir eines Tages zu wenig für unsere Ansprüche verdienen, dann suchen wir uns wieder einen Angestelltenjob. Und wenn wir's nie versuchen, sagen wir vielleicht eines Tages: Ach, hätten wir doch damals … Das positive Feedback von vielen Seiten stärkt uns ungemein, diesen Weg weiterzuverfolgen.

Trotz aller Nebenwirkungen (Buchhaltung, Steuerausgleich, Auftragsakquise, Unsicherheit), die eine Selbstständigkeit mit sich bringt, sind die großen Pluspunkte die Selbstverantwortung und die freie Zeiteinteilung – und die lieben wir als Bergsteiger. Ich wollte mir damit auch mehr Freiräume schaffen, etwa für unsere geplante Expedition ins Karakorum. Es hat kein Jahr mehr gedauert, und auch Andi hat seinen Job gekündigt. Vorher wollte ich jedoch noch meinen größten Traum erfüllen: Ich wollte meine letzten Viertausender besteigen!

2017 sind noch vier übrig. Bevor wir losstarten, erzählen wir das erstmals öffentlich auf unserem Blog. Ein komisches Gefühl: Ich habe davor nie die Lust gehabt, meine Viertausender-Sammelleidenschaft an die große Glocke zu hängen. Davon haben nur wenige Menschen gewusst. Wenn mich jemand gefragt hatte, habe ich geantwortet. Aus freien Stücken ist das nie aus mir herausgesprudelt. Warum auch?

Eigentlich ist es erst Gerlinde Kaltenbrunner gewesen, die mir auf einer gemeinsamen 24-Stunden-Wanderung die Augen geöffnet hat: »Marlies, nur noch vier Viertausender? Das erzählst du mir so beiläufig? Darüber musst du unbedingt ein Buch schreiben«, hat sie gesagt. Etwas überrascht bin ich dann doch gewesen, dass Gerlinde mein Viertausender-Projekt so spannend empfunden hat. Sie selbst hat immerhin alle vierzehn Achttausender dieser Erde bestiegen! Die Buchidee habe ich gedanklich wieder ad acta gelegt. Ich hatte nicht vor, eine große Geschichte daraus zu machen.

Für das letzte Kapitel möchte ich aber alles geben: für die Aiguille du Jardin, die Punta Baretti, den Mont Brouillard und den Pic Luigi Amedeo. Vier überaus bekannte Gipfel, oder? Nun ja, die Frage nach den exotischsten Viertausendern der Alpen würde bei der Millionenshow bestimmt 500 000 Euro einbringen. Armin Assinger hat uns leider noch nicht danach gefragt, aber dafür wird uns eine Bank als Sponsor unterstützen. Für unser großes Finale wird sie unsere Hütten- und Reisekosten übernehmen. Das wäre in meiner Gedankenwelt bis vor Kurzem noch in der Kategorie »unvorstellbar« gelandet (und mir auch gar nicht als erstrebenswert erschienen). Denn bisher ist in jede einzelne Westalpen-Reise mein eigens erspartes Geld geflossen – und es ist jeden Cent wert gewesen. Jetzt aber ist es zu einem richtigen Projekt geworden. Und Unterstützung dafür freut uns riesig und macht die Planung einfacher.

Für mich ist von Anfang an klar gewesen, dass ich mein Viertausender-Finale gemeinsam mit Andi in Angriff nehmen möchte. Dass er mich dabei begleiten wird, macht das Unternehmen für mich erst vollkommen. Zwei Urlaubswochen kann er sich allerdings erst für August 2017 eintragen. Auf diesen Termin freue ich mich, seit der Sommer 2016 ein Ende genommen hat.

Seit einer Woche gehe ich Andi wohl schon ziemlich auf die Nerven, weil ich vorfreudig durch die Wohnung hüpfe. Er drückt seine Emotionen meist doch eher etwas stiller aus. Zumindest zwei Punkte sind vor dieser Westalpenreise anders: Vor der Abfahrt müssen wir uns diesmal Gedanken machen, wo die Sponsoraufkleber auf Helm und Jacke Platz finden. Beim nächsten Punkt mache ich mir wiederum null Gedanken: Ich reserviere auf der Couverclehütte für zwei Nächte, aber erkundige mich weder nach dem Preis noch nach den Verhältnissen. Das habe ich schlicht vergessen, weil es diesmal nur ein Ziel gibt: die letzten Vier!

Zuerst wollen wir auf die Aiguille du Jardin klettern – eine kleine eigenständige Erhebung im mächtigen Massiv der Aiguille Verte. Sie kratzt nur knapp über die 4000 Meter. Zeit zum Akklimatisieren wollen wir uns deshalb auch gar nicht nehmen – gleich den direkten Weg! Als wir auf dem Refuge Couvercle einchecken, lacht uns der Hüttenwirt gleich lauthals aus. »Aiguille du Jardin? It's impossible!« Die Vorfreude rutscht schlagartig unter Meeresniveau, zwei knappe Sätze nehmen den Wind aus unseren Segeln. Ist unser Projekt schon vor dem Start auf Grund gelaufen? Seit etwa zwei Monaten sei niemand mehr auf der Jardin gewesen, erklärt der Hüttenwirt. Die Verhältnisse seien miserabel. Schluck.

Aiguille du Jardin, 4035 Meter

Chamonix, Mont-Blanc-Gruppe

Von der Couverclehütte über den Normalweg, wegen Ausaperung über eine Felsrippe ausgewichen und zurück in die Originalroute, mit Andi im August 2017.

Eine unscheinbare Erhebung im mächtigen Massiv der Aiguille Verte.

Okay, dann doch nicht Frühstück um Mitternacht. Aber bevor wir es gar nicht erst versuchen, möchten wir uns selber ein Bild vom Ungetüm machen. Wir steigen vor dem Abendessen zur Moräne auf, um die Route sehen zu können. Die Aiguille du Jardin schaut tatsächlich ungeheuerlich aus – zumindest auf der Normalroute. Der Sommer hat dem Firncouloir seine weiße

Auflage genommen. Ein Sand-Schotter-Gemisch mit ein paar Schneeresten und Eisflächen ist übrig. Nichts, das zum Klettern einladen würde.

Also Plan B: Anstatt sofort zur Jardin loszustürmen, machen wir den nächsten Tag zum Erkundungstag. Das hat auch seine guten Seiten: Frühstück gibt's erst um vier Uhr früh. Um sieben Uhr morgens stehen wir am Wandfuß der Aiguille du Jardin. Und der Normalweg? Ausgeschlossen. Der Bergschrund? Unüberwindbar. Aber es muss doch eine Möglichkeit geben! Wir entdecken weiter rechts eine Linie über das erste Schneefeld und einen Weiterweg entlang der schwach ausgeprägten Felsrippe. Dort ist der Fels allerdings sehr mit Vorsicht zu genießen. Andi kundschaftet die ersten hundert Höhenmeter aus. Ich muss blöderweise am Wandfuß zurückbleiben, weil mein Helm doch lieber in der Hütte geblieben ist. »Sieht ganz gut aus!«, ruft mir Andi zu. »Weißt du noch, damals …«, erinnern wir uns an Touren, die noch brüchiger, noch schwieriger, noch aussichtsloser waren. Und überhaupt: Was haben die Erstbegeher früher gemacht? Was uns ebenfalls Hoffnung gibt: Die Steinschlaggefahr erscheint im Gegensatz zum Whymper Couloir an der benachbarten Aiguille Verte vergleichsweise gering. Wir spüren neuen Mut! Und haben bei diesem Plan ein sehr gutes Bauchgefühl: Morgen wollen wir das – laut Hüttenwirt – Unmögliche versuchen!

Unser gutes Bauchgefühl bekommt am nächsten Tag aber schon im Zustieg wieder Schmerzen. Wir vernehmen auf der Aiguille Verte das Leuchten von Stirnlampen. Das sind doch nicht etwa noch die zwei Seilschaften von gestern? Doch. Sie verbringen demnach schon mehr als 24 Stunden am Moinegrat. Ungeplant, da sind wir uns sicher. Dabei hatte der Hüttenwirt noch gemeint, im Gegensatz zur Jardin sei der lange Moinegrat zurzeit möglich. Nach längerer Beobachtung sind wir uns endlich sicher, dass diese Bergsteiger kein Notsignal absetzen, sondern den Abstieg suchen und langsam vorankommen. Sonst wären wir zur Hütte geeilt und hätten Alarm geschlagen. Handyempfang: Fehlanzeige. Ein bitterer Nachgeschmack bleibt aber: Den langen Moinegrat von der Aiguille Verte hatten wir als Abstiegsalternative im Hinterkopf, sollte unser Aufstieg zu scheußlich werden. Na gut, den Biwaksack haben wir ja eingepackt …

Mit dem ersten Licht des neuen Tages steigen wir in unsere Spuren von gestern, ohne viel zu reden. Wir sind bei jedem Schritt höchst konzentriert. Wir wechseln vom Schnee auf das bröselige Gesteinsmaterial und steigen wie auf Samtpfoten höher. Zumindest ein paar festere Felsbrocken geben sicheren Halt. Wir kommen gut voran. War es nicht auf den Dames

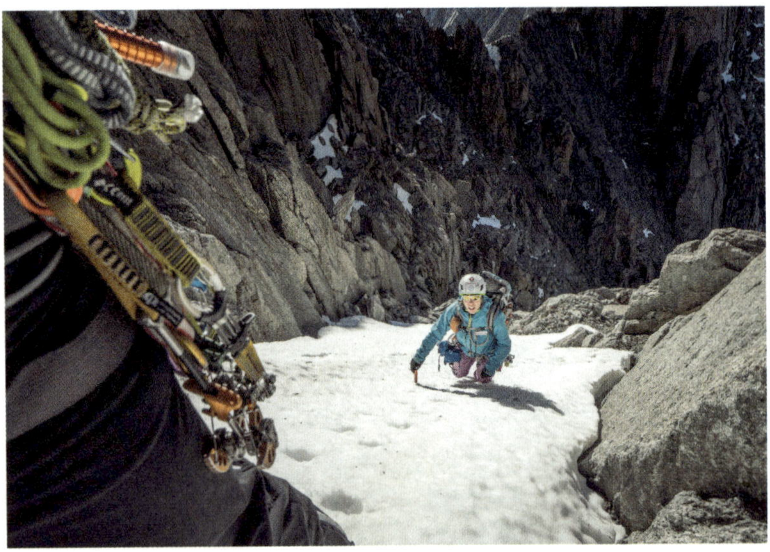

Zwischen Felsen steiler Firn auf der Aiguille du Jardin.

Anglaises am Peutereygrat noch wilder? Erfahrungen festigen unsere Moral. Über das ausgetrocknete Couloir sichern wir eine Seillänge, und damit kommen wir endlich auf die Normalroute.

Als Entschädigung präsentiert sich die Aiguille du Jardin im oberen Teil dafür mit perfekten Bedingungen. Das Klettern ist mit dem vierten Schwierigkeitsgrad bewertet, da müssen wir ganz fest zupacken. Die Luft wird dünner, und nur selten können wir unseren Blick auf das Ambiente rundherum heben, obwohl das einfach nur zum Niederknien schön ist. Genießen können wir es nicht. Der Grat zieht sich in die Länge, bis wir nach dieser fünf Stunden langen Kletterkonzentrationsübung den Gipfel der Aiguille du Jardin erreichen. Können wir uns freuen? Das Glücksgefühl ist noch auf Sparflamme. Wir wissen schließlich, dass der Abstieg nicht weniger anspruchsvoll sein wird.

Nach weiteren fünf Stunden können wir endlich durchatmen. Wir seilen uns sechzig Meter über den Bergschrund zurück auf den Gletscher. Dazwischen liegen vorsichtiges Abklettern und dutzende Abseilmanöver mit vielen strategischen Gedanken: Wo können wir das Seil gut abziehen, ohne dass es hängen bleibt? Wo sind wir dem Steinschlag am wenigsten ausgesetzt? Welchen Felszacken können wir als Abseilstände vertrauen? Seilen wir uns mit beiden Seilen sechzig Meter ab oder nur mit einem Seil dreißig Meter? Welche Schlingen lassen wir zurück? Halten jene, die wir gerade gefunden haben?

Als wir zurück in der Hütte sind, blickt uns der Wirt mit großen Augen an. Er freut sich, uns so früh wiederzusehen, und sagt, wir hätten wohl eine neue Route eröffnet. Das können wir aber mit Sicherheit verneinen, haben wir doch viele ältere Schlingen vorgefunden. Die Ersten waren wir also bestimmt nicht, die in diesem Gelände geflucht haben. Der Hüttenwirt erklärt uns, dass die vorgefundenen Lebenszeichen von den »Strahlern« sind, den Kristallsuchern. Kaum zu glauben, dass dort oben Bergkristalle zu finden sein sollen.

Wir haben glänzende Aussichten aus dem Hüttenfenster auf den Mont Blanc und die Grandes Jorasses. Langsam kommen auch die beiden Seilschaften übermüdet vom Moinegrat bei der Hüttentüre hereingestolpert. Bei einer Flasche Rotwein lassen wir diesen Fünfzehn-Stunden-Arbeitstag Revue passieren. Meinen 79. Viertausender werden wir nicht als schönste Tour in Erinnerung behalten, aber als weiteres Abenteuer in den Alpen, das wir gemeinsam gemeistert haben – und das uns vor allem eines zeigt:

Man darf nie den GLAUBEN verlieren, selbst dann nicht, wenn andere sagen, dass etwas UNMÖGLICH sei.

Zurück in Chamonix relativiert ein Anruf von zu Hause einfach alles. Ein Wirbelsturm fegt durch meinen Kopf, macht mich traurig und schockiert. Mein Cousin hat sich sein junges Leben genommen. Meine Gedanken sind bei meiner Familie. Braucht sie mich jetzt in ihrer Nähe? Ich führe viele lange Telefonate nach Hause. Meine Eltern und Geschwister sprechen mir Mut zu, hier zu bleiben und mein Projekt zu vollenden. Ich könne auch nichts mehr ändern an diesem Schicksalsschlag – und mich auf meinem Weg nah am Himmel von ihm verabschieden. Mit schwerem Herzen fasse ich den Entschluss, hierzubleiben und die letzte Tour zu versuchen.

Wir fahren durch den Mont-Blanc-Tunnel von Frankreich nach Italien, als der Winter über uns hereinbricht. Das passt zu meiner Stimmung. Bis sich die Verhältnisse bessern, wollen wir aber nicht stillsitzend unsere Akklimatisierung verlieren.

Ein Hoch auf die Torinohütte: Die Seilbahn bringt uns fast direkt von La Palud bei Courmayeur ins Speisezimmer der Hütte, die viel mehr ein Hotel ist. Die Renovierung ist den italienischen Gastgebern gut gelungen. Wäre das Wetter schön, hätten wir von hier einen prachtvollen Blick auf den nahen Peutereygrat. Erst am übernächsten Tag sehen wir endlich auf die wilden Zacken der Aiguille Noire, die allerdings ziemlich weiß sind. An den Brouillardgrat – der meine letzten drei Viertausender verbindet – brauchen wir bei diesen Bedingungen nicht denken. Um in Bewegung zu bleiben, wollen wir in der Zwischenzeit einem anderen weißen Riesen auf den Zahn fühlen: dem Dent du Géant.

Für einhundert Klettermeter sind meine Gedanken sogar beim Felsen unter mir – bei den nächsten schweifen sie schon wieder in die Ferne. Ich denke nur an meinen Cousin. Daran, bloß keinen falschen Schritt zu setzen. Meine Oma darf nicht noch ein Enkelkind verlieren! Wenige Seillängen unterhalb des Gipfels sage ich zu Andi: Ich fühle mich nicht wohl. Es weht ein kalter, starker Wind, die Fixseile und Freikletterstellen sind vereist, die größte Hürde ist jedoch mein Kopf. Ich bin selbst durch den Wind. Wir drehen um. Hinunter habe ich viele Höhenmeter Zeit, darüber nachzudenken, ob ich mich für die folgende Tour wirklich stark genug fühle. Der Körper ist das eine, der Kopf das andere: Und gerade er spielt in heiklen Situationen oft die wichtigste Rolle. Noch am selben Tag fahren wir wieder ins Tal. Am Campingplatz im Val Veny verlängert sich die Zeit zum Grübeln noch einmal. Wieder schneit es, die Berge sind ab der 2000 Meter Grenze weiß. Und ich? Erstaunlicherweise fühle ich mich bereit. Bereit für das Grande Finale.

Meine letzten drei Viertausender will ich nicht einfach einsacken und abhaken, das lässt alleine schon meine Liebe zu den wunderschönen Linien nicht zu. Punta Baretti, Mont Brouillard und Pic Luigi Amedeo könnte man nämlich auch von oben absteigend vom Mont Blanc erreichen – oder über eine seitliche Variante. Sie lassen sich aber auch mit einem extrem langen Grat verbinden: dem Brouillard Intégrale, der insgesamt sogar fünf Viertausender verbindet. Auf dieser Himmelsleiter betritt man die erste Sprosse schon am Talboden

Brouillardgrat Intégrale

Frêney, Val Veny, Mont-Blanc-Gruppe

Über die Aiguilles Rouges du Brouillard, die Punta Baretti (4013 m), den Mont Brouillard (4053 m) und Pic Luigi Amedeo (4469 m) bis auf den Mont Blanc, mit Andi im August 2017.

Einer der einsamsten und längsten Gratanstiege auf den Mont Blanc in idealer Linie vom Tal weg.

und verlässt sie nicht mehr bis zum Mont Blanc. Was für eine Linie! 3500 Höhenmeter und sieben Kilometer Luftlinie liegen bis zum höchsten Punkt der Alpen vor uns. Keine Hütte und keine Biwakschachtel bieten Komfort auf diesem weiten Weg, wo der Fels wohl nie ganz fest, dafür aber auch nie ganz einfach ist. Es sind die entlegensten Viertausender, und sie haben zugegebenermaßen nur noch etwas mit einer Sammlerleidenschaft und Abenteuergeist zu tun. »Wie im Himalaya«, sagen jene Bergsteiger, die in diesem Eck vom Mont Blanc bereits unterwegs waren. Und das sind nicht viele.

Dass die Geschichte von meinem letzten Viertausender wie jene von meinem ersten, dem Dom, sechs Jahre zuvor beginnt, das macht die Sache nicht einfacher: mit einer großen Portion Neuschnee mitten im Sommer.

Es ist Samstag, der 12. August, kurz vor Mittag. Seit halb fünf Uhr früh sind wir unterwegs und haben mit unseren 15 Kilogramm schweren Rucksäcken bereits 1600 Höhenmeter hinter uns gebracht. Wir stehen auf etwa 3200 Metern Meereshöhe und unsere Unsicherheit erreicht ihren Höhepunkt. Auf dem ersten von unübersichtlich vielen Grattürmen der Aiguilles Rouges du Brouillard müssten wir uns dreißig Meter senkrecht abseilen, das ist ein *Point of no Return*. Wenn wir hier also weiterziehen, dann gibt's kein Zurück mehr. Der Neuschnee bedeckt die Felsen, jeder Schritt gleicht einem wie auf rohen Eiern. Richtig fies sind die nassen Flechten – darauf klettert es sich wie auf einer eingeseiften Wasserrutsche. So macht Klettern keinen Spaß. Wollen wir das wirklich für den Rest des Tages? Und mindestens noch einen weiteren Tag? Kommen wir so überhaupt sicher und schnell genug voran? Nebel verhüllt alles rund um uns. Der Rückzug von hier wird zwar mühsam, aber er ist noch möglich.

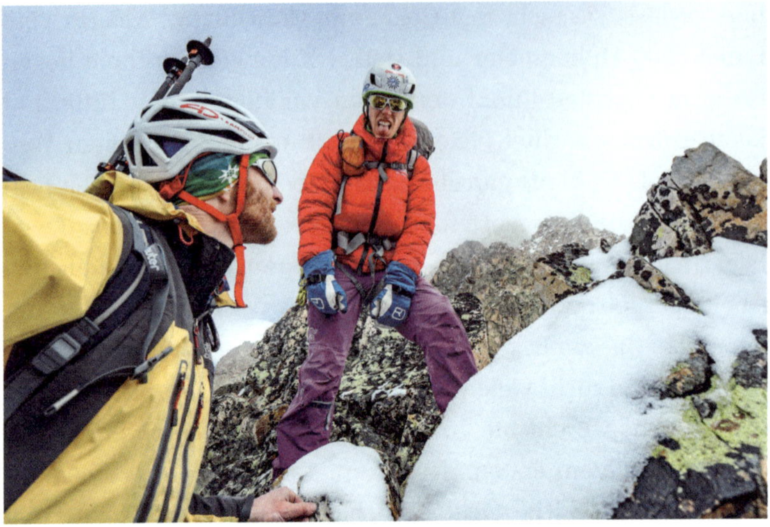

Der Entschluss fällt: Wir drehen um.

Die Fakten sind eindeutig. Wir drehen um. Das Projekt ist im wahrsten Wortsinn auf Eis gelegt und müssen wir wohl ein anderes Mal zu Ende bringen.

Weil wir noch Zeit über Zeit haben, legen wir in einer windgeschützten Nische eine Mittagspause ein: Immerhin gibt's das übrige Stück Pizza vom Vorabend! Während wir die kalte Pizza genießen, wärmt uns die Sonne und taucht die Nebelbank in gleißendes Licht. So ganz nebenbei bemerken wir dabei ein physikalisches Phänomen: Schnee schmilzt in der Sonne! Ein Stichwort! Wenn wir hier an Ort und Stelle biwakieren und mit der Kraft des grellen Himmelskörpers auf Besserung warten?

Mit diesem Gedankenspiel ist eine halbe Stunde schnell verflogen. Wir reiben unsere Augen, denn plötzlich beobachten wir ein gesellschaftliches Phänomen. Gibt's denn das? Wie aus dem Nichts kommt auf dieser für ihre Einsamkeit bekannten Tour (also eigentlich gar nicht bekannten Tour) eine zweite Seilschaft daher. Die beiden Franzosen sagen uns, eine Stunde hinter ihnen käme sogar noch eine dritte Seilschaft. Neue Hoffnung. Neue Spuren. Dazu trocknet der Felsen langsam auf, auf dessen nassen Flechten es vorhin noch so unangenehm zu steigen war. Ein Blick zu Andi reicht – und ohne vieler Worte sind wir uns beide einig: Wir drehen um! Also vom Umdrehen! Wir gehen weiter!

Wir können die Kletterzüge im trockenen Granitgestein zwischendurch genießen und kommen gut bergan. So macht das Klettern nicht nur Sorge, sondern Spaß! Und trotzdem kommen uns immer wieder heikle Passagen unter die Sohlen und so gruselige Gedanken in den Kopf wie: Wenn mir oder Andi jetzt ein Fuß wegrutscht, dann war's das mit uns! Ich berechne die Flugbahn, wo wir hinstürzen würden, hart aufschlagen und sterben.

Die Sorgen sind nur von kurzer Dauer. Sie haben hier keinen Platz. Wir wissen, dass jeder Schritt und Tritt sitzen muss, geben alles dafür, diese Tour sicher zu meistern. Der Weg über die Türme der Aiguilles Rouges gleicht einer Sisyphusarbeit. Nach insgesamt 16 Stunden sind wir auf rund 3600 Meter Höhe angelangt. Wir treten uns in der Dämmerung ein kleines Fleckerl Schnee zurecht und fixieren die Zeltplane mit unseren Trekking-Stöcken. Die Zeltstangen sind zum Gewichtsparen im Tal geblieben – dafür kam eine Stange italienische Salami mit. Die bringt uns nach so einem langen Klettertag doch viel mehr, haben wir uns gedacht. Dazu löffeln wir eine warme Suppe und frieren in nassen Socken durch die Nacht.

Die Schuhe sind am nächsten Tag auch nicht mehr nass. Sie sind gefroren. Nach der bitterkalten Nacht ist der Umstieg vom Schlafsack in die steifen Treter ein Härtetest. Die ersten Sonnenstrahlen sind heute nicht nur wunderschön, sondern haben vor allem praktischen Nutzen: Nur mit ihnen kommen wir wieder in die Gänge. Lieber ein All-Inclusive-Strandurlaub wie früher? Nein, das kommt mir erstaunlicherweise trotzdem nicht in den Sinn.

Das Klettern ist nicht allzu schwierig, wäre da nicht zwischen dem kalten Felsen der erst gefrorene und später aufgeweichte Schnee. Wir kommen voran. Langsam, aber sicher. Und endlich erreichen wir den ersten Viertausender am Grat, die Punta Baretti. Ich habe eine Riesenfreude, diesen abgelegenen Gipfel zu erreichen – und den nächsten vor Augen zu haben. Von der Baretti seilen wir uns gleich wieder ab, traversieren in Flanken, klettern hinunter und wieder hinauf, ehe wir eine Stunde später auf dem Mont Brouillard stehen dürfen. Der nächste Streich … Vielleicht falte ich auf diesem Gipfel deshalb meine Hände und blicke zum Himmel, weil ich weiß, dass die schwierigsten Passagen erst vor uns liegen – am Weg zum letzten Viertausender. Wahnsinnig wild ist es in diesem Eck der

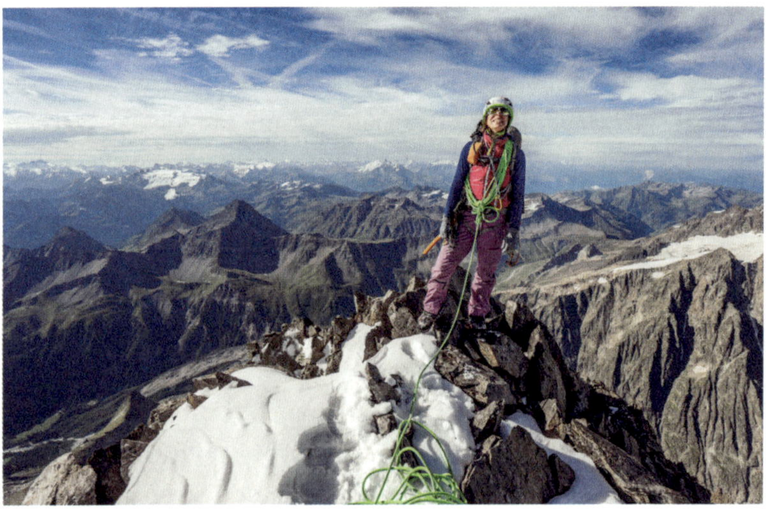

Der Punta Baretti, dem 80. Viertausender, folgt eine Stunde später …

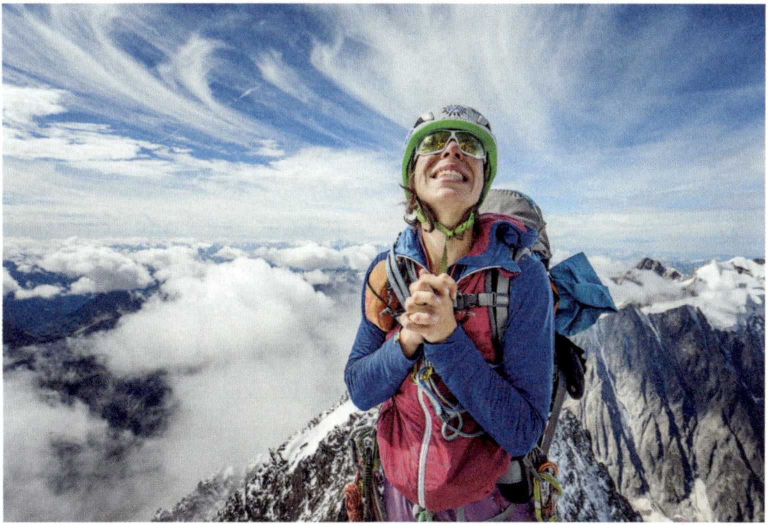

… der nächste Streich: Viertausender-Gipfel Nummer 81, der Mont Brouillard.

Alpen! Von hier sehen wir auch schon die 400 Meter hohe Steilwand zum Pic Luigi Amedeo, oder wie die Franzosen sagen: die Pointe Louis Amedée. Das ist er also, mein letzter Viertausender. Die zaghafte Vorfreude kriegt jedoch abermals eine – auf gut oberösterreichisch – Watschn. Wir machen plötzlich große Augen, als die Seilschaft vor uns um Punkt Mittag die Isomatten ausbreitet und es sich am schönsten Bergtag im Col Emile Rey gemütlich macht. Was machen die beiden bloß?

Wir rufen ihnen zu, was los sei. Die Antwort ist ernüchternd. Sie hätten den Weiterweg probiert, aber er sei zu gefährlich. So sehr wir noch gerne weiterklettern würden, auch wir müssen uns eingestehen: Hier ist ein Weiterkommen zu riskant! Vor uns liegt die Schlüsselstelle der Tour. Ein Mixed-Klettern[13],

[13] Als Mixed-Klettern bezeichnet man das abwechselnde und kombinierte Klettern in Fels und Eis. Dabei trägt man Steigeisen an den Füßen und Eispickel beziehungsweise scharf geschliffene Eisgeräte in den Händen, um sich fortbewegen zu können.

nur bei besten Verhältnissen im vierten Grad. Aber heute? Der Einstiegskamin des Pic Luigi Amedeo ist zwar mit Eis bedeckt, aber gleicht in der Mittagssonne einem Wasserfall. Dazu permanenter Steinschlag. Die *Rolling Stones* sind in diesem Fall kein angenehmes Geräusch. Zwangspause. Unsere einzige Hoffnung ist eine kalte Nacht. Dass die Temperatur unter die Null-Grad-Grenze fällt, alles gefrieren lässt und damit die Bedingungen sicherer macht. Die beiden Franzosen haben leider den einzigen guten Biwakplatz in Beschlag genommen. So bereiten wir uns mitten im Col Emile Rey, knapp über der Viertausender-Grenze, auf etwa drei Quadratmetern einen Schlafplatz vor. Wir treten Schnee zurecht, schlichten Steine um – und fragen uns, wo hier eigentlich noch die dritte Partie Platz haben soll. Gerade noch hat uns einer aus der Seilschaft hinter uns vom Gipfel des Mont Brouillards zugerufen, ob wir eine übrige Sonnenbrille dabei hätten.

Eine halbe Stunde später sind die beiden immer noch nicht da, doch es wird unangenehm laut. Ein Hubschrauber rattert heran, immer näher. Oh nein! Er wird doch nicht schon wieder … leider doch! Er fliegt die Seilschaft hinter uns aus! Ein Gefühlswirrwarr macht sich in mir breit. Hoffentlich ist nichts Schlimmes passiert. Hat einer der beiden bloß seine Sonnenbrille verloren? Wir erinnern uns, wie schmal dieser Grat auf so entlegenen Routen ist. Verliert man seine Sonnenbrille, dauert es nicht lange, und man wird in dieser Höhe schneeblind. Gibt das Feuerzeug den Geist auf, kann man keinen Schnee mehr schmelzen und dehydriert. Fällt ein Handschuh hinunter, erleiden die Finger schnell Erfrierungen. Stürzt ein Eisgerät oder Steigeisen ab, bedeutet dies ein Ende im Gelände. Jeder kleine Fehler hat hier große Folgen. Alles kann so schnell gehen, und es kann jedem passieren. Ich danke den Rettungskräften, die hier zur Stelle sind! Wie versteinert beobachten wir keine 150 Meter von uns entfernt die Taubergung vom Mont Brouillard. Ein Déjà-Vu. Wir denken an die Spanier, die vom gegenüberliegenden Peutereygrat vor einem Jahr ausgeflogen worden sind. Es dauert, bis wir den Blick wieder nach vorne richten können. Und was vor uns liegt, sieht auch nicht sonderlich gut aus.

Kurz spielen meine Gedanken damit, welch Erleichterung es sein muss, einfach in den Hubschrauber zu steigen und von diesem Ort hier wegzufliegen. Denn wie es für uns weitergeht – und vor allem ob es weitergeht, steht ebenso in den Sternen. Was, wenn unser Plan nicht aufgeht? Die Schlüsselstelle morgen früh ebenso gefährlich ist? Unsere Alternative sieht alles andere als einladend aus. Wir müssten uns eine steile, steinschlaggefährdete Rinne abseilen und absteigen, über den brutal zerklüfteten Frêneygletscher und irgendwie zum Eccles-Biwak gelangen. Huch.

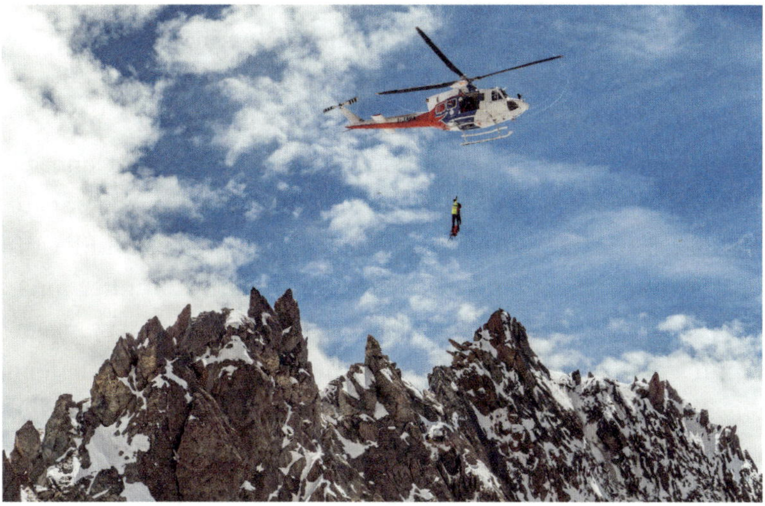

Schreckmoment: Der Hubschrauber fliegt die Seilschaft hinter uns aus.

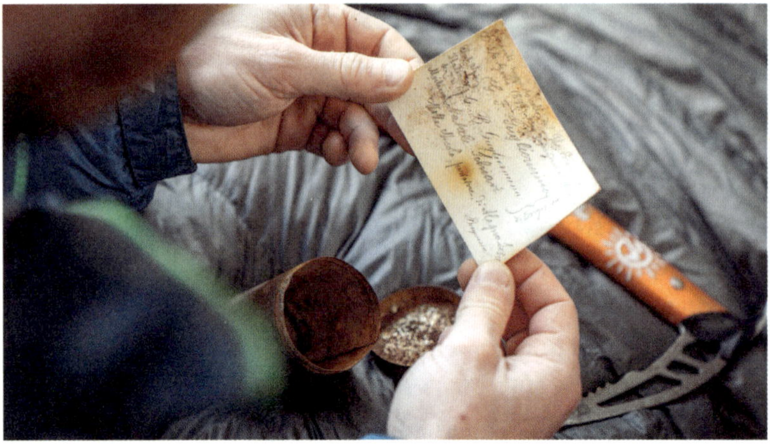

Jahrhundertfund: Eine Notiz aus dem Jahr 1899.

Im Laufe des Nachmittags kommen wir wieder auf bessere Gedanken an diesem so wunderbar wilden Flecken Erde. Unsere Kleidung und Schuhe trocknen in der prallen Sonne, so wird die Nacht bestimmt angenehmer. Damit unsere Beine nicht in den Abgrund baumeln, schlichten wir noch mehr Steine zurecht. Dabei stößt Andi auf eine verrostete Dose. »Sogar hier Müll!«, schimpfen wir kurz. Er legt sie erst beiseite – und aus Langeweile nimmt er sie Stunden später wieder zur Hand. So zugerostet, wie sie ist, bekommt er sie nur mit dem Eisgerät auf. Nanu! Darin steckt zu unserer Überraschung eine mit Bleistiftnotizen beschriebene Visitenkarte. »Giovanni Gugliermina« entziffern wir. Als Andi links oben etwas Rost wegwischt, kommt eine Jahreszahl zum Vorschein. 1899? Kann das denn wirklich sein? Hat dieses Relikt hier so lange überdauert? Wir recherchieren nach der Tour und werden fündig: Vor mehr als hundert Jahren ist Gugliermina mit drei Gefährten die erste Überschreitung des Col Emile Reys gelungen. Unglaublich. Wegen ernsthaftem Steinschlag brauchten sie damals sogar vier Biwaks, das lesen wir im *Alpine Journal*. Das ist wohl ein Jahrhundertfund.

Kurz fragen wir uns, wie das wohl damals hier gewesen sein muss. Ohne Daunenschlafsack und ohne Isomatte, ohne Gaskocher und ohne Instantnudeln ... Unsere Nacht verläuft bestimmt besser als damals, aber von angenehm ist sie auch noch weit entfernt. Zum Glück! Denn nach dieser sternenklaren Nacht kommt wie erhofft das kalte Erwachen. Es ist mucksmäuschenstill. Keine Steine krachen herunter, das Wasser ist gefroren. Bei einer unfassbar schönen Morgendämmerung essen wir noch ein paar Löffel Porridge, dann folgen wir unseren französischen Biwaknachbarn in den scheußlichen Kamin. Sie basteln zwar einige Minuten in der senkrechten Schlüsselstelle herum, aber sie kommen drüber hinweg! Und dann sind wir dran! Ich suche mir einen guten Sicherungspunkt und Andi klettert los. Es ist kalt, aber ich schwitze am Stand. Herzklopfen. Andi sucht mit seinem Eisgerät Halt im ersten vereisten Riss, legt einen Klemmkeil, steigt höher, der kleine Keil fliegt wieder heraus. Ich bin höchst angespannt. Mit einem Zacken des Steigeisens kratzt er an einer kleinen Struktur im Felsen. Der Leichtpickel in seiner anderen Hand stochert zwischen dünnem Eis und Schotter. Huch. Nun ist er schon sieben Meter über dem Boden – wann bringt er endlich einen Sicherungspunkt an? Ich bin nervöser als er selbst, kommt mir vor. Als er ein Klemmgerät in einem Riss anbringt, atme ich durch. Nun kann er sogar mit den Händen weiterklettern, hängt sein Eisgerät an den Gurt. Souverän klettert er über diese senkrechte Stufe. Jetzt ich. Bin froh, gut gesichert nachsteigen zu dürfen, und schaffe mit einigen beherzten Kletterzügen diese Schlüsselstelle auch ganz flott. Jawohl!

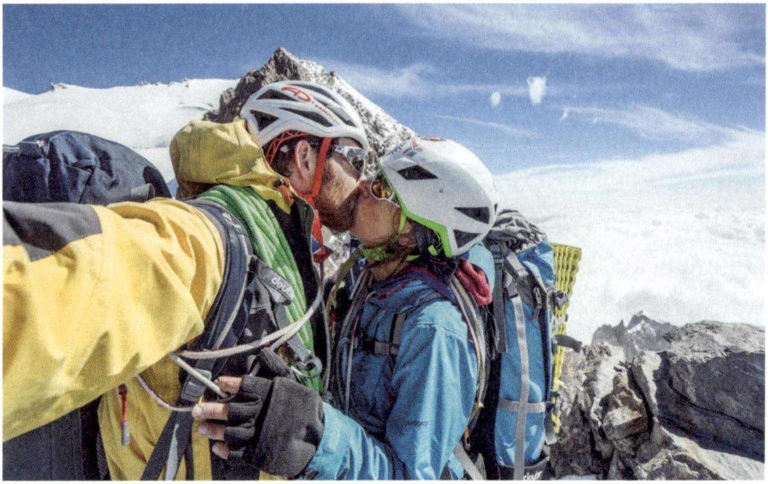

Ein schneller Kuss auf dem Pic Luigi Amedeo. Schluss ist hier noch lange nicht.

Wir gewinnen Höhenmeter, dürfen aber die Konzentration nicht verlieren. Eine große Herausforderung am dritten Tag. Es bleibt steil. Der Schnee bleibt nicht fest. Die Morgensonne weicht ihn schnell unangenehm auf. Darunter nur brüchiges Gestein. Der Felskoloss verlangt uns einiges ab. Nur selten ist das Gelände so einfach, dass wir unbehelligte Schritte setzen können. Es reißt mich aus meiner Konzentration, als ich irgendwann Andi seinen Pickel in die Höhe halten sehe. Ist er schon am Pic Luigi Amedeo? Ich werde ganz nervös bei diesem Gedanken, klettere schnell nach oben, ziehe mich über eine Kante – und ja! Das muss der Pic Luigi Amedeo sein! Mein 82. und letzter Viertausender. Wie im Film laufen so viele Viertausender-Momente in meinem Kopf ab. Andi gibt mir einen Gipfelkuss – es bleibt aber beim äußerst kurzen Ausbruch meiner Endorphine. Eine Bergtour ist erst dann geschafft, wenn man wieder sicheren Boden unter den Füßen hat. Und davon sind wir heute noch sehr weit entfernt. »Gratulieren tu ich dir erst später«, sagt Andi – denn wir sehen hinter uns, was noch alles vor uns liegt. Die nächsten 300 Höhenmeter mit kombiniertem Klettern. Dieses Abenteuer ist noch lange nicht zu Ende. Vom Amedeo gibt es keinen Abstieg, der Abstieg ist zugleich der Aufstieg zum Mont Blanc.

Es bleibt höchst fordernd. Eine kompakte Felsstufe will überklettert werden. Das soll nur ein Vierer sein? Danach sinkt der Granit auf die Qualitätsstufe grottenschlecht. Muss das wirklich sein? Viel von ihm rieselt zwischen Händen und Füßen in den Abgrund. Wir atmen auf, als wir endlich den Firngrat erreichen, der uns über den Mont Blanc de Courmayeur zum geografischen Höhepunkt der Alpen führt. Dichter Nebel fällt ein. Aber macht nichts, hier kennen wir uns aus. Fünf Mal stand ich schon auf dem Mont Blanc, drei Mal gemeinsam mit Andi. Ein schnelles Gipfelfoto und abwärts auf dem Bossesgrat. Die Spur ist perfekt, und als sich der Nebel lichtet, löst sich meine ganze Anspannung. Meine Schritte werden langsamer, ich bleibe stehen und blicke zurück. Ganz tief sauge ich die Luft in meine Lungen und atme kräftig aus. Eine erste Freudenträne perlt über meine Wange. Eine zweite. Und eine dritte. Jetzt kann ich's wahrhaben:

ALLE VIERTAUSENDER. WIR HABEN'S GESCHAFFT!

Mit einem Gute-Laune-Gesicht schließe ich wieder zu Andi auf – und schon sehen wir die Goûterhütte vor uns. Hier würden wir gerne noch eine Nacht verbringen, wenn denn überhaupt Platz ist. Sie ist so gut wie immer ausgebucht – und natürlich auch heute. Aber nicht nur das. Es gibt sogar eine lange Warteliste. Als wir dem Hüttenwirt allerdings erzählen, dass wir

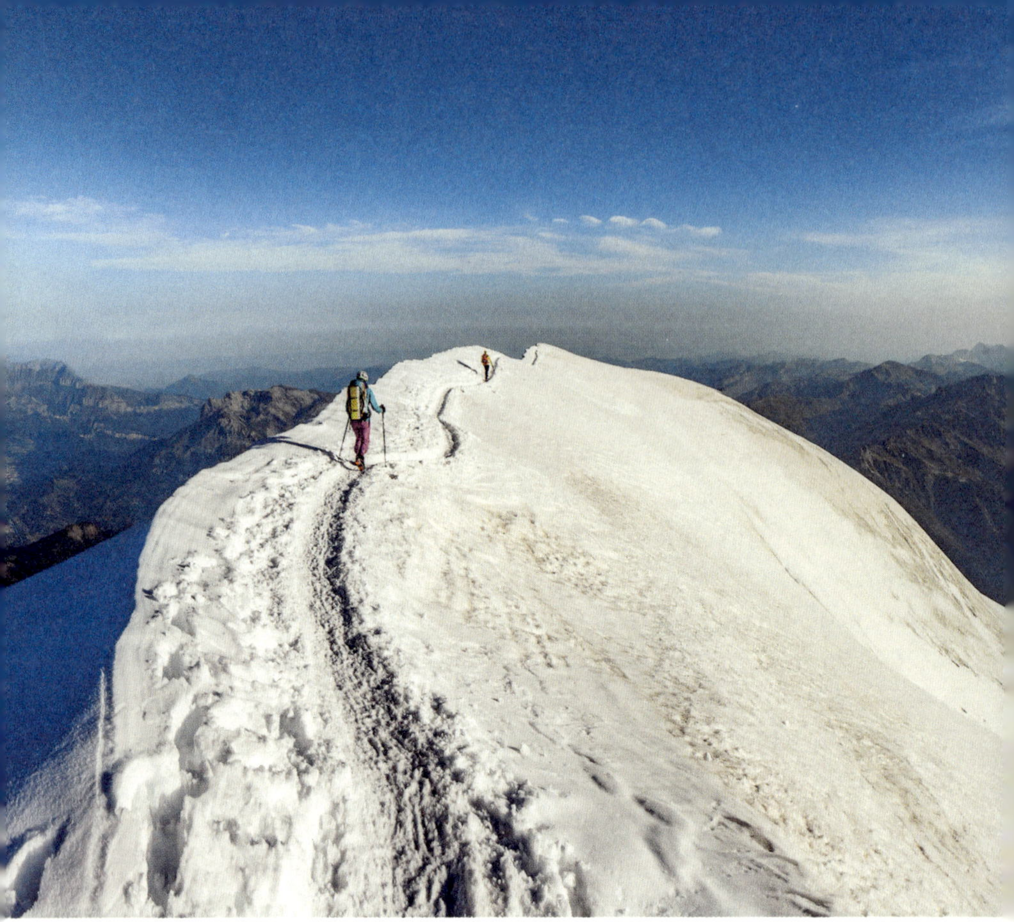

Ein Abgang mit Freude: Die Sonne kommt heraus, wir kehren dem Mont Blanc den Rücken.

vom Brouillard Intégrale kommen, hat er prompt einen Schlafplatz für uns. Wir setzen uns auf die einzig freie Holzbank in der Stube. Die ganze Anspannung auf meinen Schultern hat Platz gemacht für pure Glückseligkeit. Auch Andi hat eine Riesenfreude, jetzt gratuliert er mir wirklich und bestellt uns den größten Krug Rotwein, den die Hütte zu bieten hat. Dazu genießen wir die letzten Stücke von unserer Salami.

Nach dem Abendessen folgt die Belohnung in der Goûterhütte: ausgestreckt in einem Bett zu schlafen. Herrlich! Zumindest bis zwei Uhr früh, ehe uns Schnarchen, Rascheln und die

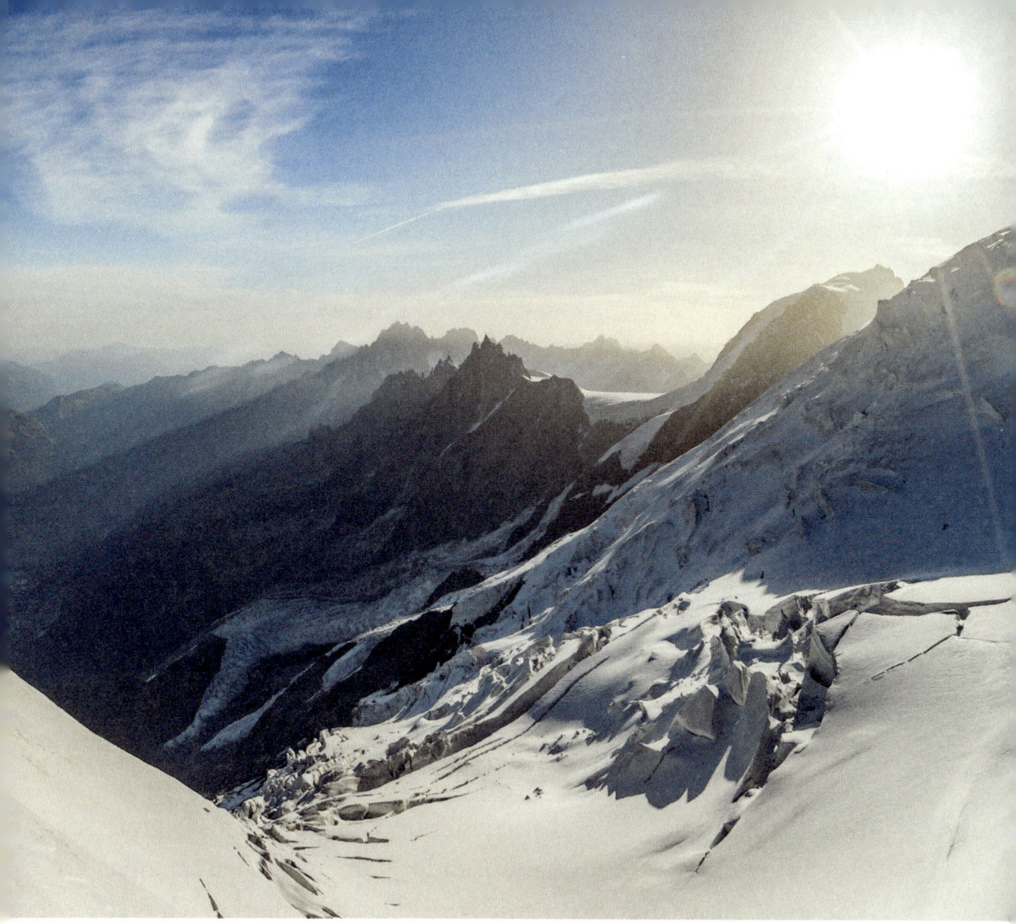

Gespräche der Mont-Blanc-Aspiranten wecken. Ich grinse in mich hinein. Hatte ich das nicht schon einmal? Das Bettenlager ist so überhitzt und überfüllt wie damals bei meinem ersten Viertausender in der Domhütte. Kurz sehnen wir uns wieder zurück in ein einsames Biwak, ausgesetzt auf einem Grat.

»Wer immer nur tut, was er schon kann,
bleibt immer nur das, was er schon ist.«

Henry Ford

Epilog: Meine, deine Viertausender

Etwas war anders in den ersten Wochen und Monaten nach dem Brouillardgrat. Ich hatte nicht den Drang, beim ersten Sonnenstrahl, der auf mein Gesicht fiel, sofort auf Bergtour zu gehen. Ich war gelassener, zufriedener und dankbarer, als ich mir das auf meinem letzten Viertausender hätte ausmalen können. Wie groß dieser Traum für mich wirklich war, merkte ich erst zu Hause. Angekommen.

Ich sitze hier im Hängesessel am Balkon, die Sonne scheint, und ich schreibe seelenruhig an diesen Zeilen. Insgesamt haben vier Verlage bei mir angefragt, ob ich nicht ein Buch über meine Viertausender-Erlebnisse verfassen möchte. Ich erinnerte mich wieder an Gerlinde Kaltenbrunners Worte – und ja: Warum eigentlich nicht? Interesse war offensichtlich vorhanden an meiner Geschichte. Medien haben mich um ein Interview gebeten – das war doch sonst immer andersrum! Dass ich die erste Österreicherin auf allen Viertausendern war, das war für manche scheinbar eine große Story. Mir selbst ist es aber nie darum gegangen, irgendwo »Erste« zu sein. Ich glaube auch nicht, dass es so etwas Besonderes ist,

denn ich bin mir sicher, dass jeder Mensch SEINE Viertausender hat, seine große Geschichte.

Mein großes Glück war, die Bergwelt entdeckt zu haben – und darin auch mich selbst. Das Schwierige ist wohl zu finden, was einen derart begeistert. Das Gute daran: Dafür ist es nie zu spät. Man sollte sich immer wieder die Fragen stellen: Was macht mich glücklich? Wo will ich hin? Das Leben ist keine gerade Linie, kein Biancograt, das Leben ist Veränderung. Vor jeder Wegkreuzung muss – oder vielmehr darf – man sich entscheiden: links oder rechts?

Jeder Mensch hat es selbst in der Hand, welchen Weg er gehen möchte. Ich bin einfach gegangen. Am Anfang ohne großes Ziel. Aber es hat mir Spaß gemacht. Dabei fand ich auch, was mich erfüllte, und das war, wo ich hinwollte. Das Herz als Kompass. Nicht immer nur das Hirn. Ich habe die Seilführung für mein Leben selber in die Hand genommen.

Ich wünsche jedem, dass er den Mut hat, diesen ersten Schritt zu wagen. Alles, was man mit dem Herzen macht, das macht man einfach gut, das ist richtig und nicht falsch – und das geht mit einer gewissen Leichtigkeit, ja manchmal sogar scheinbar wie von selbst. Und wenn der Grat zwischendurch schmal wird, Abgründe drohen oder Schlüsselstellen unüberwindbar erscheinen, dann ist nur eines wichtig: fokussiert bleiben – auf den nächsten Schritt. Er ist immer der wichtigste, nicht nur auf einem Berg.

Man darf darauf vertrauen: Irgendwann findet man *seinen* Weg und die richtigen Begleiter, mit denen man das Seil oder sogar sein Leben teilen möchte. Erst das lässt uns Gipfel erklimmen, die wir uns alleine weder zutrauen noch sie genießen könnten. Gemeinsam wird so viel mehr möglich, als man sich alleine erträumen kann! Und oben angekommen, versprochen: Dort tun sich erst neue Blickwinkel und Möglichkeiten auf! So viel mehr, als man sich je hätte vorstellen können.

So sind neue Ziele auch Andi und mir nicht ausgegangen. Ob wir nicht einmal einen Achttausender versuchen möchten? Eine neue Herausforderung wagen, ein neues Land entdecken? Das haben wir uns schon vor dem letzten Viertausender gefragt. Jetzt aber erst ist Platz dafür und der Kopf frei. Nachdem es uns 2015 nach Nepal auf die Ama Dablam gezogen hatte und das Klettern auf knapp 7000 Metern sehr gut gelaufen ist, wollten wir diesmal Pakistan kennenlernen. Wir wollten dorthin trekken, wo die Granitzacken und Gletscherflanken womöglich noch eindrucksvoller waren als in den Westalpen; dorthin, wo von der Zivilisation hundert Kilometer weit keine Spur mehr ist.

Im Sommer 2018 versuchten wir uns am Gasherbrum II – ohne Hochträger, ohne Fixseile, ohne zusätzlichen Sauerstoff, dafür mit unserem Gleitschirm. Leider vergeblich. Wir waren guter Dinge und kamen in unserer Akklimatisierungsphase bis auf 7400 Meter – nur eines war dann nie wieder gut: das Wetter. Vier von sechs Wochen Schneefall und erhebliche Lawinengefahr durchkreuzten unseren Plan. Es war nicht die Höhe, die das Anstrengendste bei dieser Expedition war, sondern die wochenlange Wartezeit im Basislager. Und die Ernüchterung, keine einzige Chance für den Gipfelversuch bekommen zu haben. Nicht nur einmal dachten wir an die Alpen: Was hätten wir dort alles in zwei Monaten unternehmen können?

Die Berge sind kein Wunschkonzert, und so wollten wir uns trotz der Begleitmusik in Moll nicht traurig stimmen lassen, viel Zeit, viel Geld und viel Training in diese (unvollendete) Expedition gesteckt zu haben. Vielmehr hat uns das Heimkommen einmal mehr offenbart, wie einzigartig unser Alpenbogen ist. In dieser wundervollen Natur dürfen wir uns frei bewegen, müssen uns bei keinem Militärposten ausweisen, bezahlen kein Permit für die Besteigung. Die Landschaft lebt und blüht – und fühlt sich nicht tot an. Selbst wenn sie hoch oben karg wird und vergletschert, spenden darunter Laubbäume Schatten, und das Auge erfreut sich an sattgrünen Wiesen mit bunten Blumen. Wir können sogar klares, erfrischendes Wasser aus Gebirgsbächen trinken. Auf engstem Raum finden sich zu jeder Jahreszeit kleine und große Abenteuer. Und selbst das Füße- oder Seele-Baumeln-Lassen könnte nirgends schöner sein als auf dieser alpinen Spielwiese, in Bergdörfern oder an Bergseen. Aber wie lange wird das noch so sein? Es ist so wichtig, diesen Lebensraum zu schützen, die Natur nicht auszunützen und aus Profitgier mit der zehnten Liftanlage zu ruinieren. Reicht nicht einfach diese einzigartige Landschaft mit ihren natürlichen Ressourcen? Die Kraft, die in der Ruhe liegt? Wie wertvoll dieser Lebensraum und die ganz persönlichen Erlebnisse sind, wissen viele Kinder und Erwachsene gar nicht. Auch mir selbst war das früher nicht bewusst. Meinen Weg gefunden und darauf noch diesen Schatz entdeckt zu haben, ist für mich das, was über allen Viertausendergipfeln steht.

Gedanken zur 3. Auflage,
Juli 2024

Kaum ein Jahr vergeht, in dem ich nicht wieder eintauche in die faszinierende Hochgebirgswelt. 2022 vollendete auch Andi – fast beiläufig – seine 4000er-Sammlung, und ich durfte mit ihm einige Gipfel ein zweites, ein drittes – den Mont Blanc sogar ein neuntes Mal besuchen, davon siebenmal gemeinsam. Unsere erfolgreiche Durchsteigung des Frêneypfeilers 2023 nahm er zum Anlass, um am höchsten Berg der Alpen um meine Hand anzuhalten. Was für ein Hoch auf unsere gemeinsame Zeit!

Zu diesem Zeitpunkt lebten wir schon vier Jahre ausschließlich in unserem Wohnmobil. Vom Berg herunterkommen und daheim sein (und im Homeoffice): Dieses reduzierte Leben, das uns der Schritt in die berufliche Selbstständigkeit ermöglicht hatte, genossen wir sehr. Immer wieder zog es uns in die Westalpen, meist gleich für längere Zeit. Nicht mehr so wie früher, als ich an einem Sonntag zum ersten Mal am Gipfel des Mont Blanc stehen durfte und am Montag wieder im Büro in Österreich sein musste. Mein ökologischer Fußabdruck war damals eine kleine Naturkatastrophe, doch dieses Bewusstsein erlangte ich erst später. Meine Leidenschaft für die Berge ist geblieben, aber mein Zugang hat sich verändert, und somit auch meine Geschichte.

Auch die Geschichte vieler Viertausender hat sich in den wenigen Jahren seit der Erstveröffentlichung dieses Buches (2019) stark verändert. Das Fourche-Biwak, in dem ich am Kuffnergrat übernachtet hatte, ist 2022 samt dem Felsblock, auf dem es errichtet worden war, auf den Brenva-Gletscher hinuntergestürzt. Eine Folge des auftauenden Permafrosts. Das beschauliche La Bérarde – mein Lieblingsort in der Dauphiné – wurde im Sommer 2024 von einer Sturzflut komplett überschwemmt. Viele Hüttenzugänge mussten verlegt werden und manche Routen verändern in Hitzesommern so stark ihr Gesicht, dass ich sie bei einer erneuten Begehung kaum wiedererkannte. Die Tourenplanung ist komplexer, das Zeitfenster für viele Routen ist erheblich kürzer geworden und mehr als nur einmal kamen wir im Angesicht von heiklen Bedingungen zum Entschluss: Hier bringt uns nur der Verzicht weiter.

Natürlich waren mir die Veränderungen und dynamischen Prozesse im hochalpinen Gelände durch die Erderwärmung mehr als nur bewusst. Wie schnell sich alles in so kurzer Zeit wandelt, das überraschte mich jedoch – und wird uns alle noch vor weitreichende Herausforderungen stellen. Während sich unsere Gletscher mit einer ungeheuerlichen Rasanz zurückziehen, wächst mein Respekt vor der Natur immer mehr.

Das Timing im Hochgebirge wird ein Schlüsselfaktor – und die gute Nachricht: Wer zur richtigen Zeit am richtigen Ort unterwegs ist, der kann diese grandiosen Gletscher und Grate noch vollends genießen. Umso kostbarer sind mir all diese Momente, die ich mit liebgewonnenen Menschen in der Natur teilen darf – egal ob über oder unter der magischen 4000-Meter-Marke. Sie prägen mich und bleiben ein Leben lang Teil von mir. Für all diese Erlebnisse bin ich heute vor allem eines: unendlich dankbar.

Basiswissen, Tipps und Tricks

Was ist ein Viertausender?

Eine dumme Frage? Mitnichten! Schon viele Köpfe sind an ihr zerbrochen. Es ist ja nicht jeder Berg ein so markanter Zacken in der Landschaft wie das Matterhorn. Und nur weil ein Gipfel die Höhenschichtlinie von viertausend Metern überragt, darf er sich noch lange nicht als »offizieller« Viertausender bezeichnen. Zumindest, wenn es nach der allgemeingültigen Liste der *Union Internationale des Associations d'Alpinisme* (UIAA) geht. Kommissionäre des internationalen Bergsport-Verbandes erkoren 1994 insgesamt 82 Gipfel in die Liste der offiziellen Viertausender der Alpen. Ausgewählt nach gewissen Kriterien: der Topografie (einer gewissen Schartenhöhe), der Morphologie (einer besonderen Form) und der alpinistischen Bedeutung (einer spannenden Besteigungs-Geschichte). Demnach muss in erster Linie die Schartenhöhe von mindestens dreißig Metern erfüllt sein – sprich: Man soll mindestens dreißig Meter abklettern müssen, um zum nächsthöheren Berg wieder aufsteigen zu können. Es schlüpften aber auch Gipfel mit geringerer Schartenhöhe in die Viertausender-Liste. Diese mussten mit ihrer Form und/oder mit ihrer Besteigungsgeschichte punkten. So zum Beispiel der Grand Pilier d'Angle oder der Mont Blanc de Courmayeur, ebenso die Zacken und Türme der Grandes Jorasses und des Teufelsgrats. Und deswegen ist das Breithorn nicht nur ein Gipfel, sondern es besteht aus fünf. Bei manchen Viertausendern wie der Punta Giordani kommt allerdings auch der leise Verdacht auf, dass touristische Interessen eine gewisse Rolle gespielt haben könnten – die Seilbahn ist nur zwei Stunden entfernt.

Bis in die Fünfzigerjahre gehörte auch noch das Fletschhorn zu den Viertausendern, mit 4001 Metern allerdings nur knapp. Dann aber wurde der Referenzpunkt der Schweizer Höhenmessung im Hafen von Genf neu vermessen und tiefer gelegt. So verlor nicht nur das Fletschhorn seine begehrte Vier an erster Stelle, sondern auch der Piz Zupò, der höchste Beinahe-Viertausender heute. Der Gemeindepräsident von Saas-Grund wollte daraufhin das Fletschhorn auf seine ursprüngliche Höhe aufschütten lassen, damit es touristisch so begehrt bleibt wie seine beiden Nachbar-Viertausender Lagginhorn und Weissmies. Dieser Plan wurde Anfang der Neunzigerjahre abgeschmettert. Zum Glück.

Wo sind die Viertausender zu finden?

Die Alpen erstrecken sich über sieben Länder (oder gar acht, wenn man Monaco mitzählen möchte). Aber in nur dreien ragen 4000 Meter hohe Berge in den Himmel. Sie stehen in der Schweiz (48 Stück), Italien (35) und Frankreich (26). 27 Gipfel teilen sich jeweils zwei Länder. Manchmal wird über den genauen Grenzverlauf gestritten – so auch am höchsten Punkt der Alpen. Den Hauptgipfel des Mont Blanc hätten auch gerne die Italiener für sich, die Franzosen weigern sich aber, und darum ist die exakte

Grenze bislang ungeklärt – und verläuft in italienischen und französischen Karten unterschiedlich. Auf Google Maps ist die Grenzlinie einfach doppelt gezogen. Der Alpenbogen spannt sich insgesamt 320 Kilometer vom Wiener Becken bis zum Mittelmeer. Die beiden westlichsten und zugleich südlichsten Viertausender stehen im Écrins-Massiv in der Dauphiné. Der am östlichsten gelegene Piz Bernina wird als Einziger geografisch den Ostalpen zugerechnet.

Was muss ich können, um einen Viertausender zu besteigen?

Das kommt auf das Ziel und die Begleitung an. Am Seil eines Bergführers reicht für die einfacheren Viertausender eine gute Kondition. Wer selbstständig unterwegs ist, muss vielfältige Kenntnisse mitbringen und über Gletscher und Rettungstechniken Bescheid wissen, vom Wetter bis zur Orientierung. Das lernt man am besten in Kursen. Ich begann mit einem dreitägigen Gletscherkurs bei einer Bergsteigerschule. Einsteigerkurse werden auch über alpine Vereine angeboten. Bald schon wollte ich meine Kenntnisse vertiefen und weitergeben: Ich absolvierte eine Ausbildung zur staatlich geprüften Instruktorin für Hochtouren, später auch für Skitouren, da lernte ich in mehreren Wochen von professionellen Bergführern. Nach der Ausbildung beginnt der Punkt, der glücklicherweise nie aufhört: das Sammeln eigener Erfahrungen.

Wie plane ich eine Viertausender-Tour?

Für mich fängt es meist mit Büchern an. Zu Hause stapeln sich Tourenführer, die Inspiration und einen ersten Überblick geben über Schwierigkeiten und Länge, Anreise und Talort,

Stützpunkt und den besten Zeitpunkt. Vor allem jeweilige Gebietsführer beschreiben Routen oft sehr detailliert. Der nächste Weg führt mich meistens ins Internet auf Tourenportale wie www.chamoniarde.com (für Chamonix), www.camptocamp.org (für die gesamten Westalpen) oder www.gipfelbuch.ch (vorwiegend für die Schweizer Viertausender). Hier bekommt man von Bergführern, hauptsächlich aber von anderen Tourengehern oftmals hilfreiche und aktuelle Informationen, die natürlich oft auch sehr subjektiv sein können. Webcams aus der jeweiligen Region geben direkten Einblick, um die Verhältnisse einschätzen zu können. In Tourenplanungsportalen wie www.alpenvereinaktiv.com gehe ich mit der Planung ins Detail – studiere die Karten und speichere GPS-Tracks. Google-Ergebnisse bringen nur selten wirklich ein Mehr an Informationen, die nicht ohnehin in Büchern zu finden sind. Zwischendurch stößt man auch auf gute Blogbeiträge und vor allem Bildmaterial, um weitere Eindrücke zur Tour zu gewinnen. Der Griff zum Telefon bleibt bei einer Westalpen-Fahrt nur selten aus: Hüttenwirte geben meistens gute Auskunft über aktuelle Verhältnisse und nehmen die Reservierung auf (die zunehmend auch online durchgeführt werden kann). Auch lokale Bergführerbüros sind meistens auskunftsfreudig.

Die Anreise erfordert ebenso gute Planung: Passstraßen sind nach dem Winter oft lange gesperrt und die in der Schweiz anzutreffenden Autoverladestationen nicht rund um die Uhr zu benützen. Vor allem bei Überschreitungen ist die Logistik komplex: Starte ich im Berner Oberland und steige ins Wallis ab? Klettere ich von Italien auf den Mont Blanc und steige nach Frankreich (Reisepass nicht vergessen) ab? Die öffentlichen Anbindungen sind bei den meisten Viertausender-Touren sehr gut und eine Empfehlung – auch der Umwelt zuliebe.

In welchem Tempo gehe ich auf einen Viertausender?

Es klingt einfach, ist für viele Bergsteiger aber schwieriger als die Schlüsselstelle: das richtige Tempo zu finden. Die Viertausender verlangen den »Westalpenschritt«, und der geht im Groben im Takt dieser Sätze: »Heute ein Schritt. Morgen ein Schritt. Heute ein Schritt. Morgen ein Schritt.« Auf Gipfeletappen wähle ich mein Tempo rhythmisch, und zwar so, dass ich weder ins Schwitzen noch ins Frieren komme und nicht andauernd stehenbleiben muss, um die Kleidung anzupassen. Pausen lege ich im Normalfall frühestens jede Stunde ein, meist viel später – an bewusst gewählten Plätzen, wenn ich mir beim Rasten zugleich einen Überblick auf den Weiterweg verschaffen kann. Stehen bleibe ich nur dort, wo ich vor Spaltenstürzen oder Steinschlägen sicher bin. Beim Gehen in der Seilschaft passe ich mich an die Partner (und zwar an die langsameren) an. Im Hinterkopf behalte ich, wie lange ich für welchen Teil der Tour höchstens brauchen darf. Manche Passagen – Gletscher oder Couloirs beispielsweise – können im Abstieg schon zu früher Stunde gefährlich werden aufgrund der Einstrahlung der Sonne. Im Zweifelsfall frühzeitig umdrehen.

Was ziehe ich an?

Ich kleide mich wie eine Zwiebel. Schicht für Schicht, und zwar mit System. Ich vermeide das Schwitzen (die Kleidung bekommt man auf manchen Touren nie wieder trocken), aber ich friere äußerst ungern. T-Shirt und Langarmleibchen aus Merinowolle helfen mir, dass sich die ersten Schichten angenehm anfühlen – und ich meine Seilpartner selbst nach Mehrtagestouren nicht anstinke. Eine Swisswool-Jacke wärmt mich. Darüber weist eine wasserdichte (und im Idealfall atmungsaktive) Hardshelljacke

Wind, Regen und Schnee ab. Auf manchen Biwaktouren oder im Winter habe ich eine wärmere Daunenjacke eingepackt. Um den Oberkörper besser warm zu halten, kommt an kalten Tagen eine ärmellose Weste mit. An den Beinen funktioniert ebenso das Zwiebelprinzip: Wenn's kalt ist, schlüpfe ich in eine lange Merino-Unterhose unter der Softshell-Hose. Bei Touren mit Schwerpunkt im Schnee oder Eis ziehe ich lieber die Hardshell-Hose an, um die Nässe abzuweisen. Die ist auf vielen Touren ansonsten als Überzieher im Rucksack dabei. Bei den langen Zustiegen in der Nachmittagshitze mute ich meinen Wegbegleitern diesen Anblick zu: Ich gehe einfach mit hochgekrempelter langer Unterhose los. Zum Wechseln auf der Hütte habe ich meist nur ein T-Shirt und ein paar dünnere Socken mit. Wie? Keine zweite Unterhose? Liebe Damen, Slipeinlagen helfen. Bei den Händen bin ich großzügiger: Meist sind drei Paar Handschuhe dabei. Ein dünnes Paar aus Merino, dazu ein etwas dickeres Paar, mit dem ich klettern kann. Und über die dünnen Handschuhe passen wasserabweisende Fäustlinge, die mit Isolationsmaterial gefüllt sind, um auch gegen die Eiseskälte gewappnet zu sein. An die Füße kommen lange Socken, die bis über die Waden reichen. Bei langen Wegen zur Hütte sind Zustiegsschuhe eine Überlegung wert. Spätestens auf dem Gletscher ziehe ich steigeisenfeste Schuhe an. Nicht zu vergessen: Ein Buff (ein Schlauchtuch, das ich mir entweder auf den Kopf oder bei extremer Kälte um den Mund gebe) und eine Haube.

Welche Ausrüstung muss mit?

Das hängt wiederum von der Tour ab – und bewegt sich in der Regel im Bereich zwischen sieben und fünfzehn Kilogramm. Mir geht's darum, einen guten Kompromiss zu finden: Je weniger

Gewicht ich tragen muss, umso schneller komme ich voran. Je mehr Reserven ich jedoch dabei habe, umso besser kann ich auf Unvorhergesehenes reagieren. Erst zu den Fixstartern: eine aufgeladene Stirnlampe, ein Erste-Hilfe-Paket (inklusive Wärmekissen), ein Biwaksack (zumindest einer pro Seilschaft), eine Sonnenbrille, ein Lippenschutz und ein Handy (Achtung auf den Akku – er fühlt sich im Flugmodus und bei Körperwärme besonders wohl) – es reicht vom Trinken (gesüßter Tee) bis zum Essen (was schmeckt, möglichst leicht, aber kalorienreich und gut verdaulich ist – ich mische mir gerne gedörrtes Obst mit Nüssen). Eine Gletscherausrüstung ist ebenso obligat. Bereits hier mache ich Unterschiede, da wuchs mein Repertoire allerdings erst von Jahr zu Jahr: Mit einem leichten Hochtourengurt kann man sich einige hundert Gramm Gewicht sparen. Leichte Aluminium-Steigeisen packe ich ein, wenn mich Schnee- oder Firnpassagen erwarten (und zwar nur dann) – massive Stahl-Eisen, wenn es ins Eis oder kombinierte Gelände geht. Im Zweifelsfall: das robustere Material wählen. Zur Auswahl stehen ebenso ein Leichtpickel, normaler Pickel und zwei Paar Eisgeräte (scharf und sehr scharf). Und selbst die Auswahl des Seiles beschäftigt mich vor jedem einzelnen Aufbruch: Soll's dreißig, fünfzig oder sechzig Meter lang sein? Halbseil oder Einfachseil? Die Anzahl an Eisschrauben, Karabinern, Schlingen, Reepschnüren und mobilen Sicherungsgeräten wäge ich ebenso vor jeder Tour ab. Der Helm ist nicht immer, aber meistens dabei. Ebenso leichte Trekkingstöcke, die sich zwei- oder dreiteilen und damit bei Kletterstellen auf den Rucksack packen lassen. Vor allem auf Gletschern, in Spaltenzonen oder spätestens wenn der Schnee weich wird und der Abstieg lange, sind Stöcke eine gute Unterstützung. Bei Übernachtungen in Biwaks, Winterräumen oder im Freien wird der Rucksack erheblich schwerer: Dann müssen anstatt eines Hüttenschlafsacks mindestens der Schlafsack mit (außer man zählt sich zur Gattung der völlig Schmerzbefreiten), die Isomatte, ein Kocher und Gaskartuschen (und mindestens ein funktionierendes Feuerzeug). Ohne Bargeld geht's leider auch nicht, die Schweizer wollen Franken. Der AV-Ausweis bringt auf Hütten meist Vergünstigung. Eine klassische Gebietskarte, Routeninformationen und ein GPS-Track als Backup sollten auch nicht fehlen – und auf langen Touren eine Powerbank. Mit dabei ist immer der Fotoapparat – lieber als der Kälte ausgesetzt zu sein mag er die warme Jackentasche. Wenn es das Wetter und die Topografie zulassen, nehmen wir auch gerne unseren leichten Gleitschirm mit, er wiegt mit Rettungsschirm und Gurtzeug rund drei Kilogramm.

Zu welcher Zeit gehe ich welche Hochtour an?

Der richtige Zeitpunkt wird immer wichtiger und komplexer, und er verändert sich rasant. Innerhalb von nur wenigen Tagen können im Hochgebirge die guten Verhältnisse kippen, zum Beispiel durch eine tagelang viel zu hohe Nullgradgrenze oder andere Extremwetterereignisse. Prinzipiell: Touren mit Schwerpunkt in Firn und Eis, mit langen Gletschern oder großen Bergschründen wähle ich bevorzugt zu Beginn der Hochtouren-Saison im Juni bis maximal Juli. Da sind die Verhältnisse meist besser: die Gletscher zum Teil noch zugeschneit, die Bergschründe geschlossener und die Flanken überzieht mehr Firn und weniger Blankeis. Wenn es hauptsächlich ums Klettern an Felsen geht, sind trockene Bedingungen von Vorteil – und die findet man eher später im Jahr. Gleichzeitig steigt dann jedoch die Gefahr von Steinschlägen und manche Gletscherzugänge werden unmöglich. Timing ist im Hochgebirge alles! Jede Tour ist für sich neu zu beurteilen. Von Juni bis Mitte September sind die meisten Hochtourenhütten durchgehend bewirtschaftet, manche öffnen bereits zur Skitourensaison. Der Wassermangel wird jedoch zunehmend zum Problem, weshalb manche Hütten vorzeitig schließen müssen. Die meisten Biwakschachteln stehen ganzjährig zur Verfügung, dort darf man sich selbst versorgen. Meist sind eine Kassa oder Erlagscheine zu finden, um eine (verhältnismäßig geringe) Gebühr zu bezahlen. Einige Viertausender lassen sich am schönsten mit Skiern besteigen. Das ist zum Teil ab März möglich, und die beiden Bretter sind manchmal bis Anfang Juni hilfreich. Ausnahmen bestätigen natürlich die Regel, darum behalte ich das Wetter und die Webcams in den Westalpen fast das ganze Jahr mit einem Auge im Blickfeld. So kann ich besser einschätzen, mit wieviel Schnee zu rechnen ist. Auch manche Winterbesteigung (wie am Matterhorn) lässt sich so gut erwischen – Einsamkeit meist garantiert.

Was kostet ein Viertausender?

Geschenkt gibt's keinen. Er kostet nicht nur Mühen, sondern auch Geld. Die Schweiz ist das teuerste Pflaster, dort ist im Groben ein Drittel bis das Doppelte mehr zu berappen als in Italien oder Frankreich. Der Zähler beginnt auf der Anreise zu laufen bei Benzin, Bahn und Bus, Maut, Tunnel und Auto-Verladestellen. In den größeren Bergdörfern findet das eigene Auto nur in Parkhäusern Platz. In Täsch und in Lauterbrunnen beispielsweise kostet das mehr als 15 Franken pro Tag. Es lohnt sich, nach privaten Anbietern Ausschau zu halten, die auf ihrem Grundstück günstigere Parkplätze anbieten. Entferntere Parkplätze und das eigene Fahrrad können hier beim Sparen helfen. Weiter kommt es darauf an, ob man »by fair means« aufsteigt oder Bergbahnen nützt. Schnell geht's auch hier mit den Preisen in schwindelerregende Höhen. Die Einzelfahrt in Richtung Mont Blanc kommt mit der Aiguille du Midi-Bahn auf rund fünfzig Euro, zum Jungfraujoch auf annähernd doppelt so viel. Essen und Schlafen muss man meistens auch. Hütten bieten die Nächtigung mit Halbpension an, nur selten bleibt man dabei unter fünfzig Euro. Mitglieder von alpinen Vereinen bekommen auf den meisten Westalpen-Hütten bessere Tarife, da wird auch die Mitgliedschaft in Österreich und Deutschland anerkannt. Wer sich in sichere Hände eines Bergführers begibt, der hat folgende Richtwerte bei den Tagessätzen – jedoch stark variabel nach Tour: 645 Franken bekommen die Schweizer, 330 Euro im Vergleich die Österreicher. Exklusive jeglicher Spesen versteht sich. Aber wer sich seiner Sache nicht sicher ist, dem sollte ein Profi an seiner Seite jeden Cent und Rappen wert sein.

Von 0 auf 4000: So steigert man sich auf den Viertausendern

1) Breithorn (4165 m)

Einmal auf einem Viertausender stehen? Diesen Wunsch kann sich auf dem Breithorn oberhalb von Zermatt (fast) jeder Mensch erfüllen. Die Seilbahnstation Kleinmatterhorn bringt einen bereits bis auf rund 3800 Meter, dann muss man nur noch 350 Höhenmeter weit steigen, und zwar über einen Gletscher und nie über einen wirklich steilen Firnhang. Fast immer ist der Weg gut gespurt, aber auch Spalten und Blankeis sind kein Ausnahmefall. Für einen ersten Versuch wird es für manchen Viertausender-Aspiranten spannend genug sein. Und alle anderen bekommen bei Kaiserwetter und den Blicken zum nahen Matterhorn und ins Monte-Rosa-Massiv mit ziemlicher Sicherheit Lust auf abgelegenere Berge.

2) Bishorn (4153 m)

Wer eine sehr gute Kondition mitbringt, der findet auf dem Bishorn ein einsameres und ehrlicheres Erlebnis als auf den bekannten »Einsteiger-Viertausendern« Breithorn und Allalinhorn, die bis kurz unter dem Gipfel mit Bahnen erschlossen sind. Der Aufstieg auf das Bishorn setzt voraus, dass nach dem ersten Tag mit dem 1500 Höhenmeter langen Zustieg zur Tracuithütte noch Kräfte übrig sind. Der Anstieg über den Gletscher ist flach – zum Gipfel wird's kurz an die 35 Grad steil. Dem wunderbaren Weisshorn kommt man hier so richtig nahe, es ist der direkte Nachbar. Vielleicht beginnt man an dieser Stelle zu träumen – der folgende Nordgrat zum Weisshorn ist ein alpines Herzstück.

3) Strahlhorn (4190 m)

Wer gerne (und halbwegs gut) Ski fährt, der sollte im Frühjahr mit den Tourenskiern das Strahlhorn besuchen. Das vergletscherte Horn ist bei gutem Wetter und Verhältnissen ein nicht zu schwieriger Einstieg in die hochalpine Welt. Von Saas-Fee ist die Britanniahütte über das Skigebiet schnell erreichbar – ein idealer Stützpunkt auch für weitere Viertausender. Das Frühstück gibt's im Frühjahr erst um sechs Uhr, das können somit selbst Langschläfer genießen. Auf dem langen und flachen Allalingletscher hat man nun einige Stunden Zeit, um in sich zu gehen und zu staunen. Via Adlerpass geht's zum Gipfel, der über eine kleine Felsstufe erstiegen wird. Die Belohnung: eine lange Abfahrt mit einigen möglichen Varianten statt eines anstrengenden Abstiegs.

4) Lagginhorn (4010 m)

Wer sich in Schnee und Eis noch nicht so wohl fühlt, der kann sich auf dem Lagginhorn im Hochsommer auch ohne Firn- und Gletscherberührung auf einen Viertausender »schummeln«. Auf den Felsen wird es nie wirklich schwierig (wenige Stellen II), dennoch muss man seiner Tritte und Griffe sicher sein und darf sich vor manch brüchiger Passage nicht fürchten. Der Blick über das Saaser-Tal auf die Zacken der Mischabelgruppe macht Gusto auf nächste Touren mit größeren Gletschern. Ein Tipp für Kletterer: Der lange Südgrat ab dem Lagginjoch ist ein Traum!

5) Barre des Écrins (4101 m)

Wenn das Wetter am Alpenhauptkamm schlecht ist, lacht auf den südwestlichsten Viertausendern oft die Sonne: Die Fahrt zur Barre des Écrins, die sich mit der Dôme de Neige verbinden lässt, ist die weite Anreise zumindest aus bergsteigerischer Sicht wert. Man spürt schon fast das Mittelmeer und staunt über die wilden Zacken und Landschaften der Dauphiné – und Ziele (wenn auch niedrigere) gibt's hier zuhauf! Längere Wege über einen spaltenreichen Gletscher und ein luftiger Grat machen die Écrins-Tour zu einem Gesamterlebnis. Man hat dann also genug Gesprächsstoff für die lange Heimfahrt.

6) Piz Bernina (4049 m)

Die kürzeste Anreise gibt's (für die Österreicher) zum Piz Bernina, dem einzigen Viertausender der Ostalpen. Der Biancograt ist eine hochgerühmte Traumlinie. Muss ich mehr dazu sagen? Vielleicht Folgendes: Erstmalige Besucher der Schweiz sollten nicht erschrecken so wie ich damals, als ich auf der Tschiervahütte gut zwölf Franken für eine Wasserflasche zahlen musste. Der Preis für den Piz Bernina zahlt sich aus. Erfahrung im Felsen und im Eis entspannen das Gemüt auf dieser Traumtour, nur so wird man die schmale Himmelsleiter genießen können.

7) Finsteraarhorn (4273 m)

Für mich der eleganteste Viertausender – eine Erscheinung, die man, abgelegen im Berner Oberland, nur durch lange Zustiege und Übergänge erreicht. Ich habe mich damals in den Südostgrat des Finsteraarhorns verliebt – was in keiner liebevollen Annäherung endete, sondern in einer eisigen Biwaknacht am Grat. Der Normalweg ab der Finsteraarhornhütte ist mindestens genauso schön: In einer Firnflanke geht die Sonne auf, nach dem Hugisattel folgt auf dem Nordwestgrat Abwechslung. Ein Traumziel vor allem mit Skiern.

8) Mont Blanc (4810 m)

Die »Traversée Royal« ist für mich die schönste unter den »einfacheren« Touren auf den Mont Blanc: Über die Dômes de Miage, die Aiguille de Bionnassay und den Dôme du Goûter führt sie konditionsstarke Bergsteiger meist in zweieinhalb Tagen vom grünen Tal bis zum weißen Gipfel. Wobei einfach noch immer heißt, dass eine knackige Kletterstelle im dritten Grad wartet, keine Seilbahn emporhilft und auf einem schmalen Firngrat balanciert wird. Eine königliche Überschreitung – stabiles Wetter vorausgesetzt. In bester Erinnerung bleiben die malerischen Linien und messerscharfen Grate über die Miage und Bionnassay.

9) Teufelsgrat/Arête du Diable (4248 m)

Wer nicht nur im Firn, sondern auch im Fels ein Teufelskerl (oder Teufelsfräulein) ist, sollte sich die Arête du Diable mit fünf roten Ausrufezeichen auf der Wunschliste notieren. Am Teufelsgrat klettert man in den Granithimmel vom Mont Blanc – wild ausgesetzt über einem höllisch tiefen Abgrund. Fünf Zacken heben sich wie Zündhölzer vom Mont Blanc du Tacul ab, allesamt eigenständige Viertausender. Diese wunderbar wilden Granitnadeln bieten eine spektakuläre Kletterei. Die Fünfte in der Reihe, die Isolée, ist nur im oberen fünften Schwierigkeitsgrad zu packen. Alleine das Hinkommen stellt eine alpinistische Herausforderung dar. Wer sich seiner Sache, der Akklimatisierung oder dem Wetterfenster nicht hundert Prozent sicher ist – viel Spaß in Teufels Küche!

10) Peuterey Intégrale (4810 m)

Wer alle 82 Viertausender besteigen möchte, der muss auf dem Peuterey Intégrale am Mont Blanc alles an Erfahrung ausspielen, was er sich auf sehr vielen anderen anspruchsvollen Routen bereits angeeignet hat. Viele sagen, er ist der längste und schwierigste Grat der Alpen. Der gesamte Peutereygrat führt erst nach 45 Seillängen Felsklettern auf die Aiguille Noire de Peuterey. Nach langen Abseilmanövern geht's im Felsen und im Firn über die Aiguille Blanche de Peuterey, den Grand Pilier d'Angle, den Mont Blanc de Courmayeur bis auf den Mont Blanc. Eine traumhafte Biwak-Tour, die aber zum Albtraum werden kann, wenn man den permanenten Schwierigkeiten nicht gewachsen ist. Vergessen wird man diese Tour sein (hoffentlich) langes Leben nicht!

Viertausend Dank!

Danke an Andi, die Liebe meines Lebens, der sich mit mir in Abenteuer stürzt und mit dem mich auch im Tal viel mehr als nur ein Seil verbindet. Danke an meine Familie, die mir meinen Weg von Kindesbeinen an offenließ und mir nie böse war, wenn sie aus der Zeitung oder Facebook erfuhr, wo ich schon wieder steckte. Danke an Gerlinde für ihr Vorwort und das Gefühl, da zu sein, selbst wenn uns kilometerhohe Gebirgszüge trennen. Danke an den Bergwelten-Verlag, der meine Geschichten zwischen zwei Buchdeckel gepackt hat.

Und ein großes Danke an euch, liebe Leser, fürs Mitklettern auf und zwischen den Zeilen. Ich freue mich bis über die Viertausendergipfel hinaus, wenn meine Geschichte eine Inspiration sein darf für ein Leben, das seiner eigenen Erfüllung und nicht nur Normalwegen folgt. Es wäre mir eine Freude, wenn ihr mir eure Gedanken schreibt und auf unserem Blog und bei Vorträgen mit uns auf der Höhe bleibt. Dankeschön!

Mail: marlies@hochzwei.media
Homepage: www.hochzwei.media
Facebook: hochzwei.media
Instagram: hochzwei.media

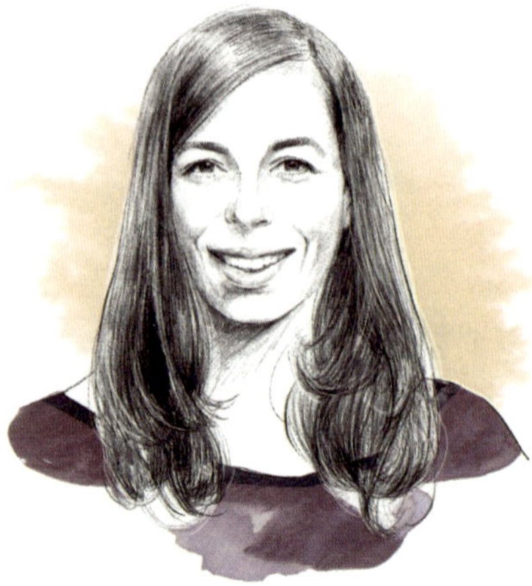

Die Bergsteigerin, Journalistin und Vortragsreferentin Marlies Czerny arbeitete zehn Jahre lang hauptberuflich für die *Oberösterreichischen Nachrichten* sowie für eine Schweizer Tageszeitung und verschiedene Magazine. Zwischen Großereignissen wie Ski-WM und Beachvolleyball-Grand-Slam begann sie erst vor zehn Jahren als Ausgleich zum Schreibtisch-Job mit dem Wandern – und ging einen steilen Weg. Die Oberösterreicherin lernte die Berge, das Klettern und Paragleiten lieben und ist staatlich geprüfte Instruktorin für Hochtouren und Skitouren. Zum 80. Geburtstag von Alpin-Legende Peter Habeler verfasste die freie Autorin eine Biographie über den Tiroler. »Mein nächster Berg« erschien 2022 im Bergwelten-Verlag.

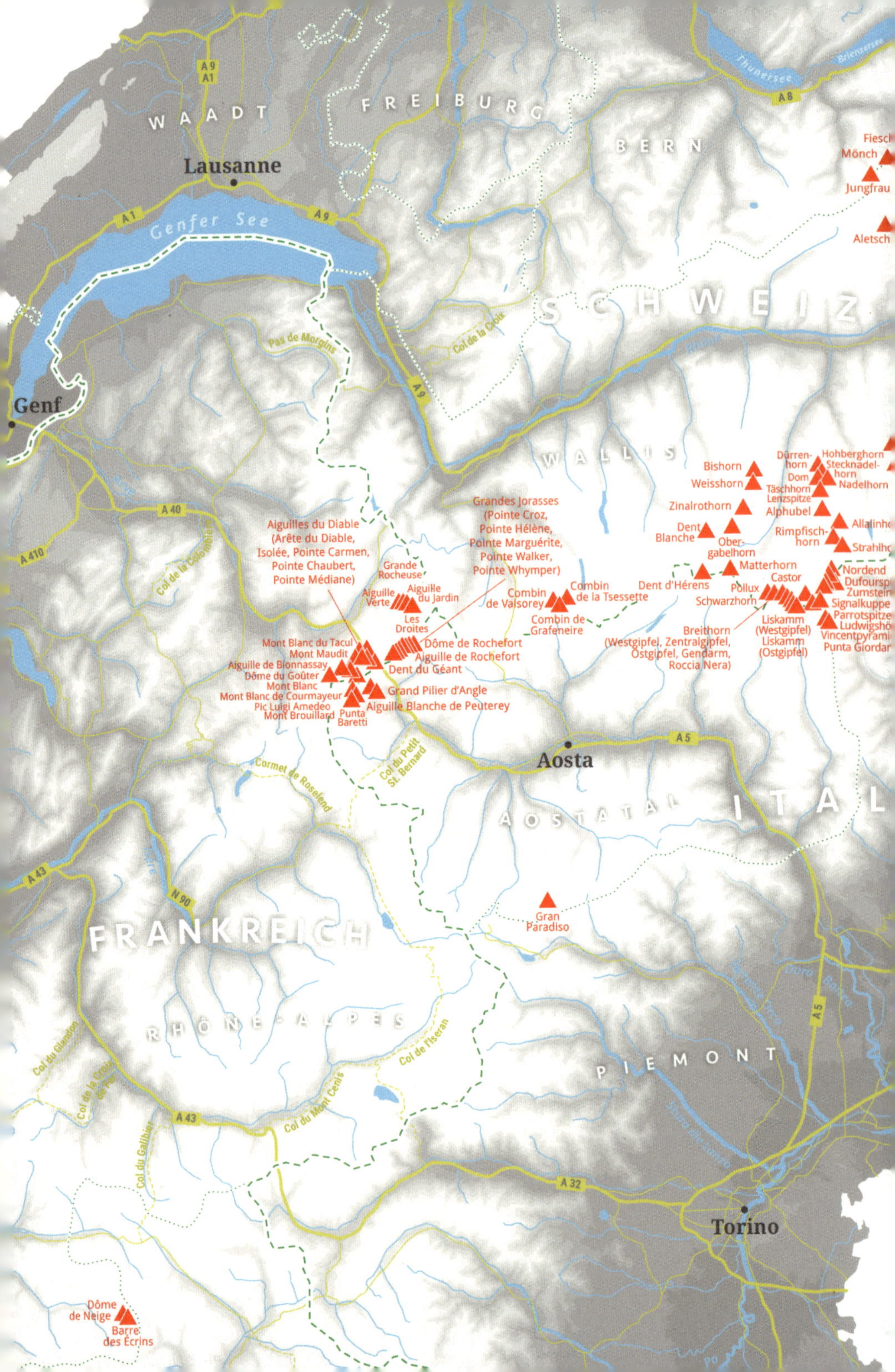

WAADT
FREIBURG
BERN
Lausanne
Genfer See
Thunersee
Brienzersee
A 9
A 1
A 8
Fiesch
Mönch
Jungfrau
Aletsch
SCHWEIZ
Genf
Pas de Morgins
Col de la Croix
Rhône
WALLIS
A 40
A 410
Col de la Colombière
Bishorn
Weisshorn
Zinalrothorn
Dent Blanche
Ober-gabelhorn
Matterhorn
Dent d'Hérens
Dürren-horn
Hohberghorn
Stecknadel-horn
Dom
Täschhorn
Lenzspitze
Nadelhorn
Alphubel
Allalinhorn
Rimpfisch-horn
Strahlhorn
Castor
Pollux
Schwarzhorn
Nordend
Dufourspitze
Zumstein
Signalkuppe
Parrotspitze
Ludwigshöhe
Vincentpyramide
Punta Giordani
Liskamm (Westgipfel)
Liskamm (Ostgipfel)
Breithorn (Westgipfel, Zentralgipfel, Ostgipfel, Gendarm, Roccia Nera)
Grandes Jorasses (Pointe Croz, Pointe Hélène, Pointe Marguérite, Pointe Walker, Pointe Whymper)
Aiguilles du Diable (Arête du Diable, Isolée, Pointe Carmen, Pointe Chaubert, Pointe Médiane)
Grande Rocheuse
Aiguille Verte
Aiguille du Jardin
Les Droites
Combin de Valsorey
Combin de la Tsessette
Combin de Grafeneire
Mont Blanc du Tacul
Mont Maudit
Aiguille de Bionnassay
Dôme du Goûter
Mont Blanc
Mont Blanc de Courmayeur
Pic Luigi Amedeo
Mont Brouillard
Punta Baretti
Dôme de Rochefort
Aiguille de Rochefort
Dent du Géant
Grand Pilier d'Angle
Aiguille Blanche de Peuterey
A 5
Aosta
Cormet de Roselend
Col du Petit St. Bernard
AOSTATAL
ITALIEN
A 43
N 90
Isère
FRANKREICH
Gran Paradiso
RHÔNE-ALPES
Col de l'Iseran
Col du Glandon
Col de la Croix de Fer
Col du Mont Cenis
Col du Galibier
PIEMONT
Doro Baltea
A 32
Torino
Po
Dôme de Neige
Barre des Écrins